“学过”职教系列

商务经济学

朱洁　周权　杨哲　主　编

陈双　崔扬　王双　龚申勇　副主编

中国财经出版传媒集团

中国财政经济出版社

·北京·

图书在版编目（CIP）数据

商务经济学 / 朱洁，周权，杨哲主编 . -- 北京：中国财政经济出版社，2023. 9（2024.8 重印）
（“学过”职教系列）
ISBN 978-7-5223-2508-8

Ⅰ. ①商… Ⅱ. ①朱… ②周… ③杨… Ⅲ. ①电子商务—经济学—高等职业教育—教材 Ⅳ. ① F713.36

中国国家版本馆 CIP 数据核字（2023）第 169350 号

责任编辑：钱红叶　　特约编辑：罗伶一
责任校对：张　凡　　责任印制：张　健

商务经济学
SHANGWU JINGJIXUE

中国财政经济出版社 出版
URL：http：// www. cfeph. cn
E- mail：cfeph@ cfeph. cn

社址：北京市海淀区阜成路甲 28 号　邮政编码：100142
营销中心电话：010 – 88191522
天猫网店：中国财政经济出版社旗舰店
网址：https：// zgczjjcbs. tmall. com
北京密兴印刷有限公司印刷
成品尺寸：185mm × 260mm　16 开　20 印张　335 000 字
2023 年 9 月第 1 版　2024 年 8 月北京第 2 次印制
定价：59.00 元
ISBN 978-7-5223-2508-8
（图书出现印装问题，本社负责调换，电话：010-88190548）
本社质量投诉电话：010-88190744
打击盗版举报热线：010-88191661　QQ：2242791300

前　言

随着经济社会的不断进步，学习经济学知识、认识经济规律的重要性和必要性日益显著。商务经济学作为高职新商科类专业的必修课之一，是新商科类专业的专业基础课程，为后续其他专业核心课程提供分析方法、基本概念和基础理论。

在编写过程中，编者注重结合技能型人才培养的教学内容、课程体系研究成果，充分体现技能型人才培养的特色。同时，教材还有以下鲜明特色：

第一，课程设计符合认知——学习——实践的认知规则，将课程思政贯穿于项目学习全过程。教材以习近平新时代中国特色社会主义思想为指导，落实立德树人根本任务，坚持将立德树人融入人才培养的全过程。每一项目的内容均涉及知识目标、能力目标、思政目标、项目引例等，知识学习中穿插思政小课堂、课堂讨论、思考、案例阅读、复习思考题、实训项目等。教材编写体现案例新、数据新、内容新的特点，使学生在学习理论知识的同时，对经济现象进行理解和分析，实现教学作用一体化。

第二，教材设计体现职业能力性。按照“必需、够用”原则，介绍相关理论，以“职业能力”原则构建教材内容体系。本教材根据高职新商科类专业培养目标的需要，准确把握知识的宽度和深度，突出学生的职业能力需求，突出理论的基础性、知识的针对性、内容的可读性，在借鉴西方经济理论的同时，兼顾我国近几年经济发展和经济体制改革的新思路、新经济政策和发展趋势，使学生能够理解国家的经济政策。

第三，体现自主学习的理念。教材配备了二维码，集成拓展阅读、拓展案例、练习题、专升本知识点等教学资源，在辅助教师教学的同时，更好地帮助有专升本需求的学生自主学习。

本教材由朱洁（湖南有色金属职业技术学院）、周权（湖南有色金属职业技术学院），杨哲（邵阳职业技术学院）担任主编，陈双（湖南有色金属职业技术学院）、崔扬（湖南有色金属职业技术学院）、王双（中国人民银行铁岭市分行）、龚中勇（湖南有色金属职业技术学院）担任副主编。本教材为用书学校准备了习题答案，如有需要，请以电子邮件形式向中国财政经济出版社索取（请注明：学校、书名、ISBN、版次）：Email: caijingjiaocai@163.com。

教材在编写过程中借鉴和吸收了国内外经济学相关的著作、报刊和网站文献，引用了有关的内容和研究成果，在此一并表示诚挚的感谢。此外，由于作者水平与能力所限，书中所述不妥之处敬请批评指正。

编　者

2024 年 8 月

目　录

项目一
揭开商务经济学面纱

知识目标

了解经济学的概念；理解商务经济学的概念；理解商务分析中的经济学方法；理解资源稀缺性的概念；掌握规范分析和实证分析的区别。

能力目标

能对周围发生的经济现象有一定的敏感度；初步学会从经济学的角度分析各种社会问题；能区分微观经济学与宏观经济学。

思政目标

具备初步分析问题的能力，树立正确的世界观、人生观和价值观，做到学思用贯通、知信行统一。

项目引例

Z 的选择

某部电影唤起了众多中年人对青春的回忆，而剧中女主角的扮演者Z也迅速走红，从一个默默无闻的小姑娘成为万众瞩目的大明星。那一年，Z才17岁，与其他同龄人一样为高考而努力准备着，然而在影片女主角的选拔中却被大导演一眼看中，这部电影让她收获了最佳新人奖，同时也开启了其演艺道路。面对高考和电影，她只能两者选其一，最后，Z 选择了拍电影，放弃了那年的高考。

请问：假如你是 Z，当时将如何选择？为什么？做出选择之后，你失去了什么？

选择将来从事的职业，是你一生中要做的重大决策，你的未来不仅取决于你的能力，也取决于无法控制的经济环境。面对复杂多变的环境，商务经济学可以帮助你从多种选择中找到最佳选择。简而言之，从“商务经济学”这门课程中学到的是一种思考方式，那就是“像商务经济学家那样思考”。

任务一　经济学的基本内容

一、经济学的研究对象

（一）经济学的概念

随着信息技术的高速发展和计算机应用的普及，在信息爆炸的今天，各种媒体每天都在创造着与经济有关的新名词，如“网红经济”“美女经济”和“眼球经济”等。那么到底什么是经济？它和经济学又有什么关系？

英文中“Economy”（经济）一词最早来源于古希腊语“Oikonomia”。古希腊著名的思想家色诺芬在《经济论》中最早使用了“经济”这个词汇，并将它理解为“家庭管理”。今天，我们每个家庭总要面临许多问题，例如，买房还是租房，供子女出国留学还是投资股票，要不要雇保姆，等等。一家之长必须充分考虑每个成员的愿望、能力和努力，在既有约束条件下做出恰当的安排和选择，这便是经济的最初含义——家庭管理。

在我国古代汉语中，“经济”一词被理解为“经世济民”。《抱朴子・审举》谓“故披洪范而知箕子有经世之器，览九术而见范生怀治国之略”；《晋书・殷浩传》曰“足下沈识淹长，思综通练，起而明之，足以经济”，都包含了这层含义。

思考

在现代社会，“经济”一词还有哪些新的含义？

当然，随着人类社会的发展，经济的含义越来越广泛，研究领域也越来越广，逐渐发展为一门科学，也就是“经济学”。经济学被誉为“社会科学的皇后”，但迄今为止，学术界尚未形成一个被所有经济学家都认可的经济学定义。19 世纪著名经济学家马歇尔曾经说过：“经济学是一门研究人类一般生活事务的学问。”

20 世纪著名经济学家凯恩斯对经济学的解释是：经济学不是一种教条，而是一种方法、一种心灵的容器、一种思维的技巧，帮助拥有它的人得出正确的结论。

当代美国著名的经济学家曼昆则告诫学生：学习经济学有助于了解你所生活的世界，经济学使你更精明地参与经济，使你更加理解经济政策的潜力与局限性。

综合多数经济学家的共识，本书把经济学（Economics）定义为：研究怎样将稀缺资源在各种可供选择的用途中进行最佳配置与充分利用，从而最大限度地满足人们需要的社会科学。

（二）经济学的研究对象

1. 经济资源的稀缺性

任何一门学科的产生，都是由于现实中解决问题的需要，经济学也不例外。大千世界，芸芸众生，每个人来到这个世界上都会面临着两大问题，即生存与发展问题。人们都希望自己能更好地生存和发展，这就是我们人类的欲望，也称需要。美国学者亚伯拉罕·马斯洛（Abraham Maslow）把人的需要分为 5 个层次：第一，生理需要，即吃、穿、住等生存的需要；第二，安全需要，即希望未来生活有保障，如免于失业、免于受伤害等；第三，社会需要，即感情的需要、爱的需要、归属感的需要等；第四，尊重需要，即需要有名誉、威望和地位等；第五，自我实现的需要，即实现自己的个人价值和理想等。这些需要从低到高依次排列，当前一种比较低层次的需要得到满足或部分满足后，后

学习二维码 1-1
打油诗

一种更高层次的需要就会产生。由此可见，人类的欲望是无限多样的。

人们要想使自己的欲望得到全部或部分满足，就必须要消费一定数量的物品（Goods），而能够满足人们欲望的物品既包括有形物品也包括无形物品，有形物品如食物、手机等，食物能满足人们充饥果腹的需要，而手机能满足人们互相交流的需要；无形物品如教育、音乐、游戏装备等，教育能满足人们求知和提高自身素质的需要，而音乐能满足人们听觉上的审美需要，游戏装备能满足人们的娱乐需要等。

生活中，供人们消费的物品多种多样，有些物品数量很多，并且取用时不需要花费任何代价，如空气、阳光等，我们把它们称为自由物品（Free Goods）；而有些物品则数量有限，并且人们需要付出一定的代价才能获得，我们把它们称为经济物品（Economic Goods），如手机、汽车、住房等。经济物品还可以分为商品和用于生产这些商品的资源（一般称为生产要素）。在现实生活中，人们欲望的满足绝大多数依靠经济物品。但是，相对于人类无限多样的欲望而言，经济物品以及生产这些经济物品的资源总是有限的，这种有限性被称为稀缺性（Scarcity）。西方经济学研究的起点是资源的稀缺性。

【课堂讨论】 经常说“中国地大物博，资源丰富”，这是真的吗？

【提示】 我国自然资源及其利用的基本特征是资源总量丰富但人均少，资源利用率低且浪费严重。我国以占世界9%的耕地、6%的水资源、4%的森林、1.8%的石油、0.7%的天然气、不足9%的铁矿石、不足5%的铜矿和不足2%的铝土矿，养活着占世界总人口22%的人口；大多数矿产资源人均占有量不到世界平均水平的一半，我国占有的煤、油、天然气人均资源只及世界人均水平的55%、11%和4%。中国最大的比较优势是人口众多，最大的劣势是资源不足。曾经长期沿用以追求增长速度、大量消耗资源为特征的粗放型发展模式，在由贫穷落后逐渐走向繁荣富强的同时，自然资源的消耗也在大幅度上升，致使非再生资源呈绝对减少趋势，可再生资源也出现明显的衰弱态势。客观上，随着人口增长和经济发展，我国资源短缺状况日益突出。

2. 资源配置的选择性

资源配置是指把既定资源分配到各种可供选择的用途中，以生产出能满足人们不同需要的产品。资源配置的选择性是指既定资源的配置有多种方案可供选择，它可用机会成本和生产可能性曲线来说明。

（1）机会成本

机会成本即选择的代价，是指具有多种用途的既定资源，因用于某一用途而放弃的其他用途中所能得到的最高收益。如现有一户居民，拥有20万元资金，设其可选择的理财方式有三种：其一，存入银行，年获利3000元；其二，购买企业债券，预计年获利2万元；其三，开一家校园超市，预计年获利6万元。如果选择存入银行，其机会成本是6万元；如果选择购买企业债券，其机会成本是6万元；如果选择开校园超市，其机会成本是2万元。在这三种可行性方案中，最佳方案是开校园超市，其机会成本最小，即该选择需要付出的代价最小。由此看来，运用机会成本可以帮助人们进行可行性分析，为优化决策提供依据。机会成本是关于选择的成本，没有选择，就没有放弃，当然也就不存在机会成本。所以，运用机会成本必须满足以下三个前提条件：其一，资源本身有多种用途；其二，资源可自由流动且不受限制；其三，资源能够被充分利用。

【课堂讨论】 上大学的机会成本是什么？

【提示】 机会成本是做出一种选择时所放弃的其他若干种可能选择中最好的一种。

【案例阅读】

跳槽的成本

有选择才有自由，而选择的同时也出现了机会成本。2020年10月，张某跳槽到了一家新的公司，职务是销售总监，董事会还承诺给他一定的期权。就任时，张某信心十足，准备大展宏图。2021年3月，他离开了那家新公司，理由是那家公司的文化氛围实在太差，而且他不适应权力斗争。于是，张某做了下一步打算。他说："我在家里等着原来的公司找我回去，因为我在那里的业绩很好，而且我走时他们是极力挽留的，只是我走得太毅然决然了。"

"好马不吃回头草"，这是有经济学依据的，因为回头也是成本。首先，你怎么去阐释你的这段跳槽经历呢？想办法把这件事说清楚，是一笔成本；其次，回去之后要重新获得信任所需要的时间，还是一笔成本。既然又付出了这么多的成本，今后若再想自由地选择，就更困难了，因为再选择的成本会越来越大。

（资料来源：http://www.360doc.com/content/12/0203/23/2056656_184009452.shtml）

【思政小课堂】

大学生手机上网调查：超4成每天上网超过5小时

近日，中国青年网校园通讯社围绕手机上网话题，对全国1220名大学生进行问卷调查。结果显示：超4成学生每天上网超过5小时，超8成学生上网主要是社交聊天，多数学生认为手机上网让移动支付、信息获取、社交方式更便捷，近9成学生担心网络安全问题，多数学生期待5G的网速能够更快、更方便于学习生活。四川某大学吴同学每天都会使用手机上网，使用时长在6小时左右，“每天醒来就是刷手机，这已成为我的习惯，现在上网是日常所需，感觉除了上网我也没有太多事做，没课就喜欢上网聊天、看新闻、打游戏，一玩手机就停不下来。”41.56%的大学生每天手机上网时间超过5个小时。上网时，83.93%的学生主要是在社交聊天，其次是查阅资料和听歌，分别占62.46%和58.61%。许多喜欢上网的学生放弃了大部分户外娱乐活动，导致他们身体发病率上升、身体素质下降。由于经常上网聊天、打游戏，同学之间的日常交流也明显减少。

【思政感悟】

首先，每个人一天的时间是有限的，这意味着时间这种资源是稀缺的，我们希望有更多的时间来上网聊天或玩游戏，但我们还有许多其他重要的事情要做。其次，时间的相对有限性迫使我们做出选择。或许我们在网上玩得兴起时可以不考虑时间，但从网上退出之后却往往有一丝悔意，因为我们感觉到了还有其他事情没做。所以说，上网是有成本的，这种成本或许因为你能使用公共的校园网络资源而不是很明显，但上网挤占了你学习或做其他事情的时间却是事实。此外，上网也会对视力造成损害，导致锻炼时间减少，身体素质下降等，这些都构成了上网的机会成本。最后，机会成本与选择所获收益之间的比较是你进行决策的依据。的确，上网可以给我们带来欢乐，这是收益，但同时我们又不得不考虑上网的机会成本。你在不断地调整你的上网时间，以便获得一种最佳组合，考试前上网时间缩短就是例证。经济学知识将你的选择表述出来而已。

（资料来源：https://baijiahao.baidu.com/s?id=1647885681345401753&wfr=spider&for=pc）

（2）生产可能性曲线

生产可能性曲线是指在一定的技术条件下，用既定资源能生产的各种产品的最大可能产量组合的轨迹。假设某村在一定的技术条件下，将既定资源用于种植茭白（X）与莲藕（Y），其最大可能产量组合如表1.1所示。构建坐标系，画出表中各组数据点，用光滑曲线连接各点，即得出对应的生产可能性曲线，如图1.1所示。

表1.1　某村最大可能产量组合（单位：万吨）

产量组合	A	B	C	D	E
茭白（X）	0	300	545	693	743
莲藕（Y）	565	463	292	115	0

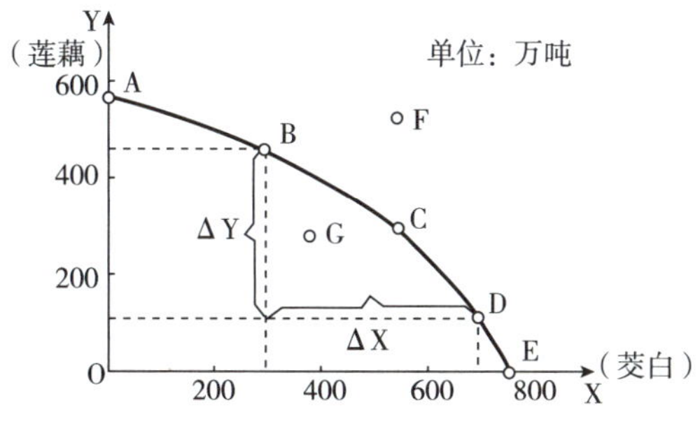

图 1.1　生产可能性曲线

在图 1.1 中，曲线 AE 上的任意一点，表示当既定资源全部用完时可达到的最大产量组合，即处于资源充分利用状态，一个组合点代表一种资源配置方案，组合点的非唯一性意味着资源配置方案的多样性和选择性；曲线 AE 以外的点，如 F 点，表示现有经济资源和技术条件无法达到的产量组合；曲线 AE 以内的点，如 G 点，表示资源未得到有效利用，生产能力未得到充分发挥的产量组合。生产可能性曲线可以说明选择的机会成本。如图 1.1 所示，在 B 点，茭白的产量是 300 万吨，如果要多生产 393 万吨茭白（ΔX），则必须以放弃生产 348 万吨莲藕（ΔY）为代价。

（三）经济学的两大基本问题

1. 资源配置问题

经济学要研究和解决的选择问题，包括两个方面，即资源配置和资源利用。

所谓资源配置（Resource Allocation），是指把稀缺的资源在各种不同用途上加以比较后做出的选择，具体来说，就是要解决以下问题。

（1）生产什么

一种资源有多种用途，我们首先要选择其用途。例如，电影《失孤》中，刘德华饰演了一个寻子十五载的农民父亲，如果在现实中刘德华真的选择了当一个农民的话，无论对于其自身来说还是对外部社会来说，可能都不是一个最佳选择。对其自身来说，他可能无法获得现在这样大的成功，从而会损失大量财富和名誉；对于外部社会来说，我们就欣赏不到那么多悦耳动听的音乐和好看的电影了。可见，选择资源的用途至关重要。

（2）生产多少

生产多少即生产产品和提供劳务的数量问题，生产多了会造成资源的浪费，生产少了又会造成产品和劳务的供给不足，因而必须确定合理的生产数量。

（3）如何生产

如何生产即选择何种生产方法来生产。生产物品和劳务需要使用各种不同的资源，生产方法就是如何将各种资源进行组合，或多用资本，少用劳动，用资本密集型方法来生产；或少用资本，多用劳动，用劳动密集型方法来生产。“如何生产”就是决定哪种资源组合方式的效率更高。

（4）何时生产

何时生产即生产时机的选择问题，选择合适的时机进行生产对企业来说至关重要。例如，在我国手机市场已基本上看不见 1G 手机，智能手机走进了 5G 时代。

（5）为谁生产

为谁生产即生产出来的产品和劳务归谁享用的问题，资源有限，不能使每个人的需要都得到满足，因此就要考虑谁的需要先满足、谁的需要后满足，也就是生产出来的产品如何在社会成员之间进行分配的问题。

2. 资源利用问题

所谓资源利用（Resources Utilization），是指在资源既定的情况下，采取何种方式，使稀缺资源得到充分的利用，即用最少的资源消耗，生产出最多的商品和劳务，获取最佳的效益。从小我们在学习地理知识的时候都会了解到，中国自然资源总量丰富但是人均很少，水资源尤其如此，我国人均淡水资源仅为世界人均量的 1/4，居世界第 109 位。但是，需要指出的是，工业用水或者是生活用水并没有占中国用水量的前几位，农业用水才是。通过国家统计局的官方资料发现，很多人均用水量高的地方都不是经济发达地区，一些内陆地区的用水量大且分布不均。可见，我国水资源缺乏的原因除了总量不足之外，水资源没有得到有效利用、浪费现象比较严重也是重要的原因。

当然，人们为了更好地生存和发展，还不能仅仅满足于达到生产可能性边界上的水平，还要使一定的资源生产出更大的产量。

（四）经济制度

任何一种社会经济制度都面临着如何把既定的稀缺资源有效地分配使用的问题，但解决这个问题的原则和方式方法差别很大。当前，世界上解决资源配置与利用的经济制度主要有以下几种类型。

1. 自给经济

自给经济的基本特征是每个家庭自己生产出其消费的大部分经济物品，或者可以扩大一点范围，每个村落生产出他们消费的大部分经济物品，只有极少数物品是用来与外界交换的。我国著名的黄梅戏《天仙配》中有两句唱词，叫“你耕田来我织布，我挑水来你浇园”，即描述了自给经济中典型的家庭生活画面，耕田会生产出粮食，织布会产出衣服，一个家庭把吃饭、穿衣问题都解决了；因而很少需要与外界进行交换。在这种经济制度下，资源配置和利用由居民的直接消费所决定，交换不发达，经济效率低下。我国封建社会的小农经济和西欧封建社会的庄园经济都属于这种经济制度。

2. 计划经济

计划经济的基本特征是生产资料归国家所有，一个国家类似一个单一的大公司，政府用计划或指令来解决资源配置和利用问题，经济物品的数量、品种、价格、分配以及工人的就业与工资水平等均由政府的指令性计划来决定，激励机制是以集体主义为中心，强调“大河没水小河干”。苏联和东欧社会主义国家的经济制度和我国改革开放前的经济制度均属于这种类型。在现实当中，由于这种制度很难解决信息的传递问题和经济主体的激励问题，因而效率不高。大多数实行计划经济的国家自 20 世纪 80 年代后期开始了经济体制改革，以实现从计划经济向市场经济的转轨。

3. 自由市场经济

学习二维码 1-2
亚当·斯密

自由市场经济也叫纯粹市场经济，它的基本特征是产权明晰，经济决定高度分散。这种经济制度被一只“看不见的手”所指引，资源的配置和利用由自由竞争的市场机制来解决。英国经济学家亚当·斯密在其代表作《国富论》一书中指出，在市场经济制度下，即使每个人纯粹追求自身的利益，丝毫不关心别人的利益，也将在市场经济的约束下增进社会利益。也就是说，我们之所以能够吃到可口的面包，并不是因为面包师的仁慈，而是因为面包师需要追求其自身的利益。当然，在现实社会中，纯粹的自由市场经济国家是不存在的，每个市场经济国家都或多或少存在着政府干预的情况。

4. 混合经济

现实世界中，纯粹的计划经济或纯粹的自由市场经济并不存在，许多国家的经济制度都是通过把市场与计划不同程度相结合来解决资源配置和利用问题。把市场和计划的优缺点互补，更有利于经济的发展。正如 1992 年初，邓小平在南方谈话中精辟论述的那样：“计划多一点还是市场多一点，不是社会主义与资本主义的本质区别。计划经济不等于社会主义，资本主义也有计划；市场经济不等于资本主义，社会主义也有市场。计划和市场都是经济手段。”

当今世界上经济比较发达的国家，如美国、日本和欧盟国家等都采用了这种经济制度，我国经济体制改革的目标也是朝着这个方向进行的。

【课堂讨论】

1. 哪些原因导致了我国的资源供应紧张？

【提示】导致我国资源供应紧张的原因主要有：第一，我国资源总量和人均资源量都严重不足；第二，近年来我国经济快速增长导致资源消费增长速度惊人；第三，我国资源利用效率不高，仍处于粗放型增长阶段；第四，我国目前还存在着相当严重的资源浪费现象。

2. 你认为我国能解决资源紧缺的问题吗？应该如何解决？

【提示】可以解决。解决资源紧缺的主要方法有：第一，发展高新技术，寻找能源替代品；第二，向外国进口；第三，提高资源利用效率；第四，提倡节约能源。

二、经济学的研究内容

经济学的主要任务是资源的有效配置和充分利用，围绕这两大任务，经济学就被划分为了微观经济学和宏观经济学两大内容体系。资源配置研究形成微观经济学，资源利用研究形成宏观经济学。

（一）微观经济学

“微观”的英文为“micro”，来源于希腊语，原意是“小”。微观经济学（micro-economics）是以市场中单个家庭、厂商的经济行为为研究对象，通过研究单个经济单位的经济行为及相应的经济变量数值的决定，来说明社会资源配置的问题。

1. 微观经济学的基本假设

（1）理性人。理性人就是亚当·斯密的《国富论》中所说的“经济人”，是指参与经济活动的每一个经济主体都是有意识的和理性的，其经济行为都是完全合乎理性的，都是按照自身利益最大化的目标选择自己的行为的。

（2）完全信息。完全信息是指参与经济活动的个体对自己所必需的信息都能够完全并且及时地掌握，以实现其行为的最优化。

（3）市场出清。市场出清是指价格能调节资源的配置和利用，使整个社会达到充分就业的供求均衡状态，不存在资源的闲置和浪费。

这些假设虽然并不完全符合现实，但经济分析必须以此为前提，否则就无法获得结论。

【课堂讨论】人们是如何花钱的？人是完全理性的吗？

【提示】弗里德曼有一个“花钱矩阵”，如表 1.2 所示。

表 1.2 花钱矩阵

类型	为自己办事	为别人办事
自己的钱	Ⅰ	Ⅱ
别人的钱	Ⅲ	Ⅳ

第Ⅰ种，花自己的钱为自己办事。私人消费基本都属于这种情况。绝大多数人会让这笔钱的效用最大化，因为花自己的钱自然不会去故意浪费，而且自己也明白自己的需求。

第Ⅱ种，花自己的钱为别人办事。例如，买东西送礼或慈善活动。因为是花自己的钱，自然会注意是否浪费；然而由于不一定了解别人的需求，花钱的效用难以最大化。

第Ⅲ种，花别人的钱为自己办事。报销就属于这种类型。花别人的钱不心疼，所以这类消费的效用难以确定。例如买书，如果自己掏钱，则会判断是否需要这本书，书的价值与价格是否相符等；如果单位实报实销，则不会考虑价格，甚至会买一些永远都不会看的书。

第Ⅳ种，花别人的钱为别人办事，这类花钱的效用是最难以预料的。花别人的钱，不会去精打细算；为别人办事，也很难了解别人的真实需求，难以达到真正的效果。

因此，经济人并不一定能做到完全理性，即这种理性常常是有限的。

【思政小课堂】

晋文公退避三舍——理性经济人

作为春秋五霸之一的晋文公，有过这样一段令人惊心动魄的流亡经历。其父晋献公死后不久，晋文公的弟弟登上了君王宝座。为了减少哥哥对自己的威胁，其弟决定杀掉晋文公重耳，以绝后患。

重耳无路可走，只好逃到齐国，并表示愿为齐桓公效犬马之劳。为了不让齐桓公对自己有疑心，重耳一方面过着安逸的生活，另一方面行为处事十分低调。齐桓公当然也没有亏待他，不仅赏给他许多东西，而且还将齐姜许配给他。可惜在齐国一段时间以后，出了一点意外，晋文公的妻子伙同其他一些人将重耳灌醉，并用马车把重耳偷偷送出齐国。就这样，重耳又流亡到了曹国。只可惜曹共公因好奇而偷看了重耳洗澡，重耳怨恨在心，愤愤而去。经过一系列的波折后，晋文公跑到了楚国。楚成王为了表示对重耳的尊敬，设宴隆重接待了他。席间楚成王问重耳如何报答楚国对他的恩情。重耳想了想，这样回答说："楚国在大王您的治理下，物产丰饶，人民生活殷实，兵强马壮，国力强大，金银珠宝数不胜数，大王还需要我用什么来报答呢？"楚成王听了这段话后，便哈哈大笑，说："所言极是，但你总要有所表示吧？"重耳灵机一动，干脆地回答道："如果大王您能助我重返晋国，一旦晋、楚两国交战，我就让晋军退避三舍，以报答大王对我的恩情。"宴席结束后，楚国有人请求楚成王杀掉重耳，以绝后患。但楚成王认为这样做不合天理，于是又把重耳送到秦国去了。

重耳来到秦国，秦穆公也隆重接待了他，更有甚者，将自己的亲生女儿怀嬴嫁给了重耳。终于在公元前636年，秦穆公派人护送重耳回到晋国。回国之后，晋文公为了实现他称霸天下的愿望，采取了一系列改革措施，如鼓励生产，加强军备等，使得晋国一天天强大起来。

公元前632年，晋文公率兵解救宋国与楚国交战，为了实现自己"退避三舍"的诺言，晋文公果然下令军队退避三舍，最后城濮一战大败楚军。后来晋、齐、鲁等国，以及周王室订立盟约，正式称晋文公为盟主，晋文公终于成为诸侯霸主。

【思政感悟】

"理性经济人"的意思是每个人都是很精明的，能够为自己谋取最大的利益。我们来看看故事里的历史人物是如何表现自己的理性的。晋文公无疑是本故事里最理性的人，一开始为了寻求庇护，跑到齐国，并且过着低调的生活以掩人耳目，然后再被偷偷送出齐国，流亡曹国。在受到曹国的"非礼"后，辗转来到楚国，并对楚成王做出"退避三舍"的承诺，而后楚成王将其送到秦国，多次辗转却安然无恙，无不说明晋文公是个很理性精明的人。

故事里晋文公的弟弟为了自己的王位而追杀哥哥重耳，以及齐桓公和秦穆公款待晋文公等这些行为无不说明他们都是理性的。然而并不是每个人都是理性的，像曹共公的行为，以及楚成王送走晋文公，造成日后楚国在城濮之战中败于晋国等，都说明了他们的行为是不理性的。

我们都知道"买椟还珠"这个成语故事，经常也会嘲笑那个只要漂亮的盒子而不要珠宝的人。的确，这个人不够理性，不符合"理性经济人"假设。在嘲笑之余，我们有没有想过自己曾经做过的那些不理性的行为呢？比如说很多人在购物时，由于脑子一时发热而购买了许多也许暂时用不上的东西，这就是一种不理性的表现。如今你已经学过了理性经济人这个重要的经济学概念，那么在以后的学习和生活中，一定要学会理性，而不要意气用事或感情用事。让我们一起来做一个理性经济人吧！

（资料来源：http://jingjixue.kaoyan365.cn/jiexi/9613.html ）

2. 微观经济学的基本内容

（1）价格理论。价格理论主要研究在市场机制下，价格如何决定，以及价格如何调节整个经济的运行。价格理论是微观经济学的中心，其他内容都围绕着这一中心展开。

（2）消费者行为理论。消费者行为理论主要研究消费者如何把有限的收入分配到各种物品的消费上，以实现效用最大化。

（3）生产理论。生产理论研究生产者如何把有限的资源用于各种物品的生产而实现利润的最大化。生产理论包括生产要素与产量之间、成本与收益之间关系的研究，以及不同市场条件下厂商行为的研究。

（4）分配理论。分配理论主要研究产品按照什么原则分配给社会利益集团，即工资、利息、地租与利润是如何决定的。

（5）市场失灵与微观经济政策。市场机制能使社会资源得到有效配置，但市场机制的作用并不是万能的，会出现市场失灵，这时需要政府采取相应的微观经济政策进行纠正。

（二）宏观经济学

“宏观”的英文为“macro”，来源于希腊语，原意是“大”。现代宏观经济学的创立以 1936 年凯恩斯的名著《就业、利息和货币通论》的出版为标志。宏观经济学（macroeconomic）是以整个国民经济为研究对象，通过研究经济总量的决定与变化，来说明社会资源的充分利用问题。

1. 宏观经济学的基本假设

（1）市场机制是不完善的。20 世纪 30 年代出现的空前严重的经济危机，使经济学家认识到，如果只靠市场经济的自动调节，经济就无法克服危机和保持充分就业，在资源稀缺的同时又产生资源的浪费。要使资源合理配置并得到充分利用，仅靠市场机制的作用是不够的。

（2）政府有能力调节经济。人类不仅能利用市场机制，而且能在遵从基本经济规律的前提下，对经济进行调节，这就是政府的作用。宏观经济学就是建立在对政府调节经济能力信任的基础之上的。政府可以观察与研究经济运行的规律，并采取适当的手段进行调节。

2. 宏观经济学的基本内容

（1）国民收入核算理论。国民收入核算理论主要研究国民收入的基本总量及其相互关系、国民收入核算的主要方法，说明国民收入核算中的恒等关系。

（2）国民收入决定理论。国民收入决定理论主要从总需求和总供给的角度出发，分析国民收入的决定因素及其变动规律。

（3）失业与通货膨胀理论。失业与通货膨胀是各国经济中最主要的问题。宏观经济学把失业与通货膨胀和国民收入联系起来进行研究，分析其原因和相互关系，以便找出解决这两个问题的途径。

（4）经济周期与经济增长理论。经济周期是指国民收入的短期波动，经济增长是指国民收入的长期增长趋势。这一理论主要分析国民收入短期波动的原因、长期增长的源泉等，以实现对经济增长的调节。

学习二维码 1-3
微观经济学与宏观经济学的分离

（5）宏观经济政策。宏观经济政策是国家干预经济的具体措施，宏观经济政策理论主要研究宏观调控的基本工具、政策目标和政策效果等。

（三）微观经济学与宏观经济学的关系

微观经济学和宏观经济学既相互区别又相互联系。

1. 微观经济学与宏观经济学的区别

微观经济学与宏观经济学的区别主要体现在研究对象上：微观经济学以单个经济单位作为研究对象，它分析的是个别市场的经济活动和单个主体的经济行为，因而也称为个量分析或个体分析；宏观经济学以整个国民经济作为研究对象，它分析的是整个经济社会中的经济总量及其变化，因而也称为总量分析或总体分析。

2. 微观经济学与宏观经济学的联系

微观经济学与宏观经济学的联系主要表现在以下两个方面。

（1）宏观经济学研究的经济总量是由微观经济学研究的经济个量综合而成的。例如，社会总就业量由各个劳动市场的就业量组成，社会总产量由各个企业的产量组成。所以，微观经济分析是宏观经济分析的基础。

（2）微观经济学和宏观经济学的研究是互为条件的。例如，宏观经济学在研究总产量时，主要研究社会的储蓄、投资等经济总量对总产量的影响，至于各个企业的产量怎样受企业的成本、利润和消费者偏好的影响等微观经济学研究的问题，在分析中被当作已知的前提。

微观经济学与宏观经济学的比较如表 1.3 所示。

表 1.3　微观经济学与宏观经济学的比较

比较项目	微观经济学	宏观经济学
中心理论	价格理论	收入理论
研究方法	个量分析法	总量分析法
研究对象	以家庭、厂商等个体经济为主	以整个国民经济总体为主
主要目标	个体利益最大化	总体福利最大化

有家庭主妇抱怨生活成本越来越高了，以前 100 元在菜市场能买到很多菜，现在 100 元能买到的东西越来越少了。请问为什么会出现这种情况？你感受到物价对生活的影响了吗？

任务二　商务经济学的基本观点

一、商务经济学的内涵

商务经济学的本质是研究企业的经营活动，特别是有助于决定其生产性资源的获取和将这些资源转化为商品和服务以满足人类需求和需求的因素，即关于生产和消费的过程的研究。在市场经济中，除了成本、收入和盈利能力等明显因素之外，企业决策是由一系列其他影响因素所决定的，包括企业的目标、市场的竞争情况、企业经营外部环境中的机会以及约束条件等。

因此，商务经济学也研究企业运营决策所处的外部环境。从经济学家的视角对这些商业决策影响因素进行分析，这一分析过程既涉及企业的内部环境因素，也涉及企业的外部环境因素。

商务经济学分析的领域主要是经济学与管理学为主的商科学科的交叉部分。综合多数学者的共识，本书将商务经济学定义为：一门研究企业以及企业运营决策所处的内外部环境的社会科学。

二、企业商务活动与微观经济学

经济社会基本上是由以企业为单位的生产活动和以家庭为单位的消费活动所支撑的。一方面，企业和家庭是通过商品和服务的交易场所的市场来行动的，企业活动的自由和消费选择的自由得到保障，大家根据各自的决策进行活动。另一方面，对于经济活动的结果，贯彻自我承担的原则。

在市场上，家庭和企业可以基于利益而自由行动，家庭为提高消费的满足度而行动，企业则追求利润。另外，在自由竞争的社会，市场机制发挥作用，市场中供需的一致性决定了价格。假如供需出现不一致，价格就会迅速发生变化。价格的变化会对企业和家庭的行动产生影响。此外，企业和家庭的行动之间也会互相产生影响。

市场经济必须格外注重企业的行动。企业的商务活动是通过市场进行的。资源分配或所得分配的主要承担者是企业。企业投入劳动或资本等资源进行生产，所得的结果通过薪金等报酬对所得进行分配。商务经济学承担了这样的经济的基本角色，以广泛开展的企业的经济活动及决策作为主要的考察对象。但是，在开展商务活动方面，观察企业存续的经济整体的动向也是不可或缺的。

因此，商务经济学不仅要分析企业的经济活动，也要分析与其相关的整体经济。

商务活动的基础是“网络”，企业在网络中进行活动。企业的生产活动会对消费活动产生影响，反过来，消费活动也会对企业的生产活动带来影响。同时，企业之间的情形是，某一企业的行动会影响其他企业，而其他企业的活动也会波及这一企业。在思考作为网络的商务活动时，有必要把握作为其基础的经济的动向。因为经营企业是无法忽视经济的动向的，这就是商务经济学存在的理由。这些问题在经济学的领域也是微观经济学的分析对象。

三、商务活动经济动向与宏观经济学

社会以市场经济为基础，但是市场经济并不总会带来期望的结果。因为，对于有效的资源分配和公平的所得分配，市场未必能够提供充足的解决策略。例如，把经济问题完全交给保障自由活动的市场时，就会出现垄断，其弊端是有可能产生价格的不合理上涨。此外，公害（这被称作“外部不经济”）等问题并不能通过市场来解决，警察、消防、国防（这些被称为“公共产品”）等也很难通过市场来进行交易，并且还会产生所得分配的偏向、大量的失业、通货膨胀或通货紧缩等有损物价稳定的问题。

在这种情况下，政府将积极介入市场，采取一些政策措施。例如，通过完善垄断禁止法等法律法规来排除垄断的危害，构筑使市场交易得以顺利进行的结构，由政府自己来提供警察、消防、国防等公共产品。另外，政府在通过税收及社会保障制度来谋求实现公平的收入分配的同时，还要通过财政政策及金融政策的启动来努力实现完全雇佣（消除失业）或物价的稳定。这里把以市场经济为基础，同时政府介入市场这一框架称为混合经济体制。

社会所实行的混合经济体制之下，政府的市场介入对企业活动带来影响，相对的，企业活动也对政府的行动产生影响。开展商务活动时，不仅仅必须关注市场动向，也必须关注政府的行动。比如，除了上述政府的市场介入外，金融政策的利率变化也会对企业的投资行动带来影响。垄断、公害、公共产品属于微观经济学领域，而消除失业及物价稳定则主要属于与宏观经济学相关的领域。

商务经济学不仅限于基于微观经济学进行企业活动的经济分析，还需要通过宏观经济学的分析来考察围绕商务活动的经济整体的动向。

任务三　商务分析中的经济学方法

商务经济学的研究离不开基本的经济学概念和研究方法，这些概念和研究方法反映了经济学家的基本思维方式和方法。

一、实证分析和规范分析

（一）实证分析

实证分析是指排除任何价值判断，首先对研究的变量含义做出明确规定，然后在一定假设条件下提出假设，并依此预测未来，最后用经验和事实来验证假设。实证分析在研究经济问题时，只考虑经济事务间的现实联系，以及在这种联系的作用下人们经济行为的后果。也就是说，运用实证分析建立理论体系时，不仅要能够反映或解释已经观察到的事实，还要能够对有关的现象和将来会出现的后果做出正确的预测即接受将来发生的事件的检验。

实证分析的特点：对有关问题的逻辑推导，旨在理解经济过程“实际是什么”或“将会是什么”，而不涉及对结果好坏及公平与否的判断。例如，现实生活中，房价是如何决定的？未来一段时间内，房价是上升还是下降？猪肉的价格是上涨还是下调？对这类问题的回答在于揭示经济现象本身及其运行规律，而不对该种规律所带来的结果对社会是好是坏做出相应的判断。

实证分析所涉及的命题可以从其基本逻辑和经验证据两个方面进行检验，实证经济学最接近于作为科学的经济学含义。

（二）规范分析

规范分析是指以一定的价值判断为基础的经济分析法，首先提出某些标准作为分析经济现象的准则，并作为确立经济理论的前提和制定经济政策的依据，以及研究如何才能符合这些标准。规范分析运用于经济现象研究时，不是考虑经济体系实际如何运行，而主要关心它应该如何运行并力求改变现实；不是关于事物间是否存在某种关系的问题，而是应该如何行动的问题，但以对现实的价值判断为前提。

规范分析的特点：回答诸如经济过程或经济政策“应该是什么”之类的问题，结论不能由经验事实直接检验。经济学家在进行规范分析时，往往从一定的价值判断出发。从性质上看，价值判断的科学性是难以直接确定的，它不可能用事实、证据或逻辑来证明是正确的或错误的。人们可能一致认为一种特殊政策会产生某种效应，但有些人会认为其结果是好的，另外一些人则认为其结果是坏的，因为他们的价值判断不同。

规范分析往往是制定政策的基础。比如汽车进口，一方面会使国内市场汽车价格下降，从而使消费者受益；另一方面又会冲击国内汽车市场，使国内汽车行业就业状况恶化。到底是限制还是鼓励汽车进口，既取决于前述实证分析的结果，也取决于政策制定者的价值判断，即是应该保护消费者的利益，还是应该照顾生产者的利益，消费者从进口汽车中获得的利益是否能够超过汽车行业工人的损失。虽然经济学不可能证明哪一种价值判断是好的，哪一种价值判断是坏的，也无法证明哪一项政策是最好的，但它有助于决策者做出政策选择。

【案例阅读】

实证分析和规范分析的区别

某造纸厂在生产过程中排放出一定的污水，污染了附近的水域。国家治理污染采取征收环境保护税的办法，如果我们研究对不同规模的造纸厂按什么标准征收环境保护税，这就是实证分析的范畴。假如造纸厂威胁说，宁肯关闭企业也不愿支付环境保护税，那么政府就面临两种选择：一是允许造纸厂继续生产，并不征收环境保护税，由政府承担治理污染的责任和费用；二是强制关闭造纸厂，政府必须面对企业关闭而产生的工人失业后果。这就是规范分析的范畴。

二、边际分析法

（一）边际分析法的含义

边际分析法就是运用导数和微分方法研究经济运行中微增量的变化，用以分析各经济变量之间的相互关系及变化过程的一种方法。边际即“额外的”“追加”的意思，是指处在边缘上的“已经追加上的最后一个单位”或“可能追加的下一个单位”，属于导数和微分的含义，就是指在函数关系中，自变量发生微量变动时在边际上因变量的变化，边际值表现为两个微增量的比。这种分析方法广泛运用于经济行为和经济变量的分析过程，如对效用、成本、产量、收益、利润、消费、储蓄、投资、要素效率等的分析多用边际含义。

【案例阅读】

为什么银行晚上不营业?

在我国，许多大商场和超市晚上仍开门营业，给白天工作繁忙的市民购物带来了极大的方便。但是，我们很少见到银行把工作时间延长到晚上。为什么银行晚上不营业呢？我们仍可用边际分析理论解释这一问题。

我们知道，银行每延长 1 小时营业时间，就要支付 1 小时所耗费的成本，这些成本包括直接的物耗，如水、电等，也包括由于延长工作时间而支付给银行员工的加班费，这些由于延长工作时间而增加的成本就是边际成本。假如某银行营业时间延长 1 小时增加的成本为 1 万元，在延长的 1 小时里银行由于办理各种业务而增加的收益小于 1 万元，表明该银行每多延长 1 小时所增加的收益小于延长 1 小时营业时间所增加的成本。这时，对该银行来说，在不考虑其他因素的情况下，延长营业时间就是不明智的了，因为营业会造成亏损。相反，如果它延长 1 小时营业时间增加的成本是 1 万元，增加的收益大于 1 万元，这时，对该银行来说，延长营业时间会使利润增加。作为一个精明的经营者他一定会将营业时间延长到晚上，把该赚的钱赚到手。

银行客户主要是企事业单位和居民。银行为每一客户办理存贷款业务所付出的成本基本相同。但是，由于企事业单位每次所办理的存贷款数额较大，银行为它们办理存贷款业务所得到的收益要大于为居民办理小额存贷款业务的收益。企事业单位办理存贷款事项多在白天的上班时间。出于安全等因素的考虑，一些办理较大数额存贷款事项的居民也会选择白天的时间。这样，晚上去银行的客户通常是一些办理小额存贷款的居民，银行为他们办理各种业务所得到的收益，不足以抵偿晚上营业所增加的成本，这就是为什么银行不愿晚上营业的经济学上的道理。

（二）边际分析法的特点

18 世纪 70 年代，法国的瓦尔拉斯、奥地利的门格尔、英国的杰文斯几乎同时提出了这一方法，后被称为“边际革命”。这种方法有以下几个特点：

1. 边际分析是一种数量分析，尤其是变量分析

运用这一方法研究数量的变动及其相互关系。这一方法的引入，意味着从常量分析发展到变量分析，这一点，从其含义上已经做了说明。事实上，在经济活动中，自变量的微量变动所引起的因变量的变化程度极少相等，即不是直线型，大多是变化率不等的曲线型。边际分析法研究微增量的变化及变量之间的关系，可使经济理论精细地分析各种经济变量之间的关系及其变化过程。也就是说，它对经济变量相互关系的定量分析更严密。

2. 边际分析是最优分析

边际分析实质上是研究函数在边际点上的极值，研究因变量在某一点递增、递减变动的规律，边际点的自变量是做出判断并加以取舍的最佳点，据此可以做出最优决策，因此，边际分析法是研究最优化规律的方法。

3. 边际分析是现状分析

边际值是根据两个微增量的比求解的，是计算新增自变量所导致的因变量的变动量。这表明边际分析是对新出现的情况进行分析，即属于现状分析。这显然不同于总量分析和平均分析，总量分析和平均分析实际上是过去分析，是过去所有的量或过去所有的量的比。在现实社会中，由于各种因素经常变化，用过去的量或过去的平均值概括现状和推断今后的情况是不可靠的，而用边际分析则更有利于考察现状中新出现的某一情况所产生的作用和所带来的后果。

（三）边际成本和边际收益

经济学中认为，理性选择同样包括对边际成本和边际收益的权衡。也就是指对于一项特定的活动来说，增加或减少一点所带来的成本和收益。可以用活动的总成本和收益作为对照。例如，手机制造商如果要权衡生产手机的边际成本和利润，那

么该企业需要比较的是，增加手机生产量所需要的成本和获得的利润。如果增加手机的产量使得该企业收入的增长比增加的成本要多，那么增加产量是具有营利性的。

企业所做的所有经济决策都涉及选择。企业经济学家研究这些选择以及相应的结果。学习以下方面的选择：生产多少，向顾客收取的价格是多少，投入多少以及如何进行组合投入，是否要扩大企业经营规模，是否要与其他企业合并或收购其他企业，是否要拓展市场的多样性或者是否要出口。由于企业经营所处的市场类型、企业对未来需求的预测、企业对市场的支配力、竞争对手的行为和反应、政府干预的程度和形式、当前税务制度以及资金的可获得性等的不同，导致选择的正确性（相对于最大限度上满足企业的目标而言）也不尽相同。简单地说，将会学习企业在各种不同场景下所做出的一系列经济选择。

在所有这些场景中，企业家希望能做出最优的选择，即最大限度上满足企业目标的选择。最优的选择需要衡量每个决策的边际机会成本相对的边际收益。不同情境下有着不同的目标，企业的选择差异很大。

三、均衡分析

均衡分析就是假定经济变量达到均衡状态时所出现的情况及实现均衡的条件。经济学中广泛使用均衡分析方法，均衡含义也是经济学中的一个重要含义。从一定意义上说，微观经济学研究微观经济行为主体的目的就是揭示微观经济行为达到均衡的条件，比如，消费者行为理论就是在给定消费者偏好、收入及商品价格的情况下，研究消费者购买行为达到平衡时的条件；生产者行为理论则是在给定生产要素价格和生产函数的情况下，研究生产者实现生产要素最佳组合（即生产要素购买行为达到平衡）的条件。均衡分析包括局部均衡分析和一般均衡分析。

（一）局部均衡分析

局部均衡分析是指在假定其他条件不变，即假定某一变量只取决于本身的各相关变量的作用，而不受其他变量和因素影响的前提下，分析该种变量如何实现均衡。例如，一种商品的均衡价格只取决于该种商品本身的供求状况，而不受其他商品供求状况的影响。这种分析方法把研究局限在一个局部范围，所以称为局部均衡。

（二）一般均衡分析

一般均衡分析是指研究某一变量在各种条件和因素作用下如何实现均衡。与局部均衡分析相对应，一般均衡分析从市场上所有商品的供求和价格是相互影响、相互依存的前提出发，考察每种商品的供求同时达到均衡状态条件下的某商品均衡价格决定问题。一般均衡分析不仅用于研究整个经济的价格和产量结构，而且用于研究经济运动的许多方面。例如，实现最大福利的最适度资源配置，社会生产各部门间的投入——产出平衡分析等，都是以一般均衡分析方法为基础的。

四、静态分析、比较静态分析和动态分析

（一）静态分析

静态分析就是分析经济现象的均衡状态及相关经济变量达到均衡状态所需具备的条件，但并不涉及达到均衡状态的过程。静态分析是一种与均衡分析密切联系的分析方法。运用此方法分析经济规律时，假定这些规律是在一个资本、人口、生产技术、生产组织和需求状况等因素不变的静态社会里起作用。

（二）比较静态分析

比较静态分析是将一种给定条件下的静态与新的条件下产生的静态进行比较。如果原有的已知条件发生了变化，必将导致有关的变量相应地发生一系列变化，从而打破原有的均衡，形成新的均衡，比较静态分析就是对新旧两种均衡状态进行对比分析。这种分析只是对既成状态加以比较，并不涉及条件变化的调整过程或路径，所以它并不研究如何由原来的均衡过渡到新的均衡的实际过程。

（三）动态分析

动态分析是要考察随条件变化而使经济均衡调整的路径或过程。经济动态是指在时间序列过程中的经济变动状态。动态分析的主要特征在于增加了时间因素的作用，一方面分析人口、生产技术、资本数量、生产组织等在时间中的变化，这种变化如何影响经济体系的运动和发展；另一方面明显地表示出经济变量所属的时间，而经济变量在某一时点上的数值要受以前时点上有关变量数值的制约。正是由于该方法研究变量各个时间的变化情况，因此也称此方法为“时间分析”或“序列分析”。

微观经济学主要采用的是静态分析。例如，在市场结构理论中，分析了企业和行业在不同需求水平下均衡产量的决定；在要素定理中，比较了在不同市场结构下企业对均衡要素使用量的选择。

五、经济模型

经济模型也是一种分析经济问题的方法，是指用来描述与研究对象有关的经济变量之间的依存关系的理论结构。简单地说，经济模型就是用变量的函数关系来说明经济理论，是经济理论的简单表达。经济模型可用文字说明（叙述法），也可用数学方程式表达（代数法），还可用几何图形来表达（几何法、画图法）。经济模型一般包括四个步骤：

（一）含义

含义是对所要研究的经济现象做出规定，如什么是需求、什么是失业等。

（二）假设

假设是提出经济模型的前提条件。现实经济十分复杂，一个经济现象直接或间接地受到许多因素的影响。一个经济模型不可能对它们逐一进行分析，从而也就无法建立与实际丝毫不差的复制品，所以有必要提出假设，以对讨论的范围进行限定和简化。例如，一种商品的需求量受多种因素影响，但在建立需求分析的经济模型时，一般要假定其他条件不变，以分析价格是如何影响需求量的。

（三）假说

假说是在一定的假设条件下利用含义去说明经济现象之间的关系。假说是一种未经证明的理论。例如，在其他条件不变的前提下，一种商品的价格由该商品的需求和供给决定。这就是现代经济学价格理论的重要假说。

（四）预测

预测是根据假说对未来的发展趋势进行预期。它与猜测的区别是：猜测是盲目的，而预测是依据假说得出的必然结论。例如，如果需求量增加，那么在其他条件不变的前提下，商品的价格就会升高。

【案例阅读】

像经济学家一样思考

如果让我们观察幼儿园小朋友拥有苹果的情况，我们可能得出以下三种结论（我们称之为事实）：

1. 一个漂亮的小女孩拥有 2 个苹果。（直接观察得出）

2. 每个小朋友都至少有一个苹果，总数是126个苹果。（通过统计得出）

3. 这个幼儿园给每个小朋友发放苹果作为早餐。（大家都普遍认同的观点）

经济学家在观察同一经济现象时也大致有三种结果：

1. 直观性事实。就像“一个漂亮的小女孩拥有2个苹果”，直观性事实是指可以直接观察到的经济现象。例如，楼下的小店食盐供应不足，国家投放新的债券等。这一类事实都是人们不加以整理或分析即可感知的事实。

2. 整理性事实。“每个小朋友都至少有一个苹果”即整理性事实。它是指通过统计方法整理大量的个体观察材料或个体数据而得出的总体性数据或结论。例如，某年5月某省汽车产量为6.89万辆，同比增长38.35%。这一类事实的特点是通过对大量数据和资料的整理，来了解某一类现象的实际情况。

学习二维码 1-4
本项目专升本考核知识点

3. 标准性事实。像“这个幼儿园给每个小朋友发放苹果作为早餐”这类事实，我们称为标准性事实。它是指通过分析、整理而得到的某些典型的关系，且长期得到事实证据的支持而被广泛接受的事实。这一类事实常常被经济学家利用，以对经济现象做出解释。

复习思考题

一、单选题

1. 经济学可定义为（　　）。

A. 政府对市场制度的干预

B. 企业取得利润的活动

C. 研究如何最合理地配置稀缺资源

D. 人们靠收入生活

2. 经济物品是指（　　）。

A. 有用的物品　　B. 稀缺的物品

C. 要用钱购买的物品　　D. 有用且稀缺的物品

3. 生产可能性曲线上的点表示（　　）。

A. 资源被有效地充分利用的点

B. 由于资源有限，生产达不到的点

C. 生产效率低下或资源利用不充分

D. 生产效率没有达到理想状态

4. 生产资料归政府所有，政府制定几乎所有有关生产和分配的重大决策的经济体制是（　　）。

A. 自给自足经济　　B. 计划经济

C. 市场经济　　D. 混合经济

5. 微观经济学所要解决的基本问题是（　　）。

A. 资源的配置问题　　B. 资源的利用问题

C. 资金的配置问题　　D. 资金的利用问题

二、简答题

1. 某国发生严重的水灾，该国的生产可能性曲线可能发生怎样的变动？请简要分析并说明理由。

2. 微观经济学与宏观经济学有什么联系？

3. 学习商务经济学有什么意义？

实训项目

1. 高职毕业时总会遇到一些选择，如继续专升本、找工作等。请用机会成本分析权衡取舍的决策过程。

2. 以小组为单位，调查学校所在城市的公共交通状况（如公交车、地铁等），分析：（1）公共交通是否稀缺？（2）如果稀缺，应该怎样解决？

项目二

感悟市场魅力

知识目标

理解需求、供给、均衡价格，需求弹性、供给弹性，支持价格和限制价格的概念；掌握需求变动与需求量变动的区别，供给变动和供给量变动的区别；认识完全竞争市场的基本条件及作用；掌握垄断市场及垄断竞争市场上企业的短期均衡与长期均衡。

能力目标

能用弹性理论分析“薄利多销”和“谷贱伤农”；能运用均衡原理、供求规律和弹性理论解答相关计算题和问答题；能区分市场结构类型；可以运用市场结构理论解释和分析现实经济现象。

思政目标

能对需求、供给、价格进行简单分析，树立正确的世界观、人生观和价值观，做到学思用贯通、知信行统一；提升竞争意识与守法意识，在学习和生活中能遵纪守法。

项目引例

助农“桃”金

新疆生产建设兵团十二师104团有桃园6274亩，现在正是桃子成熟集中上市的季节，预计产量可达6500吨。桃农们本以为今年的桃子能卖个好价钱，但新冠肺炎疫情的突然来袭，使桃子出现滞销。104团党委发动各级党组织助力销售，各党员干部积极响应，自觉充当“推销员”，并在微信工作群中倡议销售认购，还通过多种渠道联系电商、水果批发商，解桃农滞销心结。仅仅两天，就销售了50吨鲜桃。

（资料来源：http://www.xj.chinanews.com.cn/bingtuan/2020-07-14/detail-ifzxzwuy4888967.shtml）

请问：

1. 如果你是桃农，你还会继续种桃子吗?
2. 从行业和政府的角度来说，应该给桃农哪些方面的指导?

任务一　需求理论

一、需求

（一）需求与需求量

需求（Demand），是指消费者在某一时期内，在各种可能的价格水平下愿意并且能够购买的该商品的数量。这一概念，具有欲望和能力两层含义。

1. 消费者有购买的欲望

比如，1840年鸦片战争以后，英国企业界为开辟了中国这样一个大市场而得意，他们把大批的棉布、棉纱，甚至吃饭的刀叉、娱乐的钢琴都运到中国，但是这些产品未售出。

2. 消费者有相应的支付能力

比如，我们都有购买高档别墅的欲望，可是别墅价位过高，多数人支付不起，所以，需求难以实现。

因此，不同于人类无限多样的需要（Needs）或者说欲望（Wants），需求由欲望产生，但欲望不等于需求，需求是购买欲望与支付能力的统一，两者缺一不可，即：

需求 = 购买欲望 + 支付能力

【课堂讨论】

英国人的梦想破灭了

鸦片战争以后，英国商人为打开中国这个广阔的市场而欣喜若狂。当时，英国棉纺织业中心曼彻斯特的商人估计，中国有 4 亿人，假如有 1 亿人晚上戴睡帽、穿睡衣，每人每年仅用两顶睡帽一套睡衣，整个曼彻斯特的棉纺厂日夜加班也不能满足供应，何况还要做其他衣服呢！于是他们把大量洋布运到中国。结果与他们的梦想相反，中国人没有戴睡帽的习惯，衣服也习惯用自产的丝绸或土布，洋布根本卖不出去。

讨论：这个故事说明了什么经济问题？

【提示】 从需求的角度分析。

需求分为个人需求和市场需求。个人需求是指单个消费者（家庭）对某一种商品的需求，即对应于该商品的每一价格，消费者（家庭）愿意而且能够购买的数量；而市场需求是指对应于某一种商品的每一可能价格，所有消费者对该商品的需求总和。可见，个人需求是构成市场需求的基础，市场需求是所有个人需求的总和。

在经济学中，需求量（Quantity Demanded）和需求是两个既相互联系又相互区别的概念。需求量是指在某一时期内，在某一特定的价格水平下，消费者愿意而且能够购买的商品数量。而需求是指商品需求量与价格之间的一种关系，反映的是在不同的价格水平下商品的需求量。

（二）影响需求的因素

消费者对某种商品的需求取决于诸多因素，在一种商品市场上，影响该商品需求的主要因素包括如下几点。

1. 商品本身的价格（P）

人们从大量经验事实中观察到，如果某种商品的价格上升，人们对该商品的购买量就会减少；如果价格下降，人们的购买量就会增加。由此可见，需求量随着价格上升而减少，随着价格下降而增加。亦是说，商品的需求量与价格负相关。并且，商品本身的价格还是影响需求量最重要、最直接的因素。

2. 消费者的收入水平（Y）

一般来说，在其他条件不变的情况下，消费者的收入越高，对商品的需求量越多；而收入减少，对商品的需求量就会减少。需求量随着收入的增加而增加，随着收入的减少而减少的商品叫正常商品。

市场上的商品，绝大多数都是正常商品。但是，也有一些商品——它们的需求量是同收入成反方向变化的，我们把这类商品叫作不正常商品（或者低档商品、劣等品）。如搭乘公交车，如果你收入较少，搭乘的次数就会较多；如果收入增加，搭乘的次数就会减少，搭乘出租车的次数就会增加。

3. 消费者的嗜好或者偏好（H）

所谓嗜好（偏好），是指消费者对某商品的喜爱程度，在一定程度上取决于人们的心理因素，如你喜欢冷饮，你就会更多地光顾冷饮店。经济学论及的嗜好及其变化，更多地涉及人们生活的社会环境，如果社会消费风尚发生变化，将促进消费者在商品价格未发生任何变化的情况下增加或减少对某种商品的需求。而消费者嗜好的变化受许多因素的影响，其中广告宣传可以在一定程度上影响偏好的形成。这就是为什么许多企业不惜血本大做广告宣传的原因。

4. 其他相关商品的价格（X）

各种商品之间存在着不同的关系，因此，其他商品价格的变动也会影响某种商品的需求。商品之间的关系有两种，一种是替代关系，一种是互补关系。替代关系是指两种商品用途相似，可以互相代替来满足同一种欲望，如大米和面粉、猪肉和牛肉、棉织品和化纤产品就是这样的替代关系。我们把诸如此类的具有替代关系的两种商品就叫作替代品（Substitute Goods）。如果两种商品是替代品，那么一种商品（大米）价格上升，消费者对另一种商品（面粉）的需求就会增加；反之，则会发生相反的变动。因此，替代品之间的价格与需求量呈同方向变动。

1. 猪肉的替代品有哪些？
2. 当猪肉涨价时，替代品的需求会发生怎样的变化？

互补关系是指两种商品需要相互配合使用才能满足人的一种欲望，如汽车和汽油是互补关系。我们把具有互补关系的两种商品叫作互补品（Complement Goods）。如果两种商品是互补品，那么一种商品的价格上升，消费者对另一种商品的需求就会减少；反之，则会发生相反的变动。如汽车和汽油，汽油价格提高会引起人们对汽车需求量的减少，反之则相反。

由此可见，人们对于某种商品的需求量，除了取决于该商品的价格以外，还受到与该商品有某种联系的其他商品价格的影响。

5. 人们对未来的预期（E）

如果消费者预期某种商品的价格未来要上涨，消费者就愿意增加现在的购买；如果消费者预期某种商品的价格未来要下降，消费者就愿意减少现在的购买，等待未来再购买。比如，人们预期鸡蛋未来价格会上升，一般现在就会多买一点鸡蛋存放在冰箱里。在金融市场（如股票和债券市场）和房地产市场，预期特别重要，当人们认为在不久的将来，股票、债券和房地产的价格将会上升时，现在就会多购买这些商品。

此外，人口规模或人口结构、政府的消费政策等都会对商品的需求产生影响。

二、需求的表示方法

（一）需求函数

需求函数是某种商品的需求数量与其影响因素之间的相互关系。在上述诸多影响需求的因素中，最直接、最重要的是商品自身的价格。以 P 表示商品自身的价格（price，自变量），Q_d 表示商品需求数量（quantity of demand，因变量），在假定其他因素保持不变的条件下，需求函数可表达为

$$Q_d=f(P) \tag{2.1}$$

在图示分析中，需求函数或需求曲线常用需求的英文单词的首字母 D 标记。

（二）需求表

需求表示描述在其他因素不变的条件下，某种商品的每一可能价格与需求量之间关系的序列表。需求表可以直观地表明价格与需求量之间的一一对应关系。某农贸市场五花肉的需求情况如表 2.1 所示。

表 2.1　某农贸市场五花肉的日需求表

组合点	a	b	c	d	e
价格（元 / 千克）P	27.80	24.80	22.60	21.20	20.00
需求量（千克）Q	273	290	310	350	400

思考

糖尿病患者对白糖有需求吗？低收入家庭对高档住房有需求吗？

（三）需求曲线

在平面坐标系中画出表 2.1 中的各组数据点，连接各点，即得出需求曲线，如图 2.1 所示。

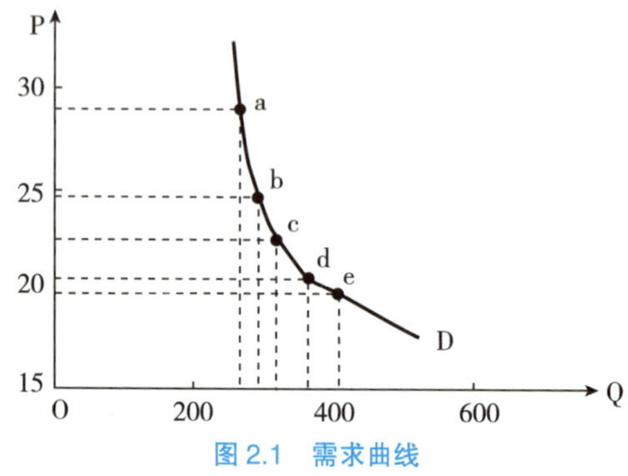

图 2.1　需求曲线

需求可分为个人需求和市场需求。个人需求是指单个消费者（家庭或个人）对某种商品的需求；市场需求是指全体消费者对某种商品的总需求。

【课堂讨论】 怎样由个人需求得出市场需求？

【提示】 将同一价格水平下所有的个人需求量逐一相加，得出相应的市场需求量；每一价格水平与其对应的市场需求量组合的集合，即市场需求。

三、需求定理

（一）需求定理

由于在其他条件不变的情况下，需求量随着价格上升而减少，随着价格下降而增加，价格与需求量之间的这种关系对经济中大部分物品都是适用的。因此，可以得到这样一条规律：在影响需求量的其他因素不变的情况下，一种商品的需求量与其价格之间存在着反向变动关系，即需求量随着商品本身价格的上升而减少，随着商品本身价格的下降而增加，这种现象被经济学家称为需求定理或需求规律（The Law Of Demand）。

（二）需求定理的解释

需求定理表明的商品价格与需求量呈反方向变动的关系，是替代效应和收入效应共同作用的结果。

替代效应（Substitute Effect）是指在实际收入不变的情况下，某种商品的价格变化对其他商品需求量的影响，即X商品价格上升而引起对其他具有同类用途的商品需求量增加，从而减少对X商品的需求量所产生的替代现象。它强调的是一种商品价格变动对其他商品相对价格水平的影响。比如，面粉的价格下降、大米的价格没有变化，那么，人们在一定限度内会减少大米的购买量，把原来购买大米的钱转用于购买面粉，从而引起面粉需求量的增加。同理，假如大米的价格不变、面粉的价格提高，人们会用大米替代面粉，从而引起对面粉需求量的减少。

收入效应（Income Effect）是指在货币收入不变的情况下，某种商品的价格变化引起了消费者实际收入的变化，从而导致其需求量的增减，即由于X商品价格上升，消费者的名义货币收入不变，而实际货币收入减少，从而导致消费者对X商品的需求量减少。这种由于商品价格上升而引起的实际收入减少与需求量减少的现象就是收入效应，它强调的是一种商品价格变动对实际收入水平的影响。

需要指出的是，需求定理是通过科学的假设而得出的，它以影响需求的其他因素不变为条件。这就是说，它只有在某种条件下才能成立，才有适用性。只有在这一条件下，才能揭示商品本身价格与其需求量之间的本质联系，得出科学的结论。比如，如果收入大幅度增加，那么，价格上升，需求量仍会增加，但这种增加反映不出它与价格的关系。这也说明科学的假设在理论形成中的重要性。

【案例阅读】

商品价格下降会带来什么？

在货币收入不变的情况下，商品价格下降会引起以下效应：收入效应和替代效应。为了分析这两种效应，让我们看看当某种商品价格下降消费者会做出怎样的反应。假设某商场张贴出海报某品牌矿泉水降价了，可能带来的结果是：

1. 消费者的收入相对增加了，比以前更富有了，相应的购买力增加了，可以购买更多的某品牌矿泉水和其他相关商品。这是收入效应在起作用。

2. 消费者可以放弃另一种饮料的消费，增加更多某品牌矿泉水的消费。这是替代效应在起作用。

（三）需求定理的例外

在一般情况下，需求定理对大多数商品都适用，但也会出现例外情况。比较重要的例外主要有如下一些。

1. 某些炫耀性商品

珠宝、项链、豪华型轿车等商品，是用来显示人的社会地位与身份的，如果价格下降，它们不能再代表这种社会地位与身份，消费者对它们的需求量就会减少。

2. 某些珍贵、稀罕的商品

古董、古画、珍邮等商品，往往是价格越高越显示出它们的珍贵性，从而对它们的需求量就会越大。

学习二维码 2-1
吉芬之谜与
凡勃伦效应

3. 某些低档商品

某些商品在特定条件下当价格下跌时，需求会减少；而价格上涨时，需求反而会增加，这便是以英国人吉芬而命名的“吉芬商品”（Giffen Goods）。

在以上 3 种情况下，需求曲线可能呈现向右上方倾斜的斜率为正的情况。

4. 某些投机性商品

股票、黄金等商品，投资者往是“买涨不买跌”，如果商品小幅度变动，需求按正常情况变动；大幅度变动，人们就会采取观望的态度，需求将呈现不规则的变化。

需求定理反映了一般商品的客观实际，但并不排除某些特殊商品，这些商品只占极小的部分，所以，需求定理并没有因此而失去作用。

四、需求量的变动与需求变动的区别

经济学严格区分需求的两种变化：一种是需求量的变动，另一种是需求的变动。

需求在概念上是“一条线”，是每一价格水平与其对应的需求数量组合点的集合；而需求量则是需求线上的“一个点”，是某一具体价格水平下的需求数量。

需求量的变动是指在其他影响因素不变的条件下，由商品自身价格变化引起的该商品需求数量的变动。其变动结果表现为同一条需求线上点的移动，向左上方移动表示需求量减少，向右下方移动表示需求量增加，如图 2.2 所示。

需求的变动是指在商品自身价格不变的条件下，由其他影响因素变化引起的该商品需求数量的变动。其变动结果表现为整条需求线的平移，向左平移表示需求减少，向右平移表示需求增加，如图 2.3 所示。

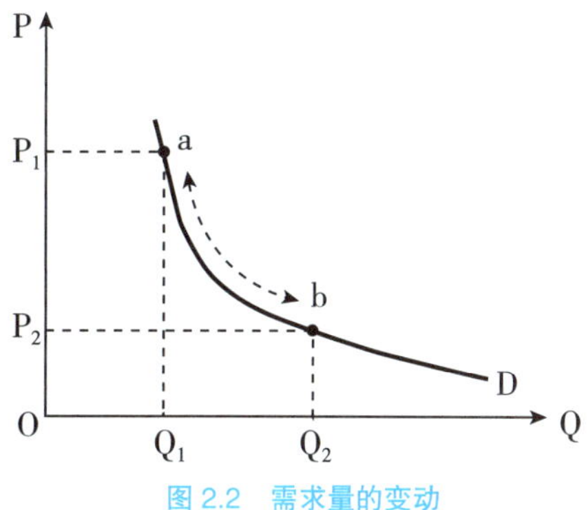

图 2.2 需求量的变动

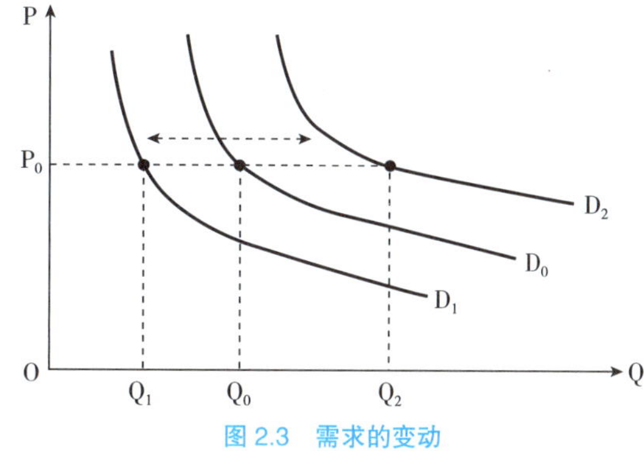

图 2.3 需求的变动

思考

1.“三八”妇女节期间，长沙市各花店生意火爆，热销鲜花以康乃馨、玫瑰为主，鲜花的需求发生了何种变化？

2. 超市的某类商品降价活动引起此类商品的需求发生何种变化？

3. 上述两者变化相同吗？为什么？

【提示】 需求量的变动与需求变动。

【思政小课堂】

每年的 5 月 31 日是世界无烟日。全世界现有 11 亿人在吸烟，目前我国吸烟现状更是不容乐观：烟民人数不断增加，已经超过 4.5 亿人，烟民的平均年龄在降低，女性烟民及青少年烟民的数量不断增加。那么，如何减少烟草的需求呢？

【思政感悟】

吸烟有很大的危害，烟草含有很多有毒有害的物质，比如说尼古丁、一氧化碳等等。抽烟不光对肺部有影响，心脑血管疾病发生率也要高很多，所以吸烟是一个非常不好的生活习惯。如果大学生吸烟，因为年纪轻，成长以后，烟瘾会更加长，所以大学生要杜绝吸烟。

减少吸烟需求量的一种方法是提高香烟的价格。按照需求定理，价格提高会减少吸烟者对香烟的消费，需求量在同一条香烟或其他烟草产品的需求曲线上从某一点移动到价格更高而数量较少的一点。

另外一种方法是价格不变，采取公益广告、香烟盒上有害健康的警示以及禁止在电视上做香烟广告等措施，即充分利用价格水平既定时任何可以降低香烟需求量的政策，从而使香烟的需求曲线向左移动，以减少烟草的需求量。

任务二 供给理论

一、供给

（一）供给与供给量

1. 供给的概念

供给是与需求相对应的概念，供给（Supply）是指生产者（企业）在一定时期内（如一个月或一年等），在各种可能的价格水平下愿意而且能够提供出售的商品数量。所以作为供给，必须具备以下两个条件。

（1）有供给的愿望

生产者生产商品是为了出售获得收入而不是为了自己享用，而且市场价格适宜，生产者按市场价格生产和出售商品有利可图。所以，生产者愿意出卖自己的商品，如服装公司想出售服装、家电卖场想出售电器等。

（2）有供给的能力

生产者实际上能够向市场提供产品，如果生产者觉得市场上某种商品价格适宜、有利可图，因而愿意经营这种产品。但是，如果他没有实际的供给能力，这也只是他的愿望而已，不能构成实际上的供给。所以，供给是出售愿望与供给能力的统一，如果只有供给能力而无出售愿望，那就不能形成实际的供给。在企业供给中既包括新生产的产品，也包括过去生产的存货。

2. 供给的分类

供给分为个人供给和市场供给。个人供给是指单个生产者在一定时期内，在各种可能的价格水平下，愿意而且能够提供的商品的数量；而市场供给是指在某一时期内，所有生产者在各种可能的价格水平下，愿意而且能够提供的商品的全部数量。市场供给是个人供给的总和。

3. 供给与供给量的关系

在经济学中，供给量（Quantity Supplied）和供给是两个既相互联系又相互区别的概念。供给量是指在某一时期内、在某一特定的价格水平下，生产者愿意并且能够提供出售的商品数量；而供给是指商品供给量与价格之间的一种关系，反映的是在不同价格水平下商品的供给数量。

（二）影响供给的因素

同需求量的决定一样，影响供给的因素也很多，有经济因素，也有非经济因素，主要包括以下几种。

1. 商品本身的价格

在影响某种商品供给的其他因素（如其他商品的价格和生产要素的价格）保持不变的条件下，商品的价格越高，生产者愿意供给的数量就越大；反之，商品的价格越低，生产者愿意供给的数量就越小。

2. 生产要素的价格

生产要素的价格构成了商品生产的成本。所以，在商品自身价格不变的条件下，生产要素价格下降，生产成本降低，企业盈利增多，就会增加这种商品的生产，从而使这种商品的供给量增多；反之，生产要素价格上升，会使商品的成本增加，从而在商品价格不变的情况下，利润减少，供给量减少。

3. 生产的技术水平

在一般情况下，生产技术的提高会使资源得到更充分的利用，降低生产成本，增加生产者的利润，生产者就会提供更多的产量；反之，当技术水平较低时，供给量减少。

4. 其他相关商品的价格

在两种替代商品之间，一种商品的价格上升，对另一种商品的供给减少，对这种商品的供给增加；反之，供给减少。比如，小麦价格不变而棉花价格提高，生产者将缩减小麦种植面积，多生产棉花，这表示棉花价格的提高会引起小麦供给的减少。当小麦价格不变而棉花价格下降，生产者会减少棉花的生产，增加小麦生产，使小麦供给量增加。

5. 生产者对未来的预期

如果生产者对未来的经济持乐观态度，预期未来价格会上涨，生产者往往会扩大生产增加商品供给；反之，如果对未来的经济持悲观态度，则会减少供给。

6. 政府的政策

对一种商品征税会使卖价提高，在一定条件下会通过需求的减少而使供给减少；反之，减少商品税收负担或政府给予补贴，会通过降低卖价刺激需求，从而引起供给增加。

此外，自然条件、社会条件和政治气候的突变也会影响供给，如自然灾害、战争、政治事变等都会使生产者的生产经营活动无法正常进行，给供给带来重大的影响。

影响供给的因素要比影响需求的因素复杂得多，在不同的时期、不同的市场上，供给要受多种因素综合影响。还应该强调的是，供给的变动与时间因素密切相关。一般来说，在价格变动之后的极短时期内，供给只能通过调整库存来做出反应，变动不会很大。在短期内可以通过变更原料、劳动力等生产要素来调节供给，变动会较大。但只有在长期中才能变更厂房、设备等生产要素，使供给适应价格而充分变动。

【思政小课堂】

技术进步对供给的影响

虽然供给量和价格的关系是供给理论的重心，但在今天的环境中，技术已逐渐成为影响供给的关键因素。计算机供给就说明了这一点。

20 世纪 80 年代，个人计算机的价格按运算次数、速度和储存能力折算，每台约为 100 万美元。尽管价格如此高昂，但供给量很少，只有少数工程师和科学家使用。如今同样能力的个人计算机已降至 1000 美元以下，价格只是当初的 1‰，但供给量却增加了不止 1 万倍。现在个人计算机的普及程度是许多科学家所未预见到的。

【思政感悟】

计算机供给的这种增加不是由价格变动引起的，而是由技术进步引起的。从 20 世纪 80 年代末开始，计算机行业的生产技术发生了根本性变化。集成电路技术的发展、硬件与软件技术标准的统一、规模经济的实现与高度专业化分工使计算机的生产成本迅速下降，而质量日益提高。这种技术变化使计算机供给曲线向右移动，而且移动幅度相当大。因此，尽管价格下降，供给还是大幅度增加了。

当今时代，技术逐渐成为影响某种商品供给的关键性因素，正因为如此，科技经济学家越来越关注技术进步。学生在关注科技进步给我们带来的便利的同时，学会从经济学角度去思考问题，中国技术的进步对国内市场供给的影响，对国际市场供给的影响，增强民族自信心和自豪感。

二、供给的表示方法

（一）供给函数

供给函数是某种商品的供给数量与其影响因素之间的相互关系。在上述诸多影响供给的因素中，最直接、最重要的是商品自身的价格。以 P 表示商品自身的价格（自变量），Q_s 表示商品供给数量（因变量），在假定其他因素保持不变的条件下，供给函数可表达为

$$Q_s=f(P) \tag{2.2}$$

在图示分析中，供给函数或供给曲线常用供给英文单词的首字母 S 标记。

（二）供给表

供给表是指在其他因素不变的条件下，某种商品的价格与对应的供给量之间关系的数字序列表。供给表可以直观地表明价格与供给量之间的一一对应关系。

某农贸市场五花肉的供给情况如表 2.2 所示。

表 2.2　某农贸市场五花肉的日供给表

组合点	a	b	c	d	e
价格（元 / 千克）P	27.80	24.80	22.60	21.20	20.00
供给量（千克）Q	420	380	310	270	200

（三）供给曲线

在平面坐标系中画出表 2.2 中的各组数据点，连接各点，即得出供给曲线，如图 2.4 所示。

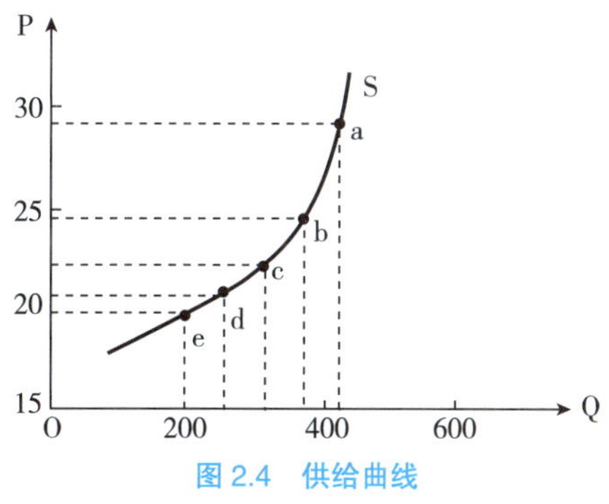

图 2.4　供给曲线

供给可分为单个厂商供给和市场供给。单个厂商供给是指单个厂商对某种商品的供给，市场供给是指生产某种商品的全体厂商对该种商品的总供给。

【课堂讨论】 怎样由单个厂商供给得出市场供给？

【提示】 将同一价格水平下所有单个厂商的供给量逐一相加，得出相应的市场

供给量；每一价格水平与其对应的市场供给量组合的集合，即市场供给。

三、供给定理

同价格和需求量之间存在着紧密的关系一样，价格和供给量之间也存在着密切的关系。因此，在假设其余影响因素不变的情况下，单独考察供给量同价格的关系，也具有重要意义。

人们通过大量事实的观察、统计和分析，可以得到这样一条规律：在影响供给量的其他因素给定不变的条件下，某商品的供给量与其价格呈同方向变动，即供给量随着商品本身价格的上升而增加，随着商品本身价格的下降而减少。这种现象普遍存在，被称为供给定理或供给规律（The Law Of Supply）。

供给定理同样是通过科学的假设而得出的，它以影响供给量的其他因素给定不变为前提。这就是说，只有在这一条件下，才能揭示商品本身价格与其供给量之间的本质联系，得出科学的供给定理。

供给定理所说明的供给量与价格的同方向变动关系可以用生产成本来解释。在经济活动中，作为生产要素的资源是有限的，供给增加，生产要素的价格上升，因此，只有在商品价格上升时，供给才会增加。这一点将在生产理论中进一步说明。

【案例阅读】

供给定理的例外

许多经验显示，大多数商品的供给都符合供给定律。不过，供给定律也有例外的情况。例如劳动也是一种商品，但这种商品并不始终遵循供给定律。在开始阶段，工资即劳动价格上升时，劳动的供给会增加；但当工资增加到很高水平后还在增加，劳动的供给不仅不会增加，反而会减少。因为此时劳动者对闲暇的需要极为强烈，并且工作较少的时间就能取得同样或更多的收入，所以劳动者会选择减少工作时间，相应增加更多的闲暇时间。因此，劳动的供给曲线可能呈现先递增、后递减的向后弯曲型的曲线。

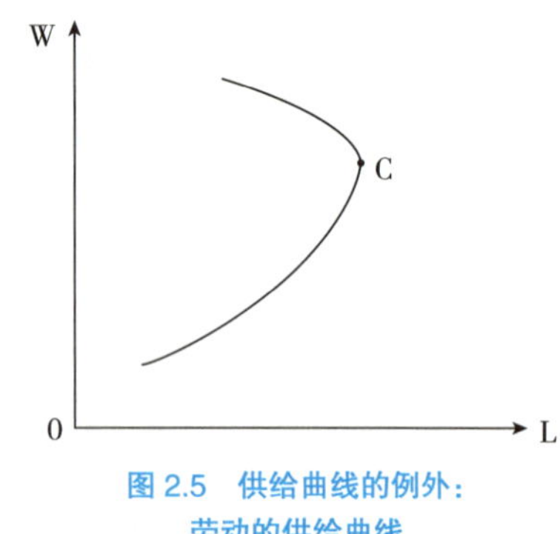

图 2.5 供给曲线的例外：劳动的供给曲线

四、供给量的变动与供给的变动的区别

经济学严格区分供给的两种变化：一种是供给量的变动，另一种是供给的变动。

在概念上，供给是“一条线”，是每一价格水平与其对应的供给数量组合点的集合；而供给量则是供给线上的“一个点”，是某一具体价格水平下的供给数量。

供给量的变动是指在其他影响因素不变的条件下，由商品自身价格变化引起的该商品供给数量的变动。其变动结果表现为同一供给线上点的移动，向左下方移动表示供给量减少，向右上方移动表示供给量增加，如图 2.6 所示。

供给的变动是指在商品自身价格不变的条件下，由其他影响因素变化引起的该商品供给数量的变动。其变动结果表现为整条供给线的平移，向左平移表示供给减少，向右平移表示供给增加，如图 2.7 所示。

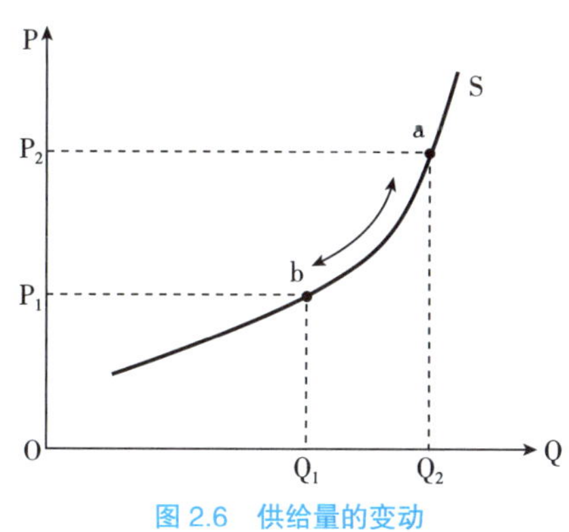

图 2.6　供给量的变动

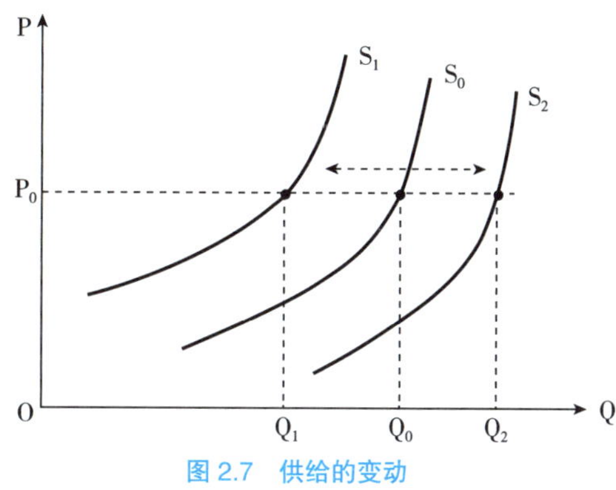

图 2.7　供给的变动

某年我国大蒜价格大幅下跌，引起第二年大蒜的供给发生了何种变化？

某年我国苹果主产区遭受霜冻及冰雹灾害，导致苹果的供给发生何种变化？

上述两者变化相同吗？为什么？

【提示】供给量的变动与供给的变动。

【课堂讨论】

比亚迪公司是汽车的供给者，假定存在以下三种情况：①最近几年，汽车的价格整体下滑；②由于管理部门管理得当，企业的管理费用减少；③车间引进了一条

新的生产线，提高了劳动生产率。这三种情况会对汽车的供给量产生什么影响？供给曲线又将怎样变化？

【提示】①供给量减少，供给曲线不变；②供给量增加，供给曲线右移；③供给量增加，供给曲线右移。

任务三　均衡价格理论及运用

我们已经知道，需求曲线说明了消费者对某种商品在每一价格下的需求量是多少，供给曲线说明了生产者对某种商品在每一价格水平下的供给量是多少。但是，它们都没有说明这种商品本身的价格究竟是如何决定的。那么，商品的价格是如何决定的呢？微观经济学中的商品价格是指商品的均衡价格。商品的均衡价格是在商品的市场需求和市场供给这两种相反力量的相互作用下形成的。下面，我们将需求曲线和供给曲线结合在一起来分析均衡价格的形成及其变动。

一、均衡的含义

均衡（Equilibrium）是物理学的概念，英国经济学家马歇尔把这一概念引入经济学中来分析经济现象。均衡是指当物体同时受到方向相反的两个外力的作用，这两种力大小恰好相等时，该物体处于相对静止状态。均衡一旦形成后，如果有另外的力量使它离开原来的状态，则会有另种力量使之自发地恢复到均衡状态。

在经济学中，均衡是一个被广泛运用的重要概念。均衡最一般的意义是指经济事物中有关的变量在一定条件的相互作用下所达到的一种相对静止的状态。经济事物之所以能够处于这样的一种静止状态，是由于在这样的状态中有关该事物的各参与者的力量能够相互制约和相互抵消，也由于在这样的状态中有关该经济事物的各方面的经济行为者的愿望都能得到满足。正因为如此，西方经济学家认为，经济学的研究往往在于寻找在一定条件下经济事物的变化最终趋于相对静止时的均衡状态。

二、均衡价格的决定

当代经济学家认为，应该把需求和供给的分析相结合，来研究市场上商品均衡价格的形成问题。

在西方经济学中，一种商品的均衡价格（The Equilibrium Price）是指该种商品的市场需求量与市场供给量相等时的价格。在均衡价格水平下，供求相等的数量被称为均衡数量（The Equilibrium Quantity）。从几何意义上说，一种商品市场的均衡出现在该商品的市场需求曲线与其市场供给曲线相交的交点上，该交点被称为均衡点。均衡点上的价格和相等的供求量分别被称为均衡价格和均衡数量。市场上需求量和供给量相等的状态，也被称为市场出清（Clearing）的状态。

现在把市场需求曲线和供给曲线结合在一起，用图 2.8 说明一种商品的市场均衡价格的形成。

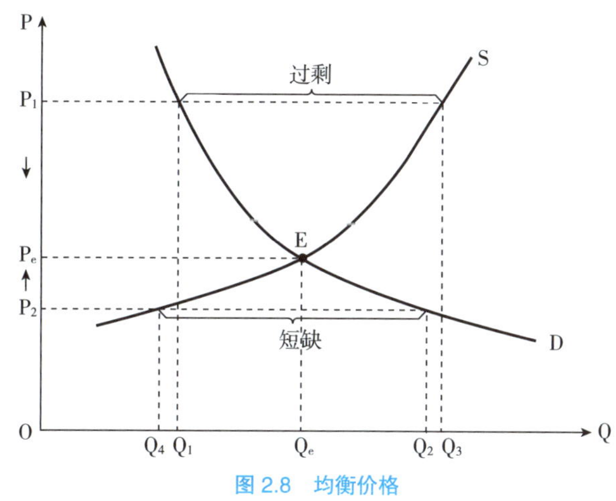

图 2.8　均衡价格

如图 2.8 所示，D 曲线和 S 曲线的交点 E 所对应的价格 P_e 和产量 Q_e 分别为均衡价格和均衡产量，那么，商品的均衡价格是如何形成的呢？

商品的均衡价格是商品市场上需求和供给这两种相反的力量共同作用的结果，也就是市场竞争的结果。通常，卖者总想提高价格，买者总想降低价格。但在市场机制的作用下，价格高于均衡点时，就会出现供过于求，生产者之间就会竞争，结果将迫使商品的价格降低；反之，在价格低于均衡点时，就会出现供不应求，这种情况将导致一部分准备购买商品的人提高其出价，从而导致价格上升。买卖双方的竞争，将最终驱使供求不等的非均衡状态逐步消失，市场价格自动地回复到均衡价格水平。

【课堂讨论】

在西晋时期，有一位著名的文学家叫左思。他羡慕东汉班固、张衡的文学成就，可是对他们的名作《两都赋》《两京赋》又有一点不服气，于是花了十年的工夫，写了篇《三都赋》的大赋。写成之后，人们都惊叹它不亚于班、张之作，一时竞相传抄，蔚为盛事。但由于当时纸张的供给量比较小而且比较固定，所以当人们都需要用纸张来抄写《三都赋》的时候，纸张供不应求了，一时间，价格飞涨，这就是“洛阳纸贵”的典故。

讨论：洛阳纸的价格是如何决定的？

【提示】 均衡价格

三、均衡价格的变动

需求曲线和供给曲线位置的移动都会使均衡价格水平发生变动。如果均衡价格不变，非价格因素变化，就会引起需求和供给的变化（曲线移动），而需求和供给的变动必然会引起均衡点的移动，从而导致均衡价格和均衡产量的变化。

由于影响均衡的因素太多、太复杂，因此，当分析某个事件如何影响一个市场时，我们按照以下三个步骤进行：①确定该事件是使供给曲线移动，还是使需求曲线移动，或者是使两条曲线都移动；②确定曲线是向右移动还是向左移动；③用供求图形来考察这种移动对均衡价格和均衡产量的影响。

我们以冰激凌市场为例，根据以上三个步骤分析以下事件对均衡价格、均衡产量的影响以及它们涉及的分别是“需求点移动”还是“需求线移动”：①收入增加对冰激凌市场的影响；②地震使冰激凌企业中断生产对市场的影响；③收入增加和地震同时发生对冰激凌市场的影响。

（一）供给不变，需求变动对均衡价格的影响

在供给不变的情况下，需求增加会使需求曲线向右平移，从而使得均衡价格和均衡数量都增加；需求减少会使需求曲线向左平移，从而使得均衡价格和均衡数量都减少。

在图 2.9 中，既定的供给曲线 S 和最初的需求曲线 D_0 相交于 E_0 点。在均衡点 E_0 均衡价格为 P_0 均衡数量为 Q_0。需求增加使需求曲线向右平移至 D_2 曲线的位置，D_2 曲线与 S 曲线相交于 E_2 点。在均衡点 E_2 均衡价格上升为 P_2，均衡数量增加为 Q_2。相反，需求减少使需求曲线向左平移至 D_1 曲线的位置，D_1 曲线与 S 曲线相交于 E_1 点。在均衡点 E_1，均衡价格下降为 P_1，均衡数量减少为 Q_1。

显然，收入增加，人们会增加对冰激凌的需求，会引起需求曲线向右移动，在供给不变的条件下，会使均衡价格上升，均衡数量增加。

结论：当供给不变时，需求变动引起均衡价格及均衡数量同向变动。

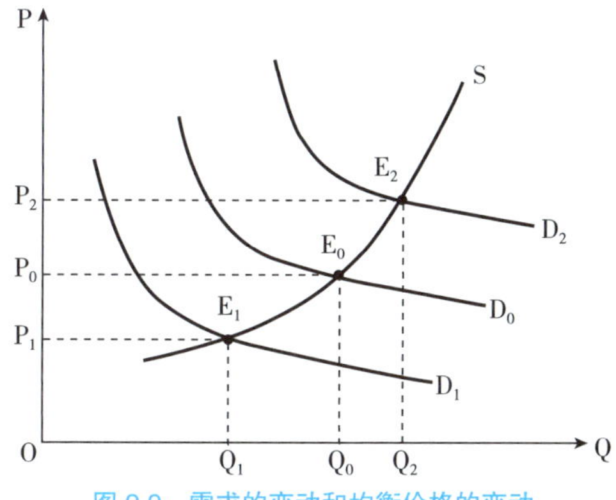

图 2.9　需求的变动和均衡价格的变动

（二）需求不变，供给变动对均衡价格的影响

在需求不变的情况下，供给增加会使供给曲线向右平移，从而使得均衡价格下降，均衡数量增加；供给减少会使供给曲线向左平移，从而使得均衡价格上升，均衡数量减少。

在图 2.10 中，既定的需求曲线 D 和最初的供给曲线 S_0 相交于 E_0 点。在均衡点 E 的均衡价格和均衡数量分别为 P_0 和 Q_0。供给增加使供给曲线向右平移至 S_2 曲线的位置，并与 D 曲线相交于 E_2 点。在均衡点 E_2，均衡价格下降为 P_2，均衡数量增加为 Q_2。相反，供给减少使供给曲线向左平移至 S_1 曲线的位置，且与 D 曲线相交于 E_1 点。在均衡点 E_1，均衡价格上升为 P_1，均衡数量减少为 Q_1。

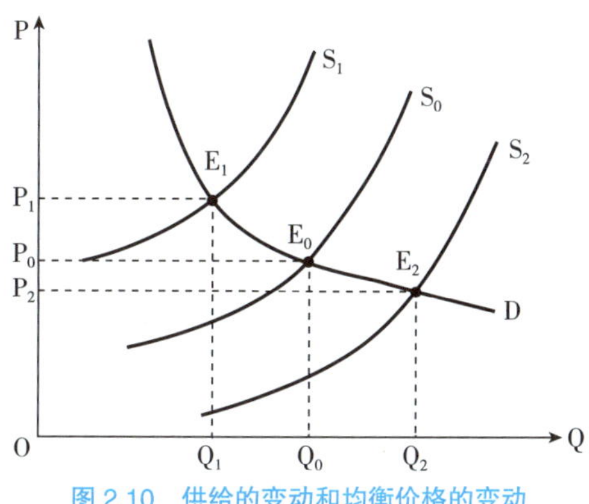

图 2.10　供给的变动和均衡价格的变动

显然，地震使冰激凌企业减少了产量，使供给减少，从而使供给曲线向左移动，在需求不变的条件下，均衡价格上升，均衡数量减少。

结论：当需求不变时，供给变动引起均衡价格反向变动、均衡数量同向变动。

2022年俄乌冲突持续升级，导致油价飙升，试用均衡分析法分析原因。

（三）需求和供给同时发生变动

供求同时变动分为两种情况：其一，供求同向变动，即同增或同减；其二，供求反向变动，即一增一减。

由前述两个结论可知，当供给不变时，需求变动引起均衡价格及均衡数量的同向变动；当需求不变时，供给变动引起均衡价格反向变动及均衡数量同向变动。由此可得出第三个结论：当供求同向变动时，均衡数量与供求同向变动，均衡价格变动情况取决于供求变动的幅度；当供求反向变动时，均衡价格与需求同向变动，均衡数量变动情况取决于供求变动的幅度。

以上关于需求与供给变动对均衡价格的影响的三个结论，称为供求定理。

供求与价格有怎样的关系？

【提示】 供求决定价格，价格影响供求。

【案例阅读】

逆向而行的思维

一般而言，在其他条件不变的情况下，价格上涨，供给量增加，符合供给定理，那么何以造成严重的供过于求？主要原因有：其一，生产规模小、分散，产销信息不对称，盲目跟风；其二，生产与销售出现时滞，生产需要一个过程，开始生产时行情好，到销售时行情却发生了变化；其三，随着价格上涨，需求量在减少。那么，从生产者个体角度而言，是否有更好的应对之策呢？

战国时代的商人白圭的经营方法与众不同，总是逆流而行，“人弃我取，人取我与”。有一次，别的商人都在一窝蜂地抛售棉花，拼命地大减价；白圭却大量地买进棉花，甚至花钱租地方存放棉花。卖完棉花，别的商人都抢着购买皮毛；白圭却打开仓库，把库存的皮毛卖得精光。几天后，有消息说近年棉花严重歉收，商人们心急火燎地到处寻找棉花；白圭高价卖出了全部库存棉花，发了一笔大财。又过了一段时间，满街的皮毛突然卖不出去了，价格降得越来越低，那些抢购皮毛的商人瞬间血本无归。

巴菲特曾说，“在别人恐惧时我贪婪，在别人贪婪时我恐惧”，其思想与白圭有异曲同工之妙。物以稀为贵，物极必反。当生产者不了解市场行情及规律，而盲目随大流的时候，危险正在前方。

四、均衡价格理论的应用——价格政策

市场自发形成的均衡价格并非万能，政府会根据具体的经济形势采取一系列的经济政策，如限价、税收等政策，对市场价格进行干预。

政府限价是指政府对商品的价格水平或浮动幅度所做的限制或规定，常见的有最低限价和最高限价。

（一）最低限价

最低限价也称支持价格或保护价格，是指政府为扶持某一行业发展而规定的该行业产品的最低价格。最低限价总是高于市场自发形成的均衡价格，实行最低限价政策可保护生产者的利益。如图 2.11 所示，市场自发形成的均衡价格为 P_e，均衡数量为 Q_e，政府为支持该行业发展而规定的价格为 P_1，支持价格 P_1 高于均衡价格 P_e，此时供给量 Q_s 大于需求量 Q_d，市场上出现产品过剩的情况。

为了维持最低限价，政府通常会收购市场上过剩的产品，用于国家储备或出口。

最低限价政策主要适用于少数重要的农产品，现阶段我国执行最低收购价的品种有小麦和稻谷。

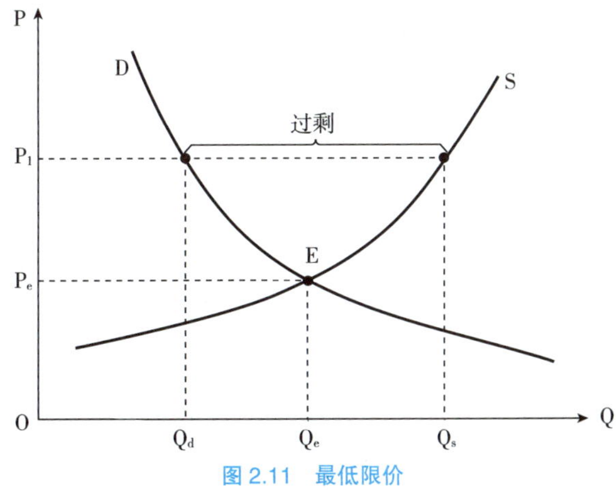

图 2.11　最低限价

此外，我国目前执行的最低工资标准也属于最低限价政策。

【案例阅读】

为提高农民种粮的积极性，进一步促进粮食生产的发展，国家持续在主产区实行最低收购价政策。2023 年国家继续在稻谷主产区实行最低收购价政策。综合考虑粮食生产成本、市场供求、国内外市场价格和产业发展等因素，经国务院批准，2023 年生产的早籼稻（三等，下同）、中晚籼稻和粳稻最低收购价分别为每 50 公斤 126 元、129 元和 131 元。

（二）最高限价

最高限价也称限制价格，是政府为限制某些物品的价格而对其规定的最高价格。政府对垄断性很强的基本生活必需品实行最高限价政策可控制这类商品的价格上涨，抑制通货膨胀，保护消费者利益。最高限价总是低于市场自发形成的均衡价格。如图 2.12 所示，市场自发形成的均衡价格为 P_e，均衡数量为 Q_e，政府为限制价格过高而规定的价格为 P_2，限制价格 P_2 低于均衡价格 P_e，此时供给量 Q_s 小于需求量 Q_d，市场上出现产品短缺的情况。

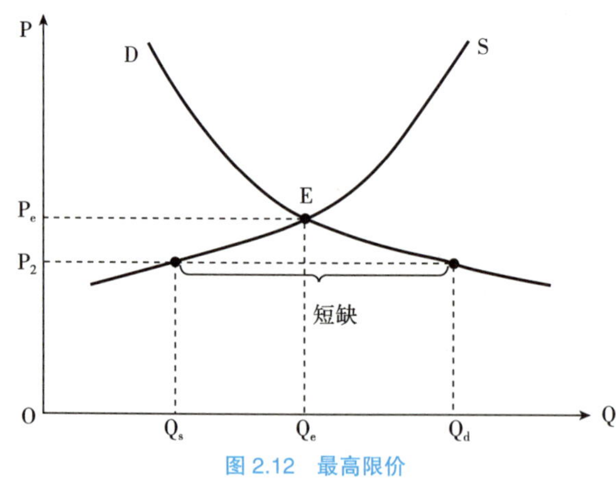

图 2.12　最高限价

为了维持最高限价，政府通常会采取配给制，消费者凭票证购买商品。最高限价下的供不应求易导致市场上消费者排队抢购和黑市交易盛行。

我国最高限价政策主要适用于重要公用事业、公益性服务和网络型自然垄断领域。政府定价范围以目录形式分中央和地方呈现。于 2016 年 1 月 1 日起施行的《中央定价目录》包括天然气、水利工程供水、电力、特殊药品及血液、重要交通运输服务、重要邮政服务及重要专业服务七个类别，共 20 个具体项目。地方定价目录包括 31 个省（自治区、直辖市）。

学习二维码 2-2
阿尔弗雷德·马歇尔

【思政小课堂】

不同歌手门票差别之谜

门票价格也就是歌手劳务的价格。在经济学中，劳务是一种无形的商品，其定价规律与有形的物品是一样的。

我们在生活中一定会注意到，美声唱法歌手演唱的门票比较便宜——如迪里拜尔，也不过 180 元。但通俗唱法歌手演唱的门票比较昂贵——如张惠妹，已达 600 元以上。用演唱这种劳务中所包含的劳动量恐怕无法解释这种差别。提供某种劳务的劳动量包括为此而用的培训时间与提供劳务所耗的活劳动。美声唱法是一种复杂劳动，需要长期专业培训，演唱也颇费力。与此相比，通俗歌手的劳动要简单一点。也就是说，同样一场演唱会，美声唱法包含的劳动量要大于通俗唱法。看来劳动量的差别并不能解释门票价格如此巨大的差别。

（资料来源：不同歌手门票差别之谜［EB/OL］.［2017-10-14］. http:/www 360doe .com/content/07/1014/07143414_809273 shtml.）

【思政感悟】

学过价格理论会知道，决定不同歌手门票价格差别的关键在于需求与供给，引起这种票价差别的原因也在于供求。美声唱法属于阳春白雪的高雅艺术，能欣赏它的只有少数音乐修养高的观众。通俗唱法属于下里巴人的大众艺术，大部分人都能够欣赏，尤其是众多青少年对它爱得发狂。这就说明，当美声唱法歌手与通俗唱法歌手相当（供给相同）时，由于通俗唱法的需求远远大于美声唱法，门票价格自然就高了。我们还会注意到，由于通俗歌手收入丰厚，许多人都来成为这种歌手，随着其数量的增加，门票的价格也在下降。但由于能成为“大腕”的歌手不多，供给增加仍然有限，歌迷对这些“大腕”的需求不减，所以“大腕”的门票价格依旧很高，他们的收入依然丰厚。

对于追星去看演唱会的同学，要根据自身经济情况，不可盲目跟风，更不可为了看演唱会去借钱、贷款，在大学养成良好的消费习惯。

任务四　弹性理论及运用

一、弹性的一般含义

我们已经知道，当一种商品的价格发生变化时，这种商品的需求量会发生变化。除此之外，当消费者的收入水平或者相关商品的价格等其他因素发生变化时，这种商品的需求量也会发生变化。同样，当一种商品的价格发生变化，或者这种商品的生产成本等其他因素发生变化时，这种商品的供给量会发生变化。由此，我们会很自然地想知道，譬如，当一种商品的价格下降 1% 时，这种商品的需求量和供给量究竟分别会上升和下降多少呢？当消费者的收入水平上升 1% 时，商品的需求量究竟增加了多少？弹性概念就是专门为解决这类问题而提出的。

弹性（Elasticity）原是物理学上的概念，意指某一物体对外界力量的反应或敏感程度，后来被引入经济学中。在经济学中，什么是弹性呢？一般说来，只要两个经济变量之间存在着函数关系，我们就可以用弹性来表示因变量对自变量变动的敏感程度，弹性大小可以用弹性系数来表示。

在经济学中，弹性系数的一般公式为：

$$\text{弹性系数}=\frac{\text{因变量的变化率}}{\text{自变量的变化率}} \tag{2.3}$$

弹性分为需求弹性和供给弹性，需求弹性又分为需求价格弹性、需求收入弹性和需求交叉弹性。供给弹性主要指供给价格弹性。

二、需求价格弹性

（一）需求价格弹性的含义及公式

需求的价格弹性（price elasticity of demand）也称需求弹性，表示在一定时期内一种商品的需求量对于其价格变动的反应程度，是商品需求量变动率与价格变动率之比。以 E_d 表示需求的价格弹性，其基本计算公式为

$$E_d=-\frac{\text{商品需求量变动率}}{\text{商品价格变动率}}=-\frac{\frac{\Delta Q}{Q}}{\frac{\Delta P}{P}}=\frac{\Delta Q}{\Delta P}\times\frac{P}{Q} \tag{2.4}$$

式中，ΔP、ΔQ 分别为价格与需求量的变动量，P、Q 分别为变动前的价格与需求量。

通常情况下，由于商品的需求量与价格呈反向变化，所以 E_d 为负数。为方便比较，公式前加负号，使计算结果为正值。值越大，弹性越大，表示商品的需求量对价格变动的反应越敏感。

计算某商品需求曲线上两点之间的需求价格弹性时，计算结果因涨价与降价方向不同、变动率的计算基数不同而产生差异。为消除因价格变动方向不同所产生的影响，价格 P 与需求量 Q 通常取变动前后的平均值，称为中点法。中点法的计算公式为

$$E_d=-\frac{\Delta Q}{\Delta P}\times\frac{\frac{P_1+P_2}{2}}{\frac{Q_1+Q_2}{2}}=-\frac{Q_2-Q_1}{P_2-P_1}\times\frac{P_1+P_2}{Q_1+Q_2} \quad (2.5)$$

式中，P_1、P_2 分别为变动前后的价格，Q_1、Q_2 分别为变动前后的需求量。当不考虑价格变动方向时，人们一般采用中点法计算弹性系数。

【算一算】

需求弹性的计算之一

某市场上白糖的价格为 11 元 / 千克时，需求量为 1.25 吨；价格为 14 元 / 千克时，需求量为 1.22 吨。白糖的需求弹性是多少？

解：白糖的需求弹性为

$$E_d=-\frac{Q_2-Q_1}{P_2-P_1}\times\frac{P_1+P_2}{Q_1+Q_2}=-\frac{1.25-1.22}{11-14}\times\frac{14+11}{1.22+1.25}\approx 0.1$$

以上两个公式适于计算价格变动量较大时某商品一条需求曲线上两点之间的需求价格弹性（称为弧弹性），当价格变动量趋于零时，式 2.4 可转化为

$$E_d=-\lim_{\Delta P\to 0}\frac{\Delta Q}{\Delta P}\times\frac{P}{Q}=-\frac{dQ}{dP}\times\frac{P}{Q} \quad (2.6)$$

式 2.6 适于计算需求曲线上某一点的需求价格弹性（称为点弹性）

【算一算】

需求弹性的计算之二

已知某市场上西红柿的需求曲线为 $Q_d=18900-2750P$，当价格为 5.6 元 / 千克时，其需求弹性是多少？

解：当价格 P 为 5.6 元 / 千克时，需求量 Q=18900−2750×5.6=3500（千克）

$$E_d = -\frac{dQ}{dP} \times \frac{P}{Q} = -(-2750) \times \frac{5.6}{3500} = 4.4$$

（二）需求价格弹性的分类

根据弹性系数的大小，一般把需求价格弹性分为五种类型。在现实经济生活中，需求的单位弹性、完全弹性和完全无弹性比较少见，大多数商品的需求弹性为缺乏弹性或富有弹性。

【课堂讨论】

免费的博物馆一票难求

近些年，去博物馆看展已经成为许多市民的刚需，既增长知识又花费甚少，还带火了一批有特色的博物馆。这个越来越流行的休闲方式，现在却被无孔不入的黄牛给盯上了。2023 年暑假有媒体报道在某博物院预约平台上难以抢到免费门票，需花钱从第三方平台或“黄牛”渠道购票。

某博物院 8 月 6 日发布关于实施打击“黄牛”倒卖门票行为相关措施的通告，宣布即日起实施调整散客放票规则、团队预约规则、团队检票规则，封禁违规旅行社、停用虚拟手机号码的账号注册和使用、设立“黄牛”倒卖门票专用投诉邮箱等六大举措，打击“黄牛”倒卖门票行为。某博物院 9 月开始试运行新版本票务预约系统，在门票预约环节，系统将拦截机器刷票操作，并根据可能的风险等级对预约人分别进行身份证二要素（姓名和身份证号）或人脸核身验证，验证不通过的订单及账号将不能预约。

思考：

（1）人们对某博物院的需求弹性是怎样的？

（2）为何会出现某博物院“黄牛”倒卖门票？

（三）影响需求弹性的因素

1. 消费者对商品的需要程度

消费者对商品的需要程度，即该商品是生活必需品还是奢侈品。一般来说，生活必需品（柴、米、油、盐）需求弹性小，而奢侈品（汽车、珠宝）需求弹性较大。

2. 商品的可替代程度

如果一种商品有许多替代品，则该商品的需求弹性就大，因为价格上升时，消费者会转而购买其他替代品；价格下降时，消费者会购买这种商品来取代其他替代品，如猪肉与羊肉；如果一种商品替代品较少，则该商品的需求弹性就较小，如法律服务等。

3. 商品本身用途的广泛性

如果一种商品的用途越多，价格下降时，对它的需求量就会大量增加；反之，价格下降时需求量会大量减少。因此，用途越广，需求弹性越大，如水、电；如果一种商品的用途越少，其需求弹性越小，如鞋油、雨伞。

4. 时间的长短

这里，时间的长短分为商品使用时间的长短和所考察的消费者调整需求量的时间。

（1）商品使用时间的长短

从商品使用时间的长短看，一般来说，使用时间长的耐用消费品需求弹性大，如电视机、汽车；使用时间短的非耐用消费品需求弹性小，如报纸。

（2）所考察的消费者调整需求量的时间

从所考察的消费者调整需求量的时间长短来看，一般来说，所考察的调整时间越长，则需求弹性就可能越大。因为，当消费者决定减少或停止对价格上升的某种商品的购买之前，他一般需要花费时间去寻找和了解该商品的可替代品。比如，当汽油价格上升时，消费者在短期内不会较大幅度地减少需求量。但在长期内，消费者可能找到替代品，于是，汽油价格上升会导致汽油的需求量较大幅度地下降。

5. 商品在消费者预算支出中所占的比例

如果商品在消费者预算支出中所占比例较小，消费者对价格变化的敏感程度比较低，其需求弹性就比较小，如食油、盐、大米；在消费者预算支出中所占比例较大，消费者对价格变化的反应就较大，其需求价格弹性就较大，如汽车、住房。

需要指出，一种商品需求价格弹性的大小是各种影响因素综合作用的结果。所以，在分析一种商品需求价格弹性的大小时，要根据具体情况进行全面的综合分析。

为什么家电产品经常降价促销而药品很少降价促销？

【提示】 家电产品需求弹性大，降价促销可以使需求量大幅增加，从而使总收益增加；而药品需求弹性小，降价促销并不会使需求大幅增加。

（四）需求弹性理论的运用

在实际的经济生活中，会发生这样的现象：有的企业提高自己的产品价格能使自己的销售收入得到提高，而有的企业提高自己的产品价格却反而使自己的销售收入减少。这意味着，以降价促销来增加销售收入的做法，对有的产品适用，对有的产品却并不适用。如何解释这些现象呢？这便涉及商品的需求价格弹性和企业的销售收入两者之间的相互关系。

我们知道，企业的销售收入即总收益等于商品的销售量（需求量）乘以商品的价格，即：

$$TR=P\times Q \tag{2.7}$$

式中，TR 表示总收益，P 表示价格，Q 表示销售量。前面已经讲过，商品的需求价格弹性表示商品需求量的变化率对于商品价格的变化率的敏感程度。这意味着，当一种商品的价格 P 发生变化时，根据该商品的需求价格弹性的大小，我们可以知道该商品需求量 Q 的变化情况，进而知道总收益的变化情况。所以，商品的需求价格弹性和总收益之间存在着密切的关系。这种关系可以归纳为以下情况：

1. 需求富有弹性（$E_d>1$）的商品需求弹性与总收益之间的关系

如果某商品是富有弹性的，该商品的价格下降导致销售量（需求量）增加的幅度大于价格下降的幅度，总收益会增加；该商品的价格上升时，销售量（需求量）减少的幅度大于价格上升的幅度，从而总收益减少。

【算一算】

某商品的需求是富有弹性的，$E_d=2$，原来的价格 $P_1=600$ 元，销售量 $Q_1=200$ 件，则总收益 $TR_1=P_1\times Q_1=600\times 200=120000$（元）。

现假定价格下降 15%，即 $P_2=510$ 元，由于 $E_d=2$，所以销售量增加 30%；即 $Q_2=260$ 件，则总收益 $TR_2=P_2\times Q_2=510\times 260=132600$（元）。

$TR=TR_2-TR_1=132600-120000=12600$（元）

这表明，该商品价格下降，总收益增加了。

现假定价格上升 15%，即 $P_3=690$ 元，由于 $E_d=2$，所以销售量减少 30%，即 $Q_3=140$ 件，则总收益 $TR_3=P_3\times Q_3=690\times 140=96600$（元）。

$TR=TR_3-TR_1=96600-12000=-23400$（元）

这表明，该商品价格上升，总收益减少了。

结论：一般来说，某商品的需求是富有弹性的，则价格与总收益呈反方向变动，即价格上升，总收益减少；价格下降，总收益增加。这个结论可以解释“薄利多销”这类现象。

【课堂讨论】

如果你是美容店老板，在妇女节到来之际，你会采取哪些措施提高总收益？请利用经济学原理进行分析。

【提示】

美容服务这种商品富有弹性，价格与总收益呈反方向变动，即价格上升，总收益减少；价格下降，总收益增加。因此，应该采取打折促销、广告宣传等策略。

2. 需求缺乏弹性（$E_d<1$）的商品需求弹性与总收益之间的关系

如果某商品是缺乏弹性的，该商品的价格下降导致销售量（需求量）增加的幅度小于价格下降的幅度，总收益会减少；该商品价格上升时，销售量（需求量）减少的幅度小于价格上升的幅度，从而总收益会增加。

【算一算】

某商品的需求是缺乏弹性的，$E_d=0.5$，原来的价格 $P_1=2$ 元，销售量 $Q_1=500$ 千克，则总收益 $TR_1=P_1\times Q_1=2\times 500=1000$（元）。

现假定价格上升 20%，即 $P_2=2.4$ 元，由于 $E_d=0.5$，所以销售量减少 10%，即 $Q_2=450$ 千克，则总收益 $TR_2=P_2\times Q_2=2.4\times 450=1080$（元）。

$TR=TR_2-TR_1=1080-1000=80$（元）

这表明，该商品价格上升，总收益增加了。

现假定价格下降 20%，即 $P_3=1.6$ 元，由于 $E_d=0.5$，所以销售量增加 10%，即 $Q_3=550$ 千克，则总收益 $TR_3=P_3\times Q_3=1.6\times 550=880$（元）。

$TR=TR_3-TR_1=880-1000=-120$（元）

这表明，该商品价格下降，总收益减少了。

结论：一般来说，某商品（如农产品）的需求是缺乏弹性的，则价格与总收益呈同方向变动，即价格上升，总收益增加；价格下降，总收益减少。这个结论可以解释“谷贱伤农”这类现象。

【思政小课堂】

有些生活必需品是不会降价的——刚性需求

刚性需求是相对于弹性需求而言的，指商品供求关系中受价格影响较小的需求，这些商品包括日常生活用品、家用耐耗品等。

在所有的刚性需求里，最刚性的需求莫过于对粮食的消费。耕地的减少从根本上制约了粮食的进一步增产，一些国家对农业的投入较少使得粮食单产提高有限，粮食供给无法大幅度提升。而发展中国家对粮食需求的增长，以及全世界对生物能源需求的持续，共同构成了未来对农产品的长期刚性需求。

这是比较极端的刚性需求，其实，我们每个人都有自己特定的刚性需求，比如看电影并非生活必需品，按理来说价格弹性比较高，但有人爱电影如命，电影价格再高，他们也照看不误，对他们来说，对电影的消费就是他们的刚性需求。香烟对于吸烟的人来说是刚性需求，价格上涨也不会减少消费。

值得注意的是，刚性需求也是不断变化的，比如现代社会的刚性需求和汉朝的刚性需求早已产生了天翻地覆的变化。手机，刚出现时，还属于少数人的刚性需求，如今手机已经成为“人人必需”的刚性需求商品；计算机，过去并非刚性需求，如今也已经变成刚性需求产品，而计算机都离不开的基本软件操作系统，也毫无悬念地成为刚性需求商品。

【思政感悟】

对于大学生而言，刚性需求产品比如手机，不同品牌的手机价位不同，同品牌手机也有不同的价位，同学们在选择刚性需求产品时应量入为出，合理规划父母给的生活费、手机费及每月的消费，没必要为了一时攀比、炫耀过度支出，应做到理性消费。

3. 需求单位弹性（E_d=1）的商品需求弹性与总收益之间的关系

对于E_d=1的单位弹性的商品，降低价格或提高价格对厂商的总收益都没有影响。这是因为，当E_d=1时，价格变动所引起的需求量的变动率和价格的变动率是相等的，但方向相反，相互抵消。

需求价格弹性与销售收入的关系参见表2.3。

表2.3 需求价格弹性与销售收入的关系

	$1<E_d<\infty$	E_d=1	$0<E_d<1$
涨价	收益减少	收益不变	收益增加
降价	收益增加	收益不变	收益减少

三、需求的收入与交叉弹性

除商品自身的价格外，消费者的收入及相关商品的价格也是影响商品需求的重要因素。需求的收入弹性研究商品的需求量变动与消费者收入变动之间的关系，需求的交叉弹性研究商品的需求量变动与相关商品价格变动之间的关系。

（一）需求的收入弹性

需求的收入弹性（Income elasticity of demand）简称收入弹性，表示在一定时期内消费者的某种商品需求量对其收入变动的反应程度，是商品需求量变动率与消费者收入变动率之比。

以 E_I 表示需求的收入弹性，根据需求收入弹性的大小，可将商品划分为正常品和劣等品。

正常品是指 $E_I \geqslant 0$ 的商品。一般而言，正常品的需求量随收入的增加而增加。在正常品中，收入弹性为 $0 \leqslant E_I \leqslant 1$ 的商品称为必需品，如食品、服装、电话等，其需求量随收入的增加而增加，但需求量增加的幅度未超过收入增加的幅度；收入弹性 $E_I>1$ 的商品称为奢侈品，如贵重首饰、高档汽车等，其需求量随收入的增加而增加，且需求量增加的幅度大于收入增加的幅度。

劣等品是指 $E_I<0$ 的商品。劣等品也称低档品，即消费层次很低的商品，如电子手表、地摊百货等，其需求量随收入增加反而减少。厂商可根据需求的收入弹性细分市场，定位目标客户群，从而进行有针对性的营销；政府可利用需求的收入弹性研究各行业、各地区的收入现状，以制定合理的收入政策。

学习二维码 2-3
恩格尔系数

（二）需求的交叉弹性

需求的交叉弹性简称交叉弹性，表示在一定时期内一种商品的需求量对其相关商品价格变动的反应程度，是一种商品需求量变动率与其相关商品价格变动率之比。

以 E_{XY} 表示需求的交叉弹性。互补品之间，一种商品的需求量与其互补品的价格呈反向变化，所以互补商品的 $E_{XY}<0$，$|E_{XY}|$ 越大，表明互补性越强；替代品之间，一种商品的需求量与其替代品的价格呈同方向变化，所以替代商品 $E_{XY}>0$，E_{XY} 越大，表

明替代性越强；独立品之间，E_{XY}=0，表明两者没有关系。

现实中，厂商常将需求交叉弹性较大的若干种商品集中在一起进行生产和经营，以充分利用资源，增强竞争实力，获得长期稳定的收益。如拥有多条生产线的大型企业，同时生产多种相关产品；渔具专业商店，汇集并出售各种品牌的渔具及配套产品。此外，厂商可利用需求的交叉弹性测定行业之间的产品交叉关系，以制定正确的竞争策略。

1. 如果你打算开一家出售新鲜猪肉的小店，你认为有必要同时出售一些相关商品吗？为什么？

2. 你能想到的可以同时出售的互补品、替代品各有哪些？

四、供给的价格弹性

（一）供给价格弹性的含义及公式

供给的价格弹性简称供给弹性，是指在一定时期内一种商品的供给量对其价格变动的反应程度，是商品供给量变动率与价格变动率之比。其基本计算公式为

$$E_s=-\frac{\text{商品供给量变动率}}{\text{商品价格变动率}}=\frac{\frac{\Delta Q}{Q}}{\frac{\Delta P}{P}}=\frac{\Delta Q}{\Delta P}\times\frac{P}{Q} \quad (2.8)$$

式中，E_s 为供给弹性，ΔP、ΔQ 分别为价格与供给量的变动量，P、Q 分别为变动前的价格与供给量。

（二）供给价格弹性的类型

通常情况下，由于商品的供给量与价格呈同向变化，所以 E_s 为正值。与需求的价格弹性一样，供给的价格弹性可分为五种类型。在现实经济生活中，供给单位弹性、完全弹性和完全无弹性比较少见，大多数商品的供给弹性为缺乏弹性或富有弹性。供给弹性对政府研究扩大或压缩产业规模，以调整产业结构有重要的参考价值。

影响供给弹性大小的主要因素有以下两点。第一，供给增加的难易程度。一般而言，供给增加容易的产品，如生产周期短、技术要求低、生产规模小、资源约束程度小的产品，供给弹性大；反之，供给弹性小。第二，生产成本随产量变化的情况。一般而言，增加产量所导致的成本增量小，即收益增量大于成本增量，供给弹

性大；反之，供给弹性小。

（三）供给价格弹性的影响因素

1. 时间。这是影响供给价格弹性的一个很重要的因素。当商品的价格发生变化时，供给方对产量的调整需要一定的时间。在较短的时间内，供给方若要根据商品的涨价及时增加产量，或者根据商品的降价及时缩减产量，都存在不同程度的困难，因而供给价格弹性较小；相反，在较长的时间内，生产规模的扩大与缩小甚至转产都是可以实现的，供给量可以对价格变动做出较充分的反应，因而供给价格弹性相应较大。

2. 单位产品的生产成本对产量的敏感程度。如果单位产品的生产成本对产量非常敏感，供给方就不会轻易调整产量，从而供给价格弹性较小；反之，则供给价格弹性较大。

3. 产品的生产周期。在一定时期内，对于生产周期较短的产品，企业可以根据市场价格的变化及时地调整产量，供给价格弹性比较大；相反，生产周期较长的产品的供给价格弹性往往就小。

4. 行业生产规模扩大的难度。如果在现行市场价格下很容易购买到生产所需的投入品，生产规模很容易扩大，如纺织行业，微小的价格上升都可能引起产量的大幅度增加，这意味着供给价格弹性相对较大；如果生产能力受到严重限制，生产规模难以在短期内扩大，如南非金矿开采，即使黄金价格急剧上升，南非的黄金产量也只能做出微小的反应。

【课堂讨论】

海盗分金

有这样一个故事，5 个海盗抢得 100 枚金币，他们决定：

（1）抽签决定每个人的号码（1、2、3、4、5）。

（2）由 1 号提出分配方案，然后 5 个人表决，当且仅当超过半数人同意时，方案才能通过，否则他将被扔进大海喂鲨鱼。

（3）1 号死后，由 2 号提方案，然后 4 人表决，当且仅当超过半数人同意时，方案才能通过，否则 2 号同样被扔入大海。

以此类推……

学习二维码 2-4
本项目专升本
考核知识点

假定每个海盗都是很聪明的人，都能很理智地判断得失，从而做出选择，那么1号提出怎样的分配方案才能够使自己的收益最大化？

复习思考题

一、单选题

1. 某商品价格下降将导致其互补品的（　　）。

A. 需求曲线向右移动　　B. 需求曲线向左移动

C. 供给曲线向右移动　　D. 价格上升

2. 当羽毛球拍的价格下降时，对羽毛球的需求将（　　）。

A. 增加　　B. 不变

C. 减少　　D. 视具体情况而定

3. 假如黄豆和烟草都能在相同的土地上种植，在其他条件相同时，烟草价格的上升将会引起（　　）。

A. 黄豆的价格沿着黄豆供给曲线向上移动

B. 黄豆的价格沿着黄豆供给曲线向下移动

C. 黄豆供给曲线向右移动

D. 黄豆供给曲线向左移动

4. 水平需求曲线的需求价格弹性的绝对值是（　　）。

A. 0　　B. 无穷大

C. 1　　D. 不能确定

5. 政府规定最低限价，会使（　　）。

A. 过分旺盛的需求得到遏制

B. 供给不足的现象消失

C. 供过于求的现象加剧

D. 供不应求的现象加剧

二、简答题

1. 价格下降和收入增加都可以使彩色电视的市场销售量增加。从经济分析的角度，结合图形说明这两种情况引起的销售量增加有什么不同。

2. 试分别用图形表示以下五种情形引起的均衡价格的变动，并分析其原因。

（1）企事业单位涨工资，平均涨幅为20%。

（2）互补商品价格上升。

（3）羽绒服生产采用先进的生产线，日产量提高。

（4）羽绒服的生产成本上升。

3. 价格上升和恶劣的天气因素都可以使樱桃的供应数量减少，结合所学内容分析这两种情况造成的樱桃的供应数量减少有何区别？

4. 需求曲线为 Q=120−12P，供给曲线为 Q=80+8P，求均衡价格与均衡产量。

5. 某商品价格 P_1 为 500 元时，销售量 Q_1 为 100 件，此时总收益是多少？如果价格下跌 10%，而该商品富有弹性的商品，E_d=2，销售量是多少？总收益是多少？总收益是增加还是减少？

实训项目

1. 以小组为单位，进行空调销售情况市场调查，了解空调在某年不同月份的销量，结合本项目所学内容，分原因并撰写调研报告。

2. 以小组为单位，实地考察本地一家商场，根据本项目所学内容，完成下列任务。

（1）思考商场的每层设计与需求价格弹性之间有什么关系。

（2）商场如果要增加收益，是涨价还是打折，请分类说明。

项目三

学会理性消费

知识目标

了解效用、总效用和边际效用的含义和相互关系；理解边际效用递减规律；掌握基数效用论的消费者均衡和消费者剩余；了解边际替代率及其递减规律；掌握无差异曲线和消费预算线；掌握消费者均衡的实现条件；了解替代效应和收入效应。

能力目标

能运用无差异曲线进行消费者行为分析；能对消费者均衡进行收入和价格变动下的分析。

思政目标

初步建立学生分析消费者行为思维能力，树立正确的消费观、时间观，实现在现有资源下的效用最大化。

项目引例

连吃3个面包的感觉

美国总统罗斯福连任3届后，曾有记者问他有何感想，总统一言不发，只是拿出一个三明治面包让记者吃，这位记者不明白总统的用意，又不便问，只好吃了；接着总统拿出第 2 个，记者还是勉强吃了；紧接着总统拿出第 3 个，记者为了不撑破肚皮，赶紧婉言谢绝。这时罗斯福总统微微一笑："现在你知道我连任 3 届总统的滋味了吧。"

请问：为什么连吃 3 个面包后的会觉得面包不好吃了？

即使是再好的东西，当你在不断增加对其的消费时，随着消费数量的增加，该商品所带给我们的满足感是越来越少的。每个人、每个家庭天天都在消费，面对各种不同价格的商品，消费者应遵循哪些原则做出自己的购买决策，以便使自己获得最大限度的满足。那我们就需要来了解经济学中的一个重要概念：效用。

任务一　效用论概述

一、效用的概念

微观经济学中的消费者行为是以效用为基础的，在认识效用之前，我们要先了解下另一个相关的概念：欲望。所谓欲望（Wants），也称为需求，不同于需要（Needs），是指想要得到而又没有得到某种东西的一种心理状态，即不足之感与求足之愿的心理统一。欲望是一种心理的主观感受，所以可以是多种多样、无穷无尽的，也是不受限制。

根据马斯洛（Maslow）的需要层次理论，欲望分为五个层次。基本的生理需要、安全的需要、社交的需要、受尊重的需要和自我实现的需要。这五个层次是逐步递进的，当较低层次的欲望被满足之后，新的欲望会产生，然而满足欲望的方式却是有限的。

效用（Utility）是指商品满足人的欲望的能力评价，也是指消费者在消费商品时所感受到的满足程度。一种商品对消费者是否具有效用，取决于消费者是否有消费这种商品的欲望，以及这种商品是否具有满足消费者欲望的能力。消费者消费某种商品或劳务能满足欲望的程度高就是效用大，反之，就是效用小；如果不仅得不到满足，反而感受到痛苦，那就是负效用。

效用和欲望相似，都是主观的心理感受，因此会因人、因时、因地而异。例如，有人喜欢吃辣，无辣不欢，那吃辣对他而言具有高效用；而对于不喜欢吃辣的人来说，吃辣产生的效用就很小；对完全不吃辣的人来说，吃辣甚至可能产生负效用。同样的商品在不同的时间、地点也会产生不同的效用，如一个人很饿的时候，一个包子可以带来极大的满足感即效用，而当这个人已经享受了一顿丰盛的午餐后，同样的一个包子对他而言，就基本没有效用了。

在日常生活中，你还能在哪些事情上体会到效用的重要性。

【课堂讨论】从前，在某个村子里住着一位穷人和一位富人，有一天村子里突然发洪水了，洪水迅速淹没了土地和房屋。人们纷纷爬上高处躲避洪水。穷人背着家里最贵重的东西——一袋馒头爬上了一棵树，而富人背着家里最贵的东西一袋金子也爬上了这棵树。洪水没有消退的迹象，救兵又迟迟未到。第一天，穷人吃了一个馒头，富人什么也没吃，眼睁睁地看着穷人吃。第二天，穷人又吃了一个馒头，富人的肚子已经开始打鼓了。到了第三天，富人实在是忍不住了，于是对穷人说："我用这袋金子换你那袋馒头，行不行？"穷人果断拒绝，不容商量。

讨论：为什么一袋金子却换不来一袋馒头？

【提示】在正常情况下，相比较金子价值千万，一袋馒头的价值则远远比不上一袋金子。但是在案例中的情形下，金子的价值却远远比不上馒头。这也就是告诉我们，同样一件商品的效用是会改变的，所以同样的商品在不同时间、不同地点也可能产生不同的效用。一袋馒头在平时只是代表着一种普通而廉价的食物，而在几天滴水未进的富人眼中，现在一袋馒头代表的是活下来，在面对生命和财富的选择上，富人意识到馒头的价值是比金子更重要的。当然，这时的穷人也是非常懂得馒头的价值的，所以他毅然地拒绝了富人的要求。

二、效用评价方法

如何衡量效用的大小呢？在西方经济学中有两种理论：一种是认为可以用某种效用单位来计量效用的基数效用论；另一种是认为效用不能计量，只能从不同效用的大小序列中进行比较分析的序数效用论。

（一）基数效用论

效用的大小可以用基数（1，2，3，……）来表示，可以计量并加总求和。

基数效用论采用的是边际效用分析法。

基数效用论认为效用是可以像计量长度、重量一样的，可以将其具体用数字体现出来。如某位消费者吃一顿丰盛的晚餐效用为 10 效用单位，晚餐后，她与同伴看一场球赛的效用为 8 效用单位，那么消费者从这两种消费中得到的总效用是 18 效用单位。并且可以知道这位消费者对于晚餐的满足感是多于球赛的。

（二）序数效用论

效用作为一种心理现象无法计量，也不能加总求和，只能表示出满足程度的高低与顺序，效用只能用序数（第一，第二，第三，……）来表示。序数效用论采用的是无差异曲线分析法。

序数效用论认为效用是一个类似香、臭那样的概念，是无法具体衡量的，只能通过顺序或者等级来表示。消费者是无法知道具体某项消费的效用大小的，但可以通过比较自己更偏好哪一项消费来判断不同商品或者劳务的效用。仍用上面的例子，当消费者认为吃一顿丰盛的晚餐的效用是大于看一场高水平的球赛的，那么一顿晚餐的效用是排第一，而球赛的效用是排第二的。换句话说，序数效用论就是要回答是选择吃一顿丰盛的晚餐还是宁愿看一场球赛。

学习二维码 3-1
2021 年中国
大学生消费
行为调研分析

两个派别从不同的理论角度对效用进行了分析，但两者在分析消费者均衡时达到统一。

【思政小课堂】

当代大学生消费观：一千可以花，十块必须省

大学生是一个特殊的消费群体，其消费现状在某种程度上折射出当今大学生的生活状态和价值取向。在现实生活中，大学生有着独特的消费意识和消费特点，由于受到社会、家庭、学校和学生本身心理等多方面的影响，在大学生中，存在着合理、理性的消费行为；也存在着不良的消费行为……

过于追求时尚与名牌

大学生消费已呈现明显多元化趋势，手机、旅游、电脑、影音娱乐是大学生消费热点，iPad、手机已屡见不鲜。追求时尚和名牌永远都是不老的话题。大学生站在时代前沿，敏锐地把握时尚，唯恐落后于潮流，这是共同特点。对于名牌产品，当问到“如果经济许可，会否购买名牌产品”时，90% 的学生表示肯定。

馒头就咸菜，省钱谈恋爱

如今，“馒头就咸菜，省钱谈恋爱”已成为不少校园爱情男主角的忠实信条。“尽管我们俩出去玩都十分节省，每个月还是要花费 100 多元钱的。”某大二男生说。据调查结果显示，承认有男（女）朋友的学生里，其中有 30% 的“男主角”每月在女友身上的投入约有 200 元。对于恋爱费用的来源，有的是由“家里特别提供”的，有的是来自“勤工俭学”，更多的是从“生活费中支付”的。

一千可以花，十块必须省

当问及一学期结束后经济情况如何时，大部分同学都坦然承认自己的消费已经超出计划范围，甚至有些同学还需要向别人借回家的路费，略有剩余的同学也想着如何把剩余的钱花完，只有极少数同学有储蓄的意识。其中原因和大家对自己欲望的克制很有关系。对于有欲望、喜欢的事物，砸锅卖铁也要到手。

【思政感悟】

多数大学生大学才拥有更多的选择消费的自主权，有了更多消费自由的同时自然也就面临着一些问题，能否处理好将关系到整个大学生活。消费的安排直接影响到生活质量，毕竟学生的经济来源主要是来自家长，基本都是有限定的。不合理的消费会打乱个人的生活秩序，影响学习生活。

树立正确的消费观应注意：1. 消费的理性化需求：对自己的消费情况进行记录，以方便自己查找超支消费的原因。同时做好对未来消费的计划与打算，做到心中有数，不能由着兴趣不加节制地扩大自己的消费。2. 拒绝奢侈品的消费：大学生的消费结构需要调整，作为一个学生我们应该为自己、为家庭负责，减少那些只为虚荣心而存在的不良消费。3. 杜绝攀比心理，不过分追求时尚：大学生应该杜绝攀比心理，不过分追求时尚，以学习为主，这些次要的东西不应成为让我们操心的事。在这方面的改进将有助于大学生好的消费习惯的养成。4. 经济的独立意识与储蓄观念：大学生作为接受先进知识，即将走上社会的专业人才，有必要在大学期间就尝试经济上的独立，培养一定的投资理念，并发展属于自己的科学的储蓄观念。

大学生的消费行为，直接体现了个人的价值观，这对学习、生活乃至日后工作、成才都有着重要影响。因此，对大学生的消费心理进行分析，并进行积极引导就显得非常重要。

（资料来源：根据澎湃新闻客户端《当代大学生消费观，你中招了吗？》整理）

三、效用论对商务活动的影响

效用论作为经济学理论，主要研究人们在做出经济决策时追求效用最大化的行为。商务经济学是一门应用经济学的分支，主要是研究商业活动和商业环境对经济系统的影响。效用论对商务活动的影响有以下几个方面：

供需决策：根据效用论的观点，人们在购买商品或服务时会考虑它们能够给自己带来的效用。供应商需要了解消费者的需求和偏好，以提供能够最大限度地满足消费者效用的产品和服务。

定价策略：根据效用论，价格应该与产品或服务的效用相匹配。供应商可以通过了解消费者对产品的效用程度来确定合理的价格，以最大化销售和利润。

市场竞争：效用论强调消费者对效用的追求，这促使市场上的企业竞争提供更好的产品和服务。竞争可以激发创新和改进，提高产品质量和效用，从而满足消费者的需求。

市场营销：效用论对市场营销活动有指导作用。营销人员需要了解消费者的需求和偏好，以开发和推广能够满足消费者效用的产品和服务。同时，市场营销还可以通过品牌建设和市场定位等策略来增加产品的效用和吸引消费者。

总的来说，效用论在商务活动中强调通过满足人们的需求和欲望来创造效用，并以此为基础进行经济交换。它对供需决策、定价策略、市场竞争和市场营销等方面的决策和策略有重要的影响。

任务二　基数效用论

一、总效用和边际效用

（一）总效用

总效用（Total Utility，简写为 TU），是指消费者在一定时间内持续消费某种物品或者劳务所得到的全部满足感。总效用的大小取决于所消费的商品的数量多少，所以它是所消费的商品数量的函数。假定消费者对一种商品的消费数量为 Q，则总

效用函数表示为

$$TU = f(Q) \tag{3.1}$$

基数效用论认为效用是可以加总求和的，如某人早餐吃了三个包子，第一个包子的效用为 10，第二个包子的效用为 8，第三个为 5，那么吃完三个包子的总效用则为：TU=f（Q）=10+8+5=23。

（二）边际效用

边际效用（Marginal Utility，简写为 MU），是指消费者在一定时间内增加一单位商品的消费所带来的效用量的增量。表示为

$$MU = \frac{\Delta TU(Q)}{\Delta Q} \tag{3.2}$$

从公式中可以看出，边际效用实际上就是消费者增加或减少一单位某种商品或劳务的消费所带来的总效用的变化量。仍用前面的例子，吃一个包子的效用是 10，吃完两个的总效用是 18，那么吃第二个包子的边际效用是 $MU = \frac{\Delta TU(Q)}{\Delta Q} = \frac{18-10}{1} = 8$。

边际效用的特点：

（1）边际效用的大小同人们消费的商品数量成反比。虽然人们不能直接说出每个商品的边际效用，但可以根据人们愿意为商品所支付的价格来估算。

（2）边际效用的大小与人们的欲望强度成正比。对某个商品的欲望越强烈，增加商品消费时的满足感会更多。

（3）边际效用是决定商品价值的主观标准。消费数量少，边际效用就高，价值或者需求价格也就高。

（4）在理论上虽然会存在负效用，但实际上边际效用都只可能会是正的。因为人的欲望是多样的，当某个商品的消费的边际效用趋近于零，也就是这时的消费已经不能给我带来满足感，那理性的消费者就会改变消费内容和消费方式，满足其他欲望需求，从而增加总效用。

（三）总效用与边际效用的关系

总效用与边际效用的关系可以通过图表来进行说明。假设某消费者早餐吃包子，他所吃的包子的数量，以及产生的总效用和边际效用如表 3.1 所示。

表 3.1　　包子所产生的总效用和边际效用

消费数量	总效用	边际效用
1	10	10
2	18	8
3	24	6
4	28	4
5	30	2
6	30	0
7	28	–2

从上表中可以看出，该消费者从第一个包子中得到的效用是 10 个，当他吃完两个时，总效用为 18，边际效用为 8。随着他吃的包子数量不断增加，他所获得的总效用越来越多，但边际效用却越来越少。当他吃第六个时，总效用已经不再增加，并且达到最大值 30。当他继续吃第 7 个时，总效用减少，变为 28，边际效用为负数，这说明第七个包子已经产生了负效用。

根据表 3.1 绘制出总效用和边际效用曲线图。如图 3.1

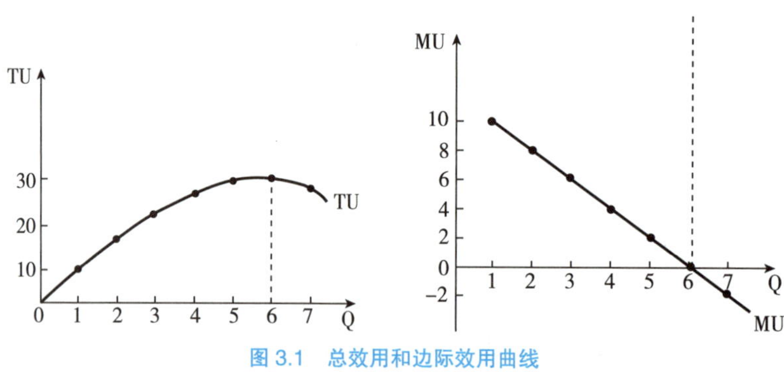

图 3.1　总效用和边际效用曲线

在上图中，横轴表示消费的包子数量，纵轴分别表示包子的总效用和边际效用。TU 和 MU 分别代表总效用曲线和边际效用曲线。

总效用曲线的变化特别是先递增后递减，而边际效用曲线则一直是递减的。两者之间的变动关系是：当 MU>0 时，TU 呈上升趋势；当 MU=0 时，TU 到达最大值；当 MU<0 时，TU 呈下降趋势。

二、边际效用递减规律

（一）边际效用递减规律内容

从表 3.1 和图 3.1 中可以观察到这样一种现象：随着消费的商品数量增加，商品的边际效用是逐渐递减的，并且这一现象是普遍存在的。经济学家就把这种现象称为边际效用递减规律（The Law of Diminishing Marginal Utility）。其具体内容是：在一定时期内，在其他商品的消费数量保持不变的条件下，随着消费者对某种商品消费数量的增加，消费者从该商品连续增加的每一消费单位中所得到的效用增量即边际效用是递减的。

（二）边际效用递减的原因

1. 从生理的或心理角度

随着消费者消费一种商品的数量增多，生理上得到满足或心理上对重复刺激的反应会逐渐递减，相应的满足程度越来越小，到最后甚至会出现痛苦和反感，如吃某种自己喜欢的食物，刚开始会很有满足感，但连续吃了一定数量后也会产生反感，即效用会减少。

2. 从资源配置的角度

每种物品都会有多种用途，而且会按重要性分成等级，某个物品缺乏时，你会将它放在重要的位置，随着消费者获得该商品的数量越来越多，会将其逐次用于不重要的用途。

总之，边际效用递减规律是西方经济学在研究消费者行为时用来解释需求定理的一个理论观点。根据边际效用递减规律，消费者在对某商品的最初消费中所获得的效用最大，消费者愿意支付的价格就最高。随着消费的增加，边际效用在递减，消费者愿意支付的价格也就越来越低。

（三）关于货币的边际效用

基数效用论者认为，货币如同商品一样，也具有效用。当消费者用货币去购买商品时，就是用货币的效用去交换商品的效用，商品的边际效用递减规律对于货币同样适用。一般来说，当消费者的收入增加时，货币的边际效用是递减的。

但是，在分析消费者行为时，基数效用论会通常假定货币的边际效用是不变的。根据基数效用论的解释，一般情况下，消费者的收入是既定的，并且单位商品的价格占消费者的总货币收入量很小的一部分，所以当消费者对某个商品的购买量发生很小的变化时，所支出的货币的边际效用变化是非常小，对于微小的货币的边际效用的变化可以忽略不计。这样就会将货币的边际效用认为是一个不变的常数。

【案例阅读】

手机款式为何要不断更新

智能大数据时代，人们对于手机的要求也是越来越高。我们手掌心的手机也越来越智能和豪华，甚至我们手中的手机就是包含一切衣食住行的绝对保障。智能手机虽然非常方便，但是更新换代也非常快，苹果手机曾经风靡全球，但是一款苹果手机在人们手中不会超过几年的时间，甚至每一年都会有最新版发行。为什么智能手机更新换代这么迅速？一方面，现在很多新软件的更新需要手机系统的同步更新，对手机的系统要求会更高。但更重要的是，商家为了在竞争中占据有利位置必须要主动更新产品，增强手机功能，满足消费者的需求。因为如果企业只生产一款手机，那么它带给消费者的边际效用会不断降低，消费者愿意为之付出的价格就越低，如果此刻其他企业更新了产品，那么出于效用水平的考虑，消费者更可能选择新产品。因此，作为企业，只有主动更新产品，创造出多样化产品，即使是同类产品，只要产品之间有区别，都不会明显引起边际效用的递减。

（资料来源：网络整理）

三、消费者均衡

一定条件下，消费者手中的货币量是一定的，消费者用这一定量的货币来购买各种商品可以有多种多样的组合。一个理性的消费者总是选择购买能获得最大效用的商品组合。

消费者均衡（The Consumer's Equilibrium）是研究单个消费者在既定收入下实现效用最大化的均衡条件。这里的均衡是指消费者实现最大效用时既不想增加，也不想再减少某种商品购买数量的这样一种相对静止的状态。

（一）消费者均衡的假设

1. 消费者的收入既定

一定时期内货币收入是有限的，所以在货币购买商品时是不存在边际效用递减的。由于收入有限，需要用货币购买的物品很多，但不可能全部都买，只能买自己认为最重要的几种。只有当收入既定时，才可能在多种选择中做最优组合选择，在购买各种商品时最后多花的每一元钱都能为自己增加同样的满足感。

2. 消费者的偏好既定

由于效用的主观性，同一消费者对同一种商品组合的效用评价会因时间、地点或其他条件不同而发生变化。确定最佳消费决策只有在消费者的消费行为发生在一个既定的时间、地点和环境，也就是消费者的偏好既定的条件下才是有意义的。否则，最佳消费决策，即消费者均衡会随着消费者的偏好的变化而变化。

3. 物品的价格既定

在收入既定、偏好既定的基础上，当商品的价格也既定时，消费者就只要考虑如何将有限的收入分配于各种物品的购买与消费上，以获得最大效用。效用可以计量，所以对于商品的不同购买数量组合所带来的总效用可以进行主观上的分析评价。

4. 每一单位货币的边际效用对消费者都是相同的

在西方经济学中，货币和普通商品一样也具有效用和边际效用，并且商品的边际效用递减规律同样适合货币。对于一位消费者来说，随着货币收入的不断增加，货币的边际效用是递减的。人们用货币购买商品，实际上就是用货币的效用去交换其他商品的效用。只有假定货币的边际效用是不变的，才能用货币的效用去衡量其他商品的效用。

（二）消费者均衡的条件

根据上述假设条件，基数效用论者认为，消费者均衡的条件是消费者用单位货币购买的各种商品的边际效用都相等，即消费者所购买的各种商品的边际效用与价格之比相等。

假定消费者用既定的收入I购买 X 和 Y 两种物品，两种物品的价格分别为 P_X 和 P_Y，购买的数量分别为 Q_X 和 Q_Y，两种商品的边际效用分别为 MU_X 和 MU_Y，单位货币的边际效用为 MU_1。那么根据消费者效用最大化的均衡条件可以表示为：

$$P_X \times Q_X + P_Y \times Q_y = I \tag{3.3}$$

$$\frac{MU_X}{P_X} = \frac{MU_Y}{P_Y} = MU_1 \tag{3.4}$$

（3.3）式表示消费者均衡的约束条件，表明刚好把收入I全部花完，如果消费者的支出超过收入，消费者的购买是不现实的；如果支出小于收入，就还有余钱，就不能实现在既定收入条件下的效用最大化。

（3.4）式表示消费者均衡的实现条件，即最后一单位货币无论是购买 X 商品或 Y 商品，所得到的边际效用都相等。

为什么说只有当消费者实现了 $\frac{MU_X}{P_X} = \frac{MU_Y}{P_Y} = MU_1$ 的均衡条件时，才能获得最大的效用呢？因为如果 $\frac{MU_X}{P_X} \neq \frac{MU_Y}{P_Y}$，理性的消费者就会调整其购买商品数量。

当 $\frac{MU_X}{P_X} > \frac{MU_Y}{P_Y}$ 时，说明对于消费者来说，同样的一元钱购买商品 X 得到的边际效用高于花在商品 Y 上所得到的边际效用。这样，理性的消费者就会减少 Y 的购买量而增加对 x 的购买。随着 X 数量的增加，边际效用递减规律开始发生作用，由此导致$\frac{MU_X}{P_X}$的比值下降。反之，$\frac{MU_X}{P_X}$的比值上升，直到$\frac{MU_X}{P_X}=\frac{MU_Y}{P_Y}$为止，他便得到了由减少商品 Y 和增加 X 的购买所带来的总效用的全部好处，即消费者此时获得了最大效用。

相反的，若此时$\frac{MU_X}{P_X}<\frac{MU_Y}{P_Y}$时，这说明对于消费者而言，同样的一元钱购买 Y 商品的边际效用大于购买 X 商品所得到的边际效用。同理，理性的消费者也会进行与前面相反的调整，即增加对 Y 商品的购买，减少对 X 商品的购买，直到$\frac{MU_X}{P_X}=\frac{MU_Y}{P_Y}$，从而得到最大效用。

【思政小课堂】

朱元璋与珍珠翡翠白玉汤

明太祖朱元璋在当皇帝之前有过一段十分悲惨的生活经历，家贫幼时放牛，瘟疫夺走家人性命，出家当和尚糊口，遇荒年出寺化缘。在化缘的几年里，曾发生过一件这样的事。因为荒年，老百姓自己都食不果腹，朱元璋在几天未讨到任何食物后饿晕在路边，遇到一个好心的老婆婆，将她仅有的一小块豆腐、一片蔫了的青菜，少许米和盐，一起煮好给了朱元璋吃，才让这个未来的皇帝活了回来。在感谢老婆婆救命之恩后，他还忍不住问了刚吃的是什么好东西。老婆婆随口答道：珍珠翡翠白玉汤。

后来朱元璋当了皇帝后，天天的美味佳肴让他十分享受，但过久了这样的生活，再美味的食物都让他感觉无味，甚至腻烦。他突然想起那位老婆婆做的珍珠翡翠白玉汤，于是他下令让御厨做，但不管御厨怎么去做，味道再好，都不能让朱元璋满意。

【思政感悟】

故事中的朱元璋，饿晕时只要是吃的东西，对他而言都是最好吃的，效用也是最大的，所以当时这碗珍珠翡翠白玉汤称得上是世间美味。虽然御厨做不出朱元璋喜欢的味道，但即使是那位老婆婆来做，同样的人、同样的材料，也依然不再有当年的美味享受。倘若当皇帝后的朱元璋依然还保持着当年窘困时期的艰苦作风，不大肆铺张浪费，挥霍无度，这碗珍珠翡翠白玉汤或许依然能让他吃得满意。

“适可而止”“过犹不及”这些成语讲的就是边际效用递减问题。既然我们知道世界上的物品都存在着边际递减规律，那么我们就应该顺应这一规律，减少这种现象的出现，比如面对有限的资源，我们就要减少不必要的浪费，将更多的有效资源留给能带来更多满足感的其他人。再比如，面对工作已经给自己带来的巨大疲惫感，如果再继续坚持带来的必然是工作的负效用，这时需要的是适时的休息和调整，等到状态恢复了再继续工作，才能再次获得工作带来的正效用。所以边际效用递减规律，也告诉了我们要如何去平衡工作和生活。

（资料来源：网络整理）

四、消费者剩余

消费者在购买商品时，一方面，消费者对每单位商品所愿意支付的最高价格取决于这一单位商品的边际效用，由于商品的边际效用是递减的，所以消费者对某种商品所愿意支付的最高价格也是下降的。另一方面，值得注意的是，消费者在对每一单位商品所愿意支付的最高价格并不等于该商品在市场上的实际价格。事实上，消费者在购买商品时是按实际的市场价格支付的。所以在消费者愿意支付的最高价格和实际市场价格之间就产生了一个差额，这个差额便构成了消费者剩余的基础。

比如某店包子的价格为 2 元 / 个，有一消费者在早上什么都没吃的情况下，他认为 5 元 / 个都是值得的，即他此时愿意支付是 5 元，当他实际只需要用 2 元支付时，他获得的消费者剩余是 3 元。随着消费数量的增加，包子的边际效用是递减的，他认为购买第二个、第三个、第四个的所愿意支付的最高价格分别为 4 元、3 元、2 元。这样，他消费 4 个包子所愿意支付的最高总金额计算如下：5+4+3+2=14 元，但他实际按照市场价格支付的总金额 =2 × 4=8 元。两者的差额 =14−8=6 元，这个差额就是消费者剩余。

所谓消费者剩余（The Consumer's Surplus），就是消费者在购买一定数量的某种商品时愿意支付的最高价格和实际支付价格之间的差额。消费者剩余的存在是因为消费者购买某种商品所愿意支付的价格取决于边际效用，而实际付出的价格取决于市场上的供求状况，即市场价格。消费者剩余的概念可用图 3.2 来表示。

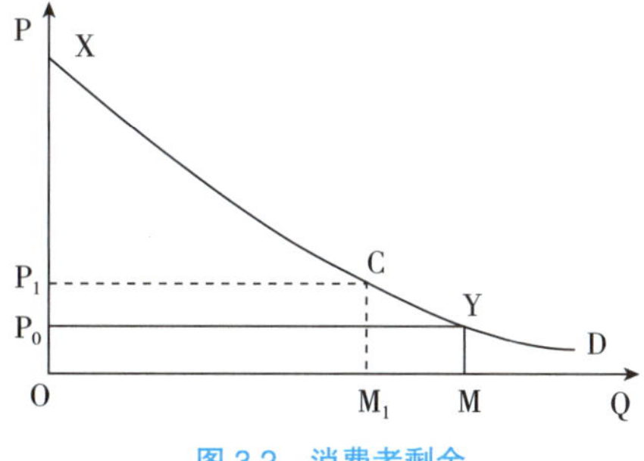

图 3.2　消费者剩余

上图中，横轴表示商品数量，纵轴表示价格，XD是消费者的需求曲线。该图表明商品数量少时，消费者愿付出的价格高；随着商品数量的增加，消费者愿付出的价格越来越低。消费者对每单位商品所愿付出的价格是不同的，当他购买OM的商品时，愿付出的货币总额为OMYX。但是，这时市场价格为OP_0，所以他购买OM商品实际支付的货币总额为$OMYP_0$。他愿支付的货币减去他实际支付的货币的差额，在图3.2中表示为$OMYX-OMYP_0=P_0YX$，这就是消费者剩余。当市场价格上升到OP_1时，购买的商品数量为OM_1，这时消费者愿意付出的货币总额为OM_1CX，实际付出的货币总额为OM_1CP_1，消费者剩余为P_1CX。这表示，当商品价格提高、需求量下降时，消费者剩余减少。

学习二维码 3-2
二部定价法

思考

消费者剩余理论在生活中还有哪些运用的事例？

任务三　序数效用论

一、消费者偏好

（一）偏好的概念

序数效用论者是用无差异曲线分析方法来考察消费者行为的，他们认为，商品给消费者带来的效用大小应用顺序或等级来表示。所以序数效用论者提出了消费者偏好的概念。

所谓偏好，就是爱好或喜欢的意思。对于不同的商品组合，消费者的偏好程度是有差别的，正是这种偏好程度的差别，反映了消费者对这些不同商品组合的效用水平的评价。具体来讲，给定A、B两个商品组合，如果某消费者对A商品组合的偏好程度大于B商品组合，那就是说，这个消费者认为A组合的效用水平大于B组合，或者说，A组合给该消费者带来的满足程度大于B组合。

（二）消费者偏好的假定

1. 偏好的完全性

偏好的完全性是指消费者对商品的效用有完全理性的判断，如面对两个商品组合 A 和 B，能清楚得到 U（A）>U（B），U（A）< U（B），或者 U(A)=U（B）的结论，三者必居其一，且只居其一。偏好的完全性的假设保证消费者对于偏好的表达方式是完备的，消费者总是可以把自己的偏好评价准确地表达出来。

2. 偏好的可传递性

可传递性是指对于任意 3 个商品组合 A、B、C，若 U（A）> U(B)，且 U(B)> U(C)，那么 U(A)> U(C)。偏好的可传递性假定保证了消费者偏好的一致性，因而也是理性的。

3. 偏好的非饱和性

偏好的非饱和性，是指如果两个商品组合的区别仅在于商品数量的不同，那么，消费者总是偏好于含有这两种商品数量较多的那个商品组合。某商品越多，消费者就感到越满意，即“多比少好”。

为何序数效用论者要对偏好问题进行必要的假定？

【案例阅读】

经济探案与消费偏好

著名经济学家斯蒂格利茨曾经说过这样一个经济探案的故事：

有一个名叫史蒂文森的罪犯在犯罪后潜逃他国。经过侦察，警察将可能的嫌疑对象圈定为加拿大布朗、法国的葛朗台和德国的许瓦茨，并拿到了这三名疑犯的起居、消费记录。大侦探福尔摩斯接手了此案。但在几经分析之后因为没有新的发现只好宣布证据不足，无法定案。这时，他的朋友萨谬尔森正好在一旁，他研究了史蒂文森和三名疑犯的消费记录之后发现：

1. 史蒂文森在潜逃之前每周消费 10 公斤香肠和 20 升啤酒，啤酒每升为 1 磅，香肠每公斤为 1 磅。

2. 布朗每周消费 20 公斤香肠和 5 升啤酒，啤酒每升为 1 加元，香肠每公斤为 2 加元。

3. 葛朗台每周消费 5 公斤香肠和 10 升啤酒，1 升啤酒和 1 公斤香肠均为 2 法郎。

4. 许瓦茨每周消费 5 公斤香肠和 30 升啤酒，1 升啤酒 1 马克，1 公斤香肠 2 马克。

萨谬尔森在做出这四个人的预算之后，分析指出，除非史蒂文森改变其偏好，否则布朗不必受到怀疑（因为布朗所消耗的香肠比例大于其啤酒比例，其他三人则均相反）。在剩下的两名疑犯中，萨谬尔森又指出，史蒂文森在潜逃时是自动的选择前往某地，其处境一定比以前好。只要其偏好未改变，他就一定是德国的许瓦茨（因为葛朗台的总消费水平与史蒂文森具有相同的效用，而许瓦茨则更大）。后来经过追查，果然罪犯为许瓦茨。

故事虽然是虚构的，然而我们却能在其中发现两个有意义的结论：

1. 一个人的消费偏好一旦确定，往往难以变更。

2. 一个人的生活条件发生改变时（无论这种改变是由远赴异国，还是由收入增加引起的），他往往会倾向于选择一种更好的处境，但仍然不会改变其消费偏好。

（资料来源：网络整理）

二、无差异曲线

序数效用论者认为，现实生活中的许多经济问题其实质上都可以归结为在两种或者多种可能性中进行选择的问题，并不需要知道某种商品的效用具体是多少单位，关键在于知道商品的效用是大于、等于还是小于另一个商品的效用。他们用无差异曲线来作为分析工具。

（一）无差异曲线的概念

无差异曲线（The Indifference Curve），又称等效用线，是用来表示消费者偏好相同的两种商品不同数量的各种组合，或者说，给消费者带来的效用完全相同的两种商品的不同数量组合的轨迹。

$$U=f(X,Y) \tag{3.5}$$

式中，U 表示某个效用水平，X 和 Y 表示两种商品，他们在数量上可以有多种组合。如表 3.2 列出了在效用水平既定的情况下商品 X 和商品 Y 的组合，这些组合所代表的效用都是相等的。因此这个表也是无差异组合表。根据无差异组合表，可以画出无差异曲线。如图 3.3。

表 3.2　　无差异组合表

组合方式	X 商品	Y 商品
a	2	18
b	4	15

续表

组合方式	X 商品	Y 商品
c	5	13
d	8	10
e	11	7
f	15	4

在图 3.3 中，横轴代表 X 商品的消费数量，纵轴表示 Y 商品的消费量，I是无差异曲线。在I上的任何一点，X 和 Y 的消费数量的组合给消费者带来的效用都是一样的。

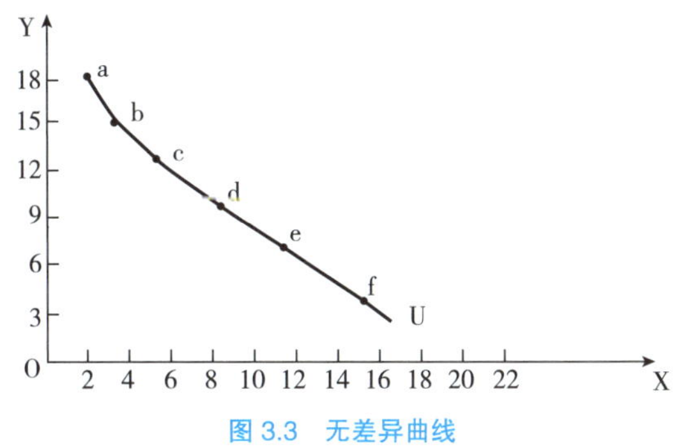

图 3.3　无差异曲线

（二）无差异曲线特点

1. 无差异曲线是一条向右下方倾斜且凸向原点的曲线，其斜率为负值，反映了消费者愿意用一种商品替代另一种商品的比率。在收入与价格既定的条件下，消费者为了得到相同的总效用，在增加一种商品的消费时，必须减少另一种商品的消费。两种商品的数量是此消彼长的，不能同增或同减。

2. 在同一平面图上可以画出无数条无差异曲线，而不同的无差异曲线表示不同的满足程度。离原点越远的无差异曲线所代表的效用水平越高，离原点越近的无差异曲线代表的效用水平越低。例如，在图 3.4 中，I_1、I_2、I_3 是三条不同的无差异曲线，它们分别代表不同的效用水平，即 $I_1 < I_2 < I_3$。

3. 同一坐标平面图上的任何两条无差异曲线不会相交。如图 3.5 所示，假设无差异曲线I相交于 A 点，根据无差异曲线的定义，在无差异曲线 I_1 上 A 和 B 点的效用水平应该相等，即 UA=UB。同理，无差异曲线 I_2 上 A 和 C 点的效用水平也应该相等，即 UA=UC。因此，可以推出 B 和 C 点的效水平也是相等的，但是很明显 C 点的效用水平高于 B 点的效用水平，即 UB ≠ UC。因此，两条无差异曲线会相交的假设是不成立的。

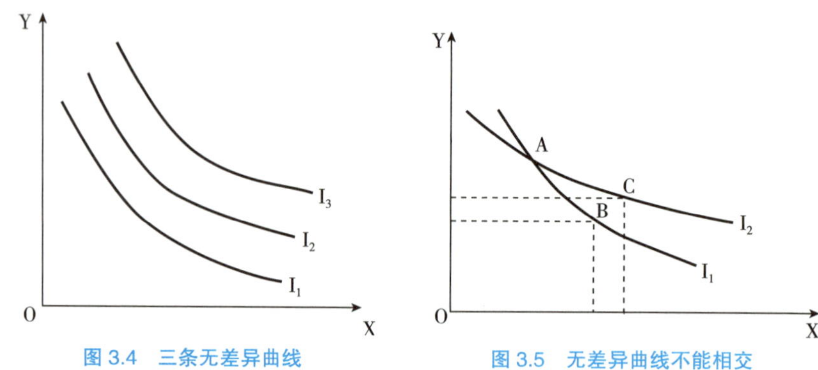

图 3.4　三条无差异曲线

图 3.5　无差异曲线不能相交

三、边际技术替代率及其递减规律

从一条无差异曲线上可以看出，消费者因一种商品消费量的减少而造成的损失可以由另外一种商品消费量的增加而得到补偿。这就说明，在既定的效用水平保持不变的条件下，消费者可以用一种商品的消费替代另外的商品，即两种商品的消费数量之间存在着替代关系，由此经济学家提出了商品替代率概念。

所谓商品的边际替代率（The Marginal Rate of Substitution，简称为 MRS），是指维持在效用水平或满足程度保持不变的条件下，消费者增加一单位某种商品的消费时所需要放弃的另一种商品的消费数量。

假设 ΔX 为 X 商品的增加量，ΔY 为 Y 商品的减少量，MRSxy 为 X 商品对 Y 商品的边际替代率，则有：

$$MRS_{XY} = -\frac{\Delta Y}{\Delta X} \tag{3.6}$$

式（3.6）中，ΔX 为 X 商品的增加量，ΔY 为 Y 商品的减少量，两者的符号肯定是相反的。所以边际技术替代率的值应为负数，但为了便于比较，一般会在前面添加负号。

商品的边际替代率就是无差异曲线的斜率的绝对值。过无差异曲线上的某点作一切线，切线的斜率的绝对值就是该点的边际替代率。当商品数量的变化趋于无穷小时，则商品的边际替代率公式为：

$$MRS_{XY} = -\lim_{\Delta X \to 0}\frac{\Delta Y}{\Delta X} = -\frac{dY}{dX} \tag{3.7}$$

经济学家认为，边际替代率所反映的消费者增加一种商品的消费而愿意放弃的另一种商品的数量是有规律的，即在保持效用水平或满足程度不变的条件下，随着一种商品消费数量的增加，消费者为增加一单位该商品而愿意放弃的另一种商品的数量会越来越少，也就是说边际替代率是递减的。

产生这种现象的原因在于，当一种商品的数量逐步增加时，增加一单位这种商品对消费者的重要程度或能给他带来满足的程度会越来越低，而他为了多获得一单位这种商品而愿意放弃另一种商品的数量就会越来越少。

从几何意义上讲，由于商品的边际替代率是无差异曲线的斜率的绝对值，所以边际替代率递减规律决定了无差异曲线的斜率的绝对值是递减的，即无差异曲线是凸向原点的。

四、预算线

无差异曲线描述了消费者对不同商品组合的偏好，它仅仅表示了消费者的消费愿望，这样的愿望构成了消费者行为的一方面，但消费者在购买商品时不能只凭意愿，还会受到自己收入水平和市场上商品价格的限制。这就是预算约束。预算约束可以用预算线来表示。

（一）预算线

预算线（The Consumption Possibility Line）又称为消费可能线、等支出线和预算约束线，是条表明在消费者的收入和商品的价格给定的条件下，消费者的全部收入所能购买使用到的两种商品的各种数量组合的线。

假设某消费者的一笔收入为 I=60 元，全部用来购买商品 X 和 Y，其中，商品 X 的价格 P_x=20 元，商品 Y 的价格 P_y=10 元。那么，全部收入都用来购买商品 X 可以购买 3 单位，全部收入都用来购买商品 Y 可得到 6 单位，由此可以做出预算线为图 3.6 中的线段 AB。

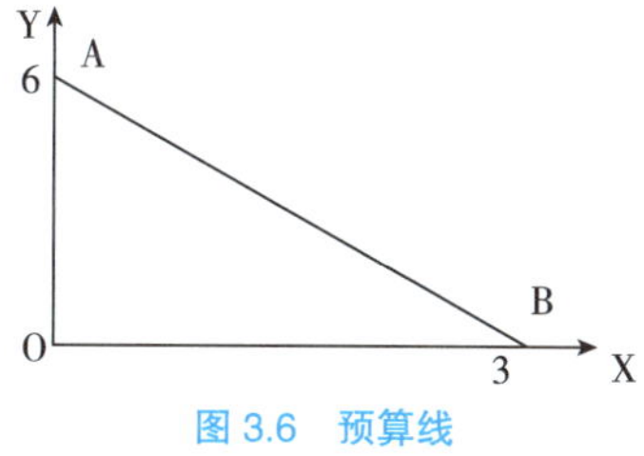

图 3.6 预算线

接下来我们由具体例子转向预算线的一般分析。

假如 I 表示消费者的既定收入，以 P_X 和 P_Y 表示两种商品的价格，以 Q_X 和 Q_Y 表示购买的两种商品的数量，那么对应的预算线方程为：

$$P_X \times Q_X + P_Y \times Q_Y = I \tag{3.8}$$

或 $$Q_Y = \frac{I}{P_Y} - \frac{P_X}{P_Y} \times Q_X \tag{3.9}$$

从式中看出，预算线的斜率为$-\frac{P_X}{P_Y}$，纵截距为$\frac{I}{P_Y}$，横截距为$\frac{I}{P_X}$。

从图 3.7 中还可以看到，预算线 AB 把平面坐标图划分为 3 个区域：预算线以外的点，是消费者利用全部收入都不可能实现的商品购买的组合点；而预算线以内的点，表示消费者的全部收入在购买该点的商品组合以后还有剩余；唯有预算线 AB 上的任何一点，才是消费者的全部收入刚好花完所能购买到的商品组合点。

（二）预算线的移动

消费预算线会因消费者收入的变化和商品价格的变化而移动。

1. 两种商品的价格不变，消费者收入变化

当消费者收入增加，预算线平行向外移动，消费者预算可行集扩大；当消费者收入减少，预算线平行向内移动，消费者预算可行集缩小。预算线的变动轨迹为平移。如图 3.7。

预算线的斜率 $K=-\frac{P_X}{P_Y}$，两种商品的价格不变，所以斜率不变。收入 I 增加，纵截距$\frac{I}{P_Y}$，横截距$\frac{I}{P_X}$也会同比例扩大。反之收入 I 减少，纵截距$\frac{I}{P_Y}$，横截距$\frac{I}{P_X}$也会同比例缩小。

2. 消费者的收入和一种商品价格不变，另一种商品价格变化

如果消费者收入不变，而两种商品的价格中一种商品的价格不变（如 Y），另一种商品的价格上升或者下降（如 X），预算线也会发生变动，如图 3.8。

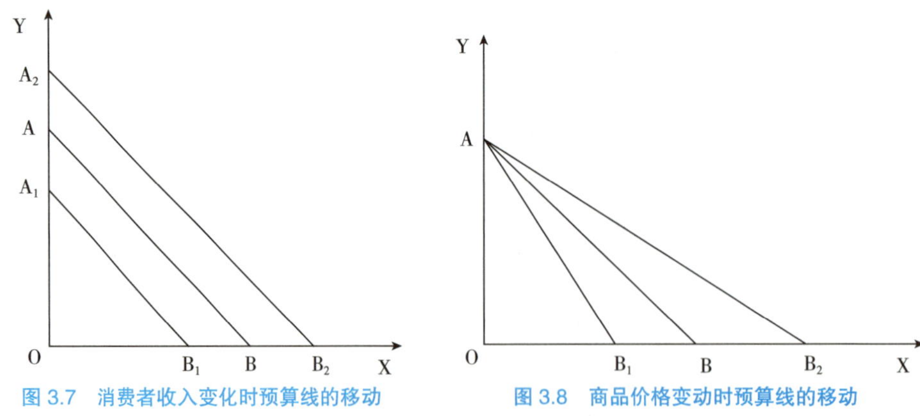

图 3.7　消费者收入变化时预算线的移动　　图 3.8　商品价格变动时预算线的移动

Y 商品的价格不变，这意味着其购买的最大数量是固定的，即如图为 A 点。预算线的斜率 $K=-\frac{P_X}{P_Y}$，当 P_X 上升而 P_Y 不变，则 $K=-\frac{P_X}{P_Y}$变大，预算线发生以 A 点

为中心的左旋转移动，当 P_X 下降而 P_Y 不变，则 $K=-\frac{P_X}{P_Y}$ 变小，预算线发生以 A 点为中心的右旋转移动。

五、消费者均衡

如果将无差异曲线与消费预算线合并在一张坐标图上，那么消费预算线必定与无差异曲线中的一条相切于一点。在这个切点，就实现了消费者均衡，如图 3.9。

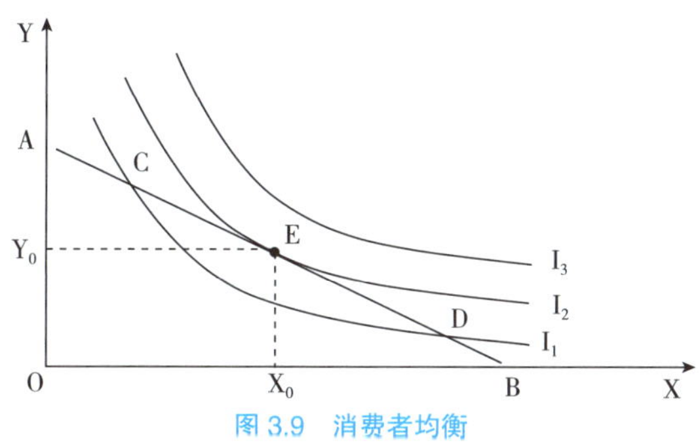

图 3.9　消费者均衡

在图 3.9 中，I_1、I_2、I_3 为三条无差异曲线，它们的效用水平是 $I_1< I_2< I_3$。消费预算线 AB 与 I_2 相切于 E 点（此时预算线的斜率等于无差异曲线切线的斜率），在这一点实现了消费者均衡。也就是说，在收入与价格既定的条件下，消费者购买 $0X_0$ 的 X 商品和 OY_0 的 Y 商品，就能获得最大的效用。

为什么只有 E 点才是消费者效用最大化的均衡点呢？这是因为，就无差异曲线 I_3 来说，虽然它代表的效用水平高于无差异曲线 I_2，但它与既定的消费预算线 AB 无交点也无切点，即消费者在既定的收入水平下无法实现无差异曲线 I_2 上的任何一点的商品组合的购买，简单些说就是目前消费者有高需求，但受到收入限制无法实现。

就无差异曲线 I_1 而言，它与既定的消费预算线 AB 相交于 C、D 两点，这表明消费者利用现有收入可以购买 C、D 两点的商品组合。但是，这两点的效用水平低于无差异曲线 I_2，因此理性的消费者不会用全部收入去购买无差异曲线 I_1 上 C、D 两点的商品组合。即理性的消费者不会用高的收入去满足低的效用。

事实上，就 C 点和 D 点来说，若消费者能改变购买组合，选择 AB 线段上位于 C 点右边或 D 点左边的任何一点的商品组合，都可以达到比 I_1 效用更高的无差异曲线，从而获得比 C 点和 D 点更大的效用水平。这种沿着 AB 线段由 C 点往右和由 D 点往左的运动，最后必定在 E 点达到均衡。显然，只有在既定的消费预算线 AB 和无差异曲线 I_2 相切的 E 点，消费者才能在既定的预算约束条件下获得最大的满足。故只有 E 点才是消费者实现效用最大化的均衡点。

由于无差异曲线的斜率是$MRS_{XY}=-\dfrac{\Delta Y}{\Delta X}$，同一条无差异上的效用一样，那么要维持效用的不变，两者的净效用为零，即

$$\Delta X\times MU_X+\Delta Y\times MU_Y=0 \qquad (3.10)$$

对式（3.10）进行简单数学变化：

$$\Delta X\times MU_X=-\Delta Y\times MU_Y \qquad (3.11)$$

同除 $\Delta X\cdot MU_Y$

整理可得：
$$MRS_{XY}=-\frac{\Delta Y}{\Delta X}=\frac{MU_X}{MU_Y} \qquad (3.12)$$

由于 E 点是预算线和无差异曲线的切点，因此在 E 点预算线的斜率和无差异曲线的斜率是相等的。预算线的斜率的绝对值是两种商品的价格比，无差异曲线的斜率的绝对值是商品的边际替代率。如下式。

$$\left|MRS_{XY}\right|=\left|-\frac{\Delta Y}{\Delta X}\right|=\left|\frac{MU_X}{MU_Y}\right|=\left|-\frac{PX}{PY}\right| \qquad (3.13)$$

简化后可得：
$$\frac{MU_X}{MU_Y}=\frac{P_X}{P_Y} \qquad (3.14)$$

$$MU_X\,P_Y=MU_Y\,P_X \qquad (3.15)$$

同除 P_XP_Y

学习二维码 3-3
消费行为理论与生活

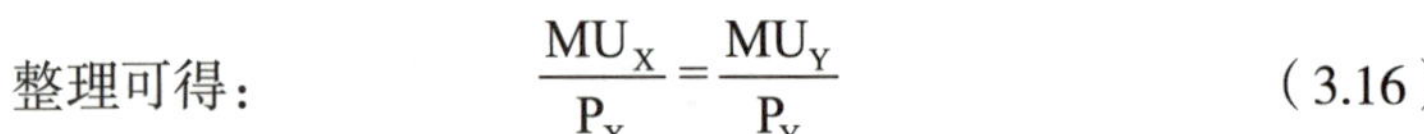
整理可得：
$$\frac{MU_X}{P_X}=\frac{MU_Y}{P_Y} \qquad (3.16)$$

由式（3.15）可以看出，序数效用论与基数效用论得出的消费者均衡的条件是相同的。因此，以基数效用论和序数效用论为基础的消费者均衡在本质上是相同的。

任务四　效用理论的运用

一、收入变化对消费者均衡的影响

（一）收入—消费曲线

所谓收入—消费曲线，是指消费者的偏好及商品价格不变的条件下，与消费者不同收入水平相联系的消费者效用最大化的均衡点的轨迹。

消费者效用最大化时的均衡点由无差异曲线与预算线的切点决定。在前面已经讲过，当消费者偏好组合与商品的价格不变时，若收入变化，预算线会发生平移，那在不同的预算线水平下也会有不同的效用水平，进一步来说就会产生无数个无差异曲线和预算线的切点，即无数个能实现消费者效用最大化的均衡点。将各个均衡点用平滑曲线连接起来就可以得到收入一消费曲线。如图 3.10。

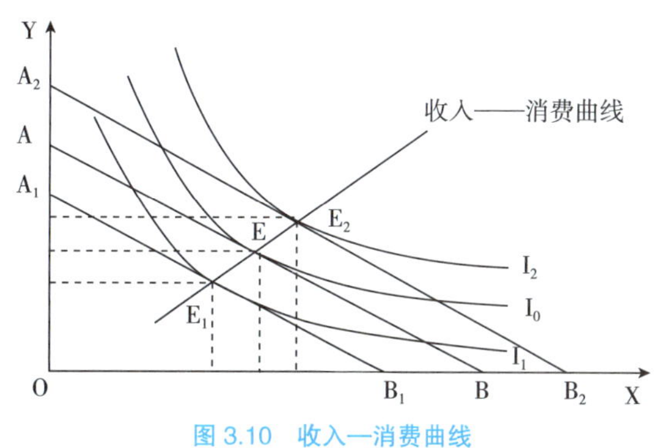

图 3.10　收入—消费曲线

从上图中可以看出，随着收入的增加，消费者购买商品 X 和商品 Y 的数量都有所增加，即消费者对商品 X 和商品 Y 的数量都是呈上升趋势的。

（二）恩格尔曲线

恩格尔曲线（engel curve，EC），它是以 19 世纪德国统计学家恩格尔的名字命名的，表示消费者在每一收入水平时对某商品的需求量。与恩格尔曲线相对应的函数关系为 X=f（M），其中，M 为收入水平，X 为对某种商品的需求量。

不同商品的恩格尔曲线形状是不同的。必需品需求量的增加速度小于收入的增加速度，如家中的基本生活用品油、盐等，如 3.11 中 a 图；奢侈品需求量的增加速度大于收入的增加速度，如名牌服装、名牌包等，如 3.11 中 b 图；低档品的需求量随收入的增加而减少，如收音机、低档香烟等如 3.11 中 c 图。

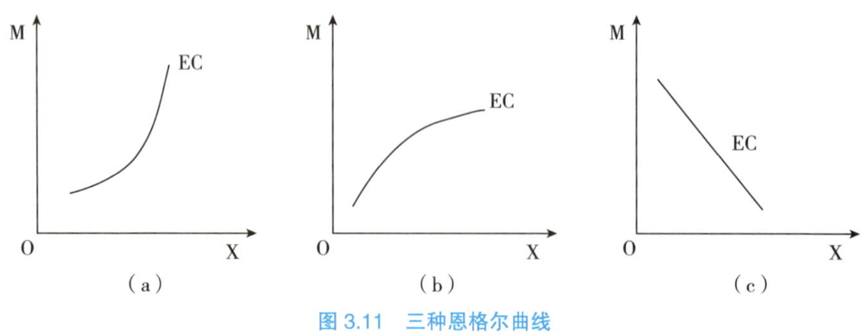

图 3.11　三种恩格尔曲线

【思政小课堂】

我国恩格尔系数持续下降

恩格尔系数是十九世纪德国统计学家恩格尔提出来的一个衡量生活水平高低的指标，指的是食品支出总额占个人消费支出总额的比重。根据联合国粮农组织提出的标准，恩格尔系数在 59% 以上为贫困，50%–59% 为温饱，40%–50% 为小康，30%–40% 为富裕，低于 30% 为最富裕。改革开放之初的 1978 年，我国的恩格尔系数超过了 60%，其中城镇为 57.5%，农村则高达 67.7%。

四十余年来，我国的恩格尔系数下降了一半多。“十三五”期间，中国的恩格尔系数持续下降，从 2016 年的 30.1% 降至 2019 年的 28.2%。2019 年，全国居民人均消费支出中除了将 28.2% 花在食品烟酒方面外，在衣着上的消费支出比重为 6.2%，居住消费支出占 23.4%，生活用品及服务消费支出占 5.9%，交通通信消费支出占 13.3%，教育文化娱乐消费支出为 11.7%，医疗保健消费支出占 8.8%，其他用品及服务消费支出占 2.4%。居民消费的多元化、个性化消费格局已经形成。不仅如此，消费质量也有了很大的提高，更高品质、更优服务的产品受到越来越多民众的青睐。

【思政感悟】

恩格尔系数的持续下降，是我国居民生活水平不断提高、生活品质显著改善的最好证明，也是全面建成小康社会、消费不断升级的“信号灯”。根据十四五规划及远景发展的目标，到 2035 年，我国将达到中等发达国家水平，届时人均 GDP 将在 2020 年的基础上再翻一番，升至 2 万美元左右。毫无疑问，那时候我国的恩格尔系数还将进一步下降，消费结构将进一步升级，生活的品质将更高，人民群众对美好生活的需求也将得到更多的满足。

（资料来源：网络整理）

（三）价格变化对消费者均衡的影响

当消费者收入和其中某一商品的价格不变，只有一种商品的价格发生变化时，消费者预算线会发生以价格不变的商品的最大购买数量为原点的点旋转移动，其预算线的斜率必然会发生改变。从而在不同的预算线水平下，会与新的无差异曲线形成新的均衡点，将该商品不同的价格水平下的消费者均衡点连接起来就可以得到一条平滑的曲线，这就是价格—消费曲线。如图 3.12。

在图中，横轴表示商品 X 的消费量，纵轴表示商品 Y 的消费量。当消费者预算线 AB 时，与无差异曲线I_0相切，均衡点为 E。如果 X 商品的价格下降或上升，预算线 AB 就会向外或者向内旋转，与横轴分别相交于B_2、B_1点，同时也会与较高效用水平的无差异曲线I_2和较低效用水平的无差异曲线I_1相切，形成新的均衡点E_2和E_1。预算线变动中形成的新均衡点 E、E_1、E_2连接起来，就是价格—消费曲线。

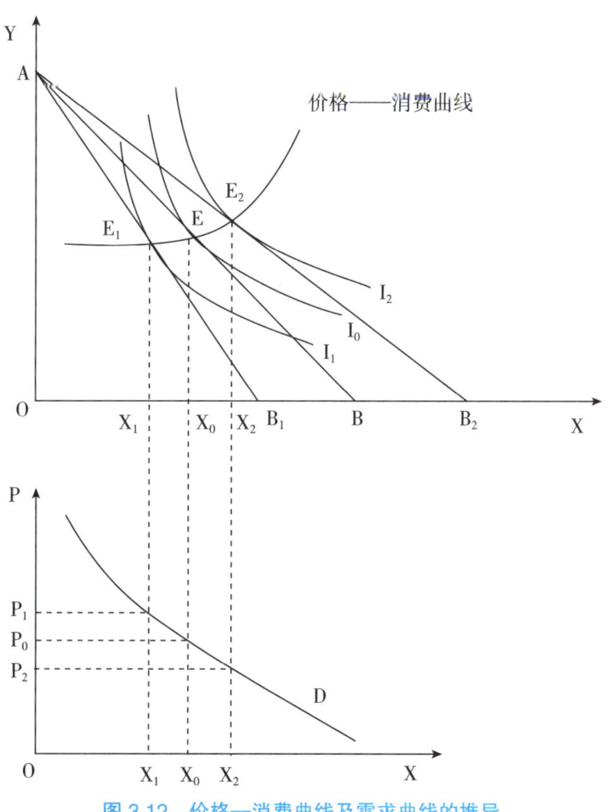

图 3.12　价格—消费曲线及需求曲线的推导

在上图中，当其他条件不变，而 X 商品的价格由P_1下降到P_0再下降到P_2时，消费预算线将会从AB_1移动到 AB，再到AB_2，那么相应的消费者均衡点也从E_1移动到 E，再移动到E_2，与此同时，X 商品的购买数量也从X_1到X_0，再到X_2。这样在不同价格水平下的 X 商品的需求量变化放置到以 X 商品数量为横轴、X 商品价格为纵轴的坐标图中，可以得到一条向右下方倾斜的需求曲线。即从价格—消费曲线中可以推导出需求曲线。

二、替代效应和收入效应

一种商品价格发生变动，会对消费者产生两方面的影响：一是使商品的相对价格发生变动，即消费预算线的斜率发生变化；二是使消费者的实际收入相对于以前发生变动。这就是商品价格变动的替代效应和收入效应。

（一）替代效应

替代效应是指在实际收入不变的条件下，某种商品价格的变动引起其他商品相对价格反方向变动，从而促使消费者用更便宜的商品替代较昂贵的商品。当一种商品价格上升时，其他商品价格相对便宜了，消费者会多购买其他商品而少购买这种商品；当一种商品价格下降时，其他商品价格相对昂贵了，消费者会多购买这种商品而少购买其他商品。替代效应强调一种商品价格变动对其他商品相对价格水平的影响。

（二）收入效应

收入效应是指在货币收入不变的条件下，某种商品价格的变动引起消费者实际收入反方向变动，从而引起商品购买量反方向变动。当一种商品价格上升时，消费者实际收入减少，商品购买量随之减少；当一种商品价格下降时，消费者实际收入增加，商品购买量随之增加。收入效应强调价格变动对实际收入水平的影响。

综上所述，一种商品价格变动所引起的该商品需求量变动的总效应可分解为替代效应和收入效应两部分，即总效应 = 替代效应 + 收入效应。

你在现实生活中了解过哪些政府行为是具有替代效应和收入效应特点的？

【案例阅读】

20 世纪 70 年代后期石油价格的大幅上涨后，美国总统卡特想通过增加燃油税来限制汽油需求量，从而减少美国对石油进口的依赖性。这一提案立刻遭到反对，反对者认为，增税后导致石油消费价格上涨，会使得低收入群体的生活更加困难。

卡特政府料到这样的反对后，便建议用燃油税带来的收益削减工资税，减轻低收入人群的负担。但立刻也有人反对说这样的方式退回燃油税的收益，会使得这一举措根本达不到事先设计的目的。因为将燃油税补贴到工资里，消费者还是会消耗跟从前一样多的汽油。

这一案例中，美国政府通过增税来反映汽油的真实成本，从而提高了其价格，对于消费者来说货币收入不变，但因为汽油价格上涨相当于实际收入减少，因此对汽油的需求会减少，从而转向对其他替代能源的消费上，这叫作替代效应。同时政府通过减少工资税的方式将增加的燃油税补贴给消费者，对消费者而言并未造成很大的损失，这叫作收入效应。

最终能否达到减少石油消费的政策效果，取决于消费者对补贴的收入会有怎样的反应。不过，政府采用的是收入补偿，虽会引起汽油的二次购买，但不会与之前的减少量持平。

（资料来源：罗伯特 . 弗兰克《牛奶可乐经济学》）

学习二维码 3-4
本项目专门本
考核知识点

复习思考题

一、单选题

1. 一个消费者想要拥有一单位 X 商品的心情甚于想要一单位 Y 商品，原因是（　　）。

A. 商品 X 有更多的效用

B. 商品 X 的价格较低

C. 商品 X 紧缺

D. 商品 X 是满足精神需要的

2. 商品的边际效用随着商品消费量的增加而（　　）。

A. 递增　　B. 递减

C. 先减后增　　D. 先增后减

3. 某消费者逐渐增加商品的消费量，直至达到了效用的最大化，在这个过程中，商品的（　　）。

A. 总效用和边际效用不断增加

B. 总效用和边际效用不断减少

C. 总效用不断下降，边际效用不断增加

D. 总效用不断增加

4. 已知消费者的收入为 50 元，P_X=5 元，p_y=4 元，假设该消费者计划购买 6 单位 X 商品和 5 单位 Y 商品，商品 X 和商品 Y 的边际效用分别是 60 和 30，如要实现效用最大化，他应该（　　）。

A. 增加 X 而减少 Y 的购买量

B. 增加 Y 而减少 X 的购买量

C. 同时增加 X 和 Y 的购买量

D. 同时减少 X 和 Y 的购买量

5. 消费者愿意对某种物品所支付的价格与他实际支付的价格的差额称为（　　）。

A. 剩余价值　　B. 利润

C. 消费者剩余　　D. 消费者均衡

6. 同一条无差异曲线上的不同点表示（　　）。

A. 效用水平不同，但所消费的两种商品组合比例相同

B. 效用水平相同，但所消费的两种商品组合比例不同

C. 效用水平不同，但所消费的两种商品组合比例也不相同

D. 效用水平相同，但所消费的两种商品组合比例也相同

7. 预算线的位置和斜率取决于（　　）。

A. 消费者的收入　　B. 商品价格

C. 消费者的收入和商品价格　　D. 消费者的偏好、收入和商品的价格

8. 如果商品 X 和 Y 的价格以及消费者的收入都按同一比例同方向变化，消费预算线变动情况是（　　）。

A. 向左下方平行移动　　B. 不变动

C. 向右上方移动　　D. 不规则移动

9. 预算线的斜率依赖于（　　）。

A 商品的相对价格　　B. 消费者的收入

C. 商品是正常品还是劣质品　　D. 是否存在替代品

10. 若无差异曲线上任意一点的斜率为，$\frac{dY}{dX}=-\frac{1}{4}$这意味着消费者愿意放弃（　　）单位 Y 来换取一单位的 X。

A. 0.25　　B. 4

C. 1　　D. 5

二、多选题

1 总效用和边际效用的关系为（　　）。

A. 当边际效用为 0 时，总效用最大

B. 当边际效用为负时，总效用递减

C. 当边际效用为正时，总效用递增

D. 总效用和边际效用没有关系

2. 消费者剩余是指（　　）。

A 需求曲线以下，价格曲线以上的部分

B. 供给曲线以上，均衡价格线以下的部分

C. 消费者获得的最大满足程度

D 消费者从商品的消费中获得的满足程度大于他实际支付的价格的部分

3. 无差异曲线表明（　　）。

A. 用既定价币收入所对买的两种商品的不同组合对消费者所提供的效用相同

B. 两种商品给消费者带来不同满足的所有不同组合

C. 收入一定，同一条由线上两种商品的不同组合是无差异的

D. 同等数量的商品产生同等满足

4. 预算线的位置取决于（　　）。

A. 消费者的收入　　　　B. 消费者的偏好

C. 消费者的边际效用　　D. 商品的价格

5. 关于序数效用论和基数效用论的说法正确的有（　　）。

A. 序数效用论运用无差异曲线和预算约束线分析消费者行为

B. 基数效用论运用绝对数值来衡量效用的大小

C. 基数效用论运用边际效用论分析消费者行为

D. 序数效用论运用表示次序的绝对数值来衡量效用的大少

三、判断题

1. 不同消费者对同一件商品的效用大小可以进行比较。（　　）

2. 当边际效用最大时，总效用也最大。（　　）

3. 如果一种商品满足了一个消费者坏的欲望，说明该商品具有负效用。（　　）

4. 预算线移动，表示消费者收入发生变动。（　　）

5. 吉芬商品一定是低档商品，但低档商品不一定都是吉芬商品。（　　）

四、简答题

1. 什么是无差异曲线？其特点是什么？

2. 基数效用论和序数效用论的基本观点是什么？它们分别采用何种分析方法？

3. 什么是边际效用递减规律?

实训项目

1. 大学时光是美好的，三年的时间对所有人都是一样的，面对同样多的时间，你该如何合理安排大学生活才能让你的大学三年的效用最大化呢? 请运用效用论相关理论分析。

2. 消费者效用论主要是针对消费者的消费行为进行分析，那么作为生产者来说，效用论对企业生产决策有什么启示?

项目四

探究企业经营奥秘

知识目标

了解企业的短期生产和长期生产；理解企业并购和破产的概念；理解企业的生产函数和成本函数；理解企业追求利润最大化目标；掌握短期生产函数的变动规律；掌握等产量曲线分析方法和生产要素的最优组合；掌握企业各类短期和长期成本的变化规律及其相互关系。

能力目标

初步学会分析企业追求利润最大化目标、开展并购和进行破产等行为的相关问题；能够运用边际报酬递减规律解释现实经济现象；能够确定企业生产要素合理投入区域和最优投入组合；初步学会运用生产函数和成本函数原理解决相关问题；能够判断规模报酬变化的三个阶段。

思政目标

培养问题导向思维能力，具备运用科学原理和客观规律分析问题和解决问题的能力；树立正确的世界观、人生观和价值观；培养创新意识、大局意识和节约意识。

项目引例

银行的投入决策

在银行的发展过程中，柜员是银行业务经营的重要组成部分，也是投入较多的生产要素。但是，伴随经济和社会的不断进步，银行的经营行为决策出现了变化。具有高效业务处理能力的自动柜员机，能够取代大量的人工出纳操作，因此尽管机器价格昂贵，银行在20世纪末还是选择投入大量资金广泛使用自助机器，并降低了对柜员的需要量。到了21世纪，互联网和金融科技浪潮席卷银行业，银行的投入结构发生了变化，许多银行开始大幅减员，自助柜员机的数量也出现了负增长，但是面向科技研发的资金投入呈现激增。由此带来的线下智能化、线上网络银行、手机银行等科技化产物，替代了部分人力和机器的生产作用，提升了银行业务经营和服务整体水平和效率，并帮助银行获得了进一步的经营规模发展。

请问：银行在经济社会中是怎样的角色？如果你是银行经营的决策者，你会增加或减少人力，机器或技术等生产要素的投入吗？你认为柜员会被自助柜员机或手机银行等完全替代吗？

社会生活中，我们所需的商品和服务都是由生产者，即企业或厂商生产和提供的。在产品生产和服务提供的过程中，企业或厂商以一定的组织形式，要利用各种生产要素制造出最终的产品或服务，因此它即是产品市场的提供者也是要素市场的需求者。在微观经济研究中，通常假定企业或厂商是理性经济人，因此其生产过程中要进行最优的生产决策，以获得利润最大化。当然，在实际的商务环境中，企业的生存和发展行为也会存在不同之处。本项目中，我们将通过学习企业的组织形式，企业的生存和发展方式，以及企业的生产、成本和利润等知识，来理解企业的发展行为和生产决策行为等。

任务一　现代企业的组织形式

企业通常是指以盈利为目的，运用各种生产要素（土地、劳动力、资本、技术和企业家才能等），向市场提供商品或服务，实行自主经营、自负盈亏、独立核算的法人或其他社会经济组织。企业的组织形式是指企业存在的形态和类型，现代经济中企业主要按照三种组织类型进行划分，即独资企业、合伙制企业以及公司制企业。

一、独资企业

独资企业是由一个自然人投资的经营实体，其所有权为个人所有。在这种所有制类型的企业中，企业主既是企业的所有者又是企业的经营者，能够获取所有的企业利润，但要上交个人所得税。因此，在经营中独资企业的企业主具有明确且强烈的利润动机，经营决策也更加自由灵活。通常，独资企业规模会很小，也较为容易进行企业管理。但是由于仅限于个人经营，独资企业投资受限于企业主的资金实力，也会限制企业的生产和发展。此外，企业主独自享受企业利润的同时，也要负责所有企业发生的债务和损失，较为容易破产。事实上，企业主对企业的损失负有无限责任。也就是说如果企业的损失相当大，甚至会让企业主用所有个人财产进行清偿。独资企业是最古老也是最简单的一种企业组织形式，常见于零售业、手工业、服务业和家庭作坊等。

学习二维码 4-1
案例：个人独资企业投资人变更，债务该谁承担？

二、合伙制企业

合伙制企业是指由两人或两人以上按照协议投资，共同经营、共负盈亏的企业。合伙制企业财产由全体合伙人共有，共同经营，合伙人对企业债务承担连带无限清偿责任。合伙人的这种合伙关系将企业的所有权分散给两个以上个体所有。显然，由于多人所有并参与管理，其运作方式要比独资企业复杂。合伙制企业允许其他的个体加入，意味着企业能够获得较多的资金支持，规模相对扩大，并能够获得更专业化的分工能力。同时，这类企业的管理和利润的使用都必须经过所有合作者达成一致意见才能进行，产生的决策时滞会妨碍管理效率，合伙人之间的契约关系也欠具稳定性。此外，合伙制企业的利润也要被征收股东收入所得税。合作者也要共同负有无限连带责任。也是说如果企业陷入经济困难，所有合作者的个人财产都会受到威胁。合伙制企业可以涵盖多种行业领域，例如商贸类行业，法律和会计等服务业，

学习二维码 4-2
三类所有制
企业在我国的
主要法律依据

以及金融和房地产行业。

【课堂讨论】

1. 餐饮酒店行业，如火锅店等是否适合成立合伙制企业？

2. 你认为还有哪些行业的企业适合成立合伙制企业？

三、公司制企业

公司制企业是指按照法律规定，由法定人数以上的投资者（或股东）出资建立、自主经营、自负盈亏、具有法人资格的经济组织，也称股份制企业。公司制企业的所有权和管理权是相分离的，其中所有权是归属于股东所有，股东持有的股份越多，其享有的所有权就越大，并按照出资额承担有限责任；公司制企业的管理和控制权在董事监督下的总经理。在资本市场上，公司制企业可以利用发行债券和股票来筹集资金。其中，公司债券是由公司做出的债权凭证，它是公司承诺到期还款的一种借款，债券所有人不是公司的所有者，也不参加管理。公司股票则是由公司发行的一定数量的具有一定票面价值的投资凭证。股票所有者是公司的股东，股东是公司的所有者，股东有权利参与公司管理并索取公司利润，也有义务承担公司的损失。由于公司制企业可以筹集大量的资金，所以，公司制企业一般具有雄厚资金基础，易于实现规模生产，具备很强的专业化分工能力。并且这类企业的组织形式相对稳定，有利于生产的长期发展。尽管如此，公司制企业也存在一定问题，企业往往可能由于规模庞大出现内部协调和管理困难。公司所有权和管理权的分离，也会为造成管理者在经营上难以完全满足所有者意愿。我国法定公司制企业形式有两种，即有限责任公司和股份有限公司。

（一）有限责任公司

有限责任公司是指由五十人以下的股东共同出资，每个股东以其所认缴的出资额对公司承担有限责任，公司以企业其全部资产对其债务承担责任的经济组织。其优点是公司的设立和解企业散程序比较简单，内部管理机构设置灵活，不必向社会披露财务状企业况；缺点是不能公开发行股票，筹集资金范围和规模都较小，一般适合于中小企业。

（二）股份有限公司

股份有限公司是指全部注册资本由等额股份构成并通过向公众发行股票筹集资本，公司以其全部资产对其债务企业承担有限责任的法人企业。股份有限公司的设立和解散有严格的法律企业程序，组织机构严密，筹资规模大，必须向公众披露经营状况，一般企业适合于大中型企业。

【案例阅读】

一年之内三次转让股份，刘强东仍控制京东（节选）

第一财经报道，2022 年以来，刘强东持续将子公司股份转让给京东集团副总裁缪钦。根据天眼查，在 10 月 27 日刘强东将所持有的江苏京东邦能投资管理有限公司股份转让给京东集团副总裁缪钦。转让完成后，江苏京东邦能投资管理有限公司由缪钦持有 45% 股份，李娅云持有 30% 股份，张雱持有 20%。

9 月 16 日，京东健康在港交所发布公告称，为提高行政效率，刘强东订立股权转让协议，将于宿迁天宁持有的 45% 股权转让给缪钦。根据新合同安排，宿迁天宁的新登记股东为缪钦先生（持有 45%）、李娅云女士（持有 30%）及张雱女士（持有 25%）。同样在 9 月 16 日，京东物流发布公告宣布为提高行政效率，刘强东订立股权转让协议，将于西安京东持有的 45% 股权转让给缪钦。

京东集团方面，2022 年 4 月，京东在港交所提交的文件显示了京东的最新股权情况。其中，刘强东持股 4.332 亿股普通股，占股 13.8%，占总投票权的 76.1%。其他京东高管徐雷、许冉、张雱持股低于普通流通股的 1%。天眼查显示，刘强东仍担任京东科技控股股份有限公司的董事长，持股比例达 8.84%，此外刘强东在北京京东叁佰陆拾度电子商务有限公司的投资比例达到 45%。……

（资料来源：https://baijiahao.baidu.com/s?id=1748461517484597810&wfr=spider&for=pc）

【思政小课堂】

江永瑶乡村民创办公司助力乡村振兴

湖南省五香食品有限责任公司是入驻产业园的本土民营企业，据该公司董事长李子连介绍，公司成立于 2021 年 10 月，注册资金 1500 万元，是一家集研发、生产、销售、冷链物流、香芋基地种植一体化的现代化农业精深加工企业，主要以香芋、红薯、南瓜、芒果为原料，进行深加工。

李子连说："江永种植的农产品营养丰富、口感独特，但农民没有完善销售渠道，也不懂进行深加工，所以我们要在这方面予以突破，带领更多人种植和加工，为当地乡村振兴尽一份力。"目前湖南省五香食品有限责任公司种植香芋5000亩、红薯2000亩、南瓜600亩，主要分布在千家峒瑶族乡刘家庄村、夏层铺镇等地。"江永的农产品富硒含量高，但农民传统的加工和销售模式无法做强做大，只有采取科技手段做深做细才有更大发展空间，实现公司和农户双赢是我们的目标！"公司总经理何容动情地说。

湖南省五香食品有限责任公司拟新建标准工业厂房、保鲜库房、低温冷库、办公综合楼、环保处理站、职工宿舍和食堂总面积共15000平方米，建设6条产品生产流水线。项目建成后，其经济效益与社会效益可观，年均销售收入达1.8亿元，年均净利润近3490万元，年销售税金及附加值近134万元，可实现公司创利、农民增收、国家增税同步发展。工厂投入使用后，可就近安置从业人员300余人，让千家峒地区的瑶族民众有更多就业机会，助力当地经济发展，为乡村振兴插上腾飞翅膀！该公司旗下的江永县晨梵家庭农场、江永县永香食品有限公司、夏层铺镇兴农农副产品专业合作社等子公司也即将入驻产业园。

据悉，江永县现代农业深加工产业园项目是江永县政协2021年重点招商引资项目，也是永州市重点建设项目，在江永县委、县政协、县农业农村局、县科工局、县发改局、千家峒瑶族乡政府等单位的共同努力下，于2021年12月签约落地，2022年2月开始建设，产业园项目总共投入资金8000万元，目前项目已完成70%的工程量。"产业园着力打造现代农业深加工产业，即将成为增加农民收入的主导优势特色产业。"千家峒瑶族乡义辉平乡长满怀信心地说道。目前，江永县现代农业深加工产业园项目建设正在火热推进。

【思政感悟】

乡村振兴战略是习近平同志于2017年10月18日在党的十九大报告中提出的，其中指出农业农村农民问题是关系国计民生的根本性问题，必须始终把解决好"三农"问题作为全党工作的重中之重，实施乡村振兴战略。2022年10月16日，习近平总书记在党的二十大报告中为全面推进乡村振兴指明方向，并特别指出要坚持农业农村优先发展，加快建设农业强国，以及发展乡村特色产业等内容。在当前形势下，充分利用现代企业的组织形式，发展我国地区农业产业优势，既丰富经济发展形式，又推动乡村振兴的产业化进度。我们应该更加深入了解乡村基础建设，运用所学积极推动乡村多元化新发展。

（资料来源：https://baijiahao.baidu.com/s?id=1771198753344968067&wfr=spider&for=pc）

任务二　企业的生存与发展

在微观经济学的观点中，企业作为理性的经济人，其目的在于追求利润最大化。企业之间互相竞争以获取消费者的青睐，成功则以获取利润为标志。不以获取利润为动机的企业会面临破产的风险，一旦市场竞争越来越激烈，企业将无法适应并难以生存。利润是企业在一段时间内总收入与总支出的差额，以追求利润最大化为目标是企业继续生存的最好保障。本项目后部分我们将深入讨论企业的成本、收入以及利润最大化的产出水平。在此之前，我们先来了解一下现实经济生活中企业的行为选择。

一、企业的规模扩张与并购

基于企业的定义我们可以知道，企业为了追求更多的利益，往往会希望开展扩张行为，通过扩大生产规模来生产更多产品和服务并进行市场交易获得更多利润。通常企业的扩张可以分为内部扩张和外部扩张，其中内部扩张即通过增加内部生产要素投入扩张企业生产规模，我们会进一步探讨企业生产扩张的最优要素投入和产量；而外部扩张则是通过企业外部资源进行扩张，并购是较为典型的扩张形式。

企业并购（Mergers and Acquisitions，M&A）包括兼并和收购两层含义、两种方式。国际上习惯将兼并和收购合在一起使用，统称为M&A，在我国称为并购。企业并购即企业之间的兼并与收购行为，是企业法人在平等自愿、等价有偿基础上，以一定的经济方式取得其他法人产权的行为，是企业进行资本运作和经营的一种主要形式。按照企业并购的形式企业并购从行业角度划分，可将其分为以下三类：一是横向并购，指同属于一个产业或行业，或产品处于同一市场的企业之间发生的并购行为。横向并购可以扩大同类产品的生产规模，降低生产成本，消除竞争，提高市场占有率；二是纵向并购，是指生产过程或经营环节紧密相关的企业之间的并购行为。纵向并购可以加速生产流程，节约运输、仓储等费用；三是混合并购，是指生产和经营彼此没有关联的产品或服务的企业之间的并购行为。混合并购的主要目的是分散经营风险，提高企业的市场适应能力。

【案例阅读】

稳健医疗横向收购隆泰医疗

2022 年 4 月 10 日晚，稳健医疗发布公告称，为进一步丰富公司产品线，拓展国内外业务渠道，完善公司战略布局，拟使用自有资金 7.28 亿元收购隆泰医疗共计 55% 的股权。稳健医疗用品股份有限公司，是以棉为核心原材料，主要从事棉类制品的研发、生产、销售，拥有 26 家一级及二级全资、控股子公司。隆泰医疗主营业务为高端伤口敷料的研发、生产和销售，旗下拥有 7 家子公司。本次收购将并购其中 3 家子公司，另外 4 家则在交易后被剥离。根据公告，3 家被并购的子公司均与高端医用敷料业务具有高度协同性，其中西安隆特姆为隆泰医疗办理医疗器械证书、德清隆泰硅胶为隆泰医疗生产加工原材料、盛医科技则负责其电商平台的销售和运营。

本次收购行为的实施是稳健医疗补齐短板的需要，不仅可以提高研发水平，提升市占率，还可以实现拓展出口渠道。本次交易实施是稳健医疗积极着手布局高端医疗敷料市场，提升毛利率水平的有效举措。同时，稳健医疗的强项在于国内渠道优势，和整体数字化建设和管理运营优势；隆泰医疗的强项在于雄厚的技术实力和国外渠道，本次交易有助于双方通过销售与产品研发协同形成龙头效应，持续打造高端伤口敷料龙头企业，助力推动国内医用辅料高端化发展。

二、企业与信息不对称

（一）企业的本质与信息不对称

企业是一种营利性经济组织，也是一种与市场并存且能以更低的交易成本替代市场的资源配置方式。企业产生的根源，就在于企业的内部组织管理成本低于市场的交易成本，而这种成本差异主要就是由于信息不对称导致的。

信息不对称是指交易中的每个主体拥有的信息不同。通常，不对称的信息可能会导致道德风险，逆向选择以及委托代理等问题。在信息不对称的大环境下，在市场交易过程中，每个主体为维护自身利益会希望获取更多信息，但这种交易成本往往是很高的。因此，通过企业这一组织形式，可以使一部分市场交易内部化，从而消除或降低一部分市场交易成本。

尽管如此，企业也产生了自己所特有的交易成本，而导致企业这一缺陷的主要原因也同样在于信息不对称。在信息不完全的条件下，企业所面临的市场需求可能是不确定的，而且企业也有可能对产量变化所引起的生产成本的变化情况缺乏准确的了解，于是企业长期生存的经验做法就是实现销售收入最大化或市场销售份额最大化，以此取代利润最大化的决策。此外，从企业自身经营管理来看，委托代理问题是企业面临的极具代表性的信息不对称问题。

学习二维码 4-3
逆向选择与道德风险问题举例

（二）企业的委托—代理问题

委托—代理问题（principal-agent problem），是指委托人如何激励代理人来为委托人的利益服务而非追求自身利益的问题。在现代公司制企业组织中，企业的所有者往往并不是企业的真正经营者，企业的日常决策是由企业所有者的代理人经理做出的。企业所有者和企业经理之间即是委托人和代理人之间的契约关系，他们对企业利益和自身利益的追求会存在不一致的问题。

由于信息的不对称性，所有者并不能完全监督和控制公司经理的行为，经理会在一定的程度上偏离企业的利润最大化的目标，而追求其他一些有利于自身利益的目标。比如，经理会追求自身效用最大化，他们并不一定很努力工作，而追求豪华舒适的办公环境，讲究排场。他们也可能追求销售收入最大化和销售收入持续增长，一味坚持扩大企业规模，以此来扩张自己的特权和增加自己的收入，并提高自己的社会知名度。他们也可能只顾及企业的短期利益，而牺牲企业的长期利润目标等等。但是，经理对利润最大化目标的偏离会受到制约。例如，如果经理经营不善，企业效率下降，公司的股票价值就会下降，投资者就会抛售公司股票。在这种情况下，企业就有可能被其他投资者低价收购，或者董事会也有可能直接解雇经营不善的经理。总之，经理的职位将难以保住，而且被解雇的经理再寻找合适的工作，往往是很困难的。

该问题的对策是努力将委托人与代理人的利益融合在一起。对于企业来说，解决委托—代理问题的根本就是委托人，即企业所有者如何激励代理人经理来为委托人的利益服务，去努力实现企业利润最大化目标，而非追求自身利益。

三、企业的破产

企业在生产和发展过程中会遇到很多情况，如果没有妥善经营，或是生产力不从心，企业可能会主动或被动的选择退出市场，其中较为严重的情况即为企业的破产。企业破产是市场经济中一种常见的现象。它指的是企业在生产经营过程中由于经营管理不善，当负债达到或超过所占有的全部资产，不能清偿到期债务，资不抵债的企业行为。比如，企业在发展过程中，企业家决策不当，或在管理上无法有效处理信息不对称，或是企业不适应激烈的市场竞争，诸如此类的问题会导致企业出现经营亏损、资金链断裂、债务违约等情况，甚至严重导致无法偿还债务时，被债权人就可能申请企业破产并进行破产清算。

企业的破产对企业及其股东、债权人等各方产生了不可逆转的影响。一方面，企业的破产能导致企业的解体和关闭，使企业的劳动者失去工作和收入来源；另一方面，破产清算可能使企业股东和债权人的利益遭受损失。企业破产清算的目的是通过将企业的资产变现，清偿债务，保护债权人的权益。在进行破产清算时，企业需要委托专业机构进行资产评估和变现，制定清算计划并向法院申请破产。

学习二维码 4–4
2023 年硅谷
银行爆雷始末

【案例阅读】

雷曼兄弟公司破产原因分析

2008 年，美国第四大投资银行雷曼兄弟由于投资失利，在谈判收购失败后宣布申请破产保护，引发了全球金融海啸。其破产起因是美国的信贷紧缩导致金融服务业衰退，而雷曼兄弟公司却反应乐观，此导致了其破产命运。2008 年 1 月，该公司资产达 300 亿美元，同年 9 月就实际破产了。雷曼兄弟公司错误的商务决策可能是其主因，但其中也有信息不对称因素。

信贷市场本质的重要特征是信息不对称。在低利率环境中，政府积极鼓励民扩大房屋置业，成百万的美国人首次进入房地产市场。2006 年美国一半的抵押贷，约 1.5 万亿美元，属于次贷类型。其中有许多是三无贷款（贷款人无工作、无收、无财产）。人们可以很简单地夸大他们偿还贷款的能力。现在抵押贷款的经纪人为他们安排的每宗按揭提供直接佣金，所以一旦达成交易，不管发生了什么，佣金都已经支付了。如果贷款人担心他们可能无法偿还贷款，经纪人为获得另一笔费用会很高兴将其财产再次抵押，假设基础是该资产价值处于上升状态。当房地产价格正在上涨时，问题并没有显露出来。

这时出现了信息不对称问题。简要说来，所有次级贷款与其他贷款捆绑，一起卖给大的投资银行（如雷曼兄弟公司），这些银行将其解包，与其他财富重新打包，卖给投资者。注意次贷承担人和华尔街上打包和销售的机构之间是没有直接联系的。投资银行具有抵押贷款违约率以及房地产价格上升的保障都意味着整个过程非常坚挺。但是抵押贷款违约一旦开始爆发，房地产价格迅速下跌，整个经济大厦像是建立在流沙上一般。而这次危机的中心问题在于华尔街没能掌握成百万三无贷款人员的真实信息，换言之就是信息不对称问题。

雷曼兄弟公司认为次贷危机给其提供了商业机会，它可以低价获取财产。在危机的真正程度还未显露之前，它大量买进并为购买者提供短期资金。根据破产审查员的信息，雷曼兄弟通过这种方式共筹集了7000亿美元，以及等额的短期借款债务。问题是其购买的都是长期资产，并且大部分是非流动资金，不容易快速简易地售出。随着金融危机的爆发，其价值迅速下跌。但是雷曼兄弟新购买的大量债务使其每天都需要筹集几十亿美元的资金以维持顺利运营。2006年情况尚且可以维持，2007年就变得困难了。2008年的信贷紧缩使其不可能再维持下去，雷曼兄弟的钱已经掏空了，没有哪家企业愿与其继续进行业务往来了。

学习二维码 4-5
企业破产的内部原因及案例

雷曼兄弟的失败在于其对于过多风险的偏好。它在低迷的楼市中看到机会，使自己完全依赖信贷市场，而没能意识到次贷危机会最终将其破坏。当雷曼兄弟公司的楼市投资开始亏损，它又陷入了糟糕的信贷危机。

【思政小课堂】

吉利再按“并购增持”键：用全球化视野谋引领式发展（节选）

以7.6%股份拿到“敲门砖”后，吉利再度增持阿斯顿·马丁。2023年5月18日，吉利控股正式宣布与英国超豪华性能品牌阿斯顿·马丁达成新的合作协议，并对阿斯顿·马丁的股份持有比例达到17%。从去年9月份至今，仅仅不到一年的时间中，吉利控股已成为阿斯顿·马丁的第三大股东。

一个是国内自主民营车企的龙头，一个是有着110年历史的超豪华汽车品牌，二者以持股和被持股的方式走到一起，本就是中国汽车产业和全球汽车产业双向奔赴的个案投射。而今，吉利又增持阿斯顿·马丁股份，这是吉利全球化版图的再扩充，也是中国汽车产业的全球化布局迈入新阶段的表征。

汽车是全球第一大产业，而我国已是世界第一汽车工业国和产销国。发展汽车产业，绝不能闭门造“车”……作为自主品牌中全球布局最早、最完善、最广泛的车企，吉利在全球化路线上大步向前，已形成了极具特色的“吉利经验”。回顾它的并购史，不难发现两点规律：一，吉利的全球化并购与它自身的发展战略紧密结合，最终吉利通过并购构建全球产业布局，提升产业链核心竞争力；二，循着“开放—合作—共赢”的链条，吉利跟合作伙伴之间在高质量协同发展和高水平融合之下，总能实现双赢。

13年前吉利控股全资并购沃尔沃汽车，无疑是吉利并购史上的标志性事件。在“蛇吞象”式并购之后，吉利与沃尔沃逐步从财务、生产制造、采购到技术研发等领域实现全部协同，沃尔沃在产品开发、工程技术标准、智能化提升上持续赋能吉利，帮助吉利实现了质的飞跃，沃尔沃则通过协同发展得以重拾全球豪华汽车品牌的地位，快速扭亏为盈，全球销量翻了一番，电动化智能化转型也蹄疾步稳。吉利并购沃尔沃，可以说是拉开中国车企参与全球竞争的时代大幕，双方协同融合的案例也频频成为哈佛商学院教授的研究对象与经典案例。对沃尔沃汽车的成功并购，成了吉利开启全球化之路的加速器。

吉利的全球化并购尽显“吉利特色”：究其投资目的，与其说是控制所有权，不如说是基于协作双方的长远发展，结合合作双方的自身优势，实现技术、品牌、市场等不同维度的互补，提升双方核心竞争力，以期在互利互赢中构建起在全球产业格局中的核心竞争力。对吉利而言，并购其实是将内涵式自研和外延式投资结合起来的有效方式：长期以来，吉利都是在坚持“两条道儿一起走”，既坚持深化自主技术创新，也坚定地走出去，参与国际市场的竞争，尤其是通过国际并购来进行技术、管理和人才等方面的交流和融合。

吉利的全球化并购，对更多中国车企的全球化发展不无启示：在汽车产业已进入“新航海时代”的大背景下，在融合创新、协同发展方面，中国车企大有继续开拓的空间——随着中国已成世界第一大汽车出口国，“市场换技术”的时代已经结束，中国汽车产业和全球汽车产业在众多领域双向奔赴是大势所趋……当前全球汽车产业正处在百年未有之大变局的节点上，各种挑战纷至沓来，当此之时，我国汽车产业还得时刻保持谦虚谨慎的心态，在开放合作中与全球合作伙伴协同占领技术制高点，最终实现各美其美、美美与共。

【思政感悟】

吉利从一开始就摒弃“闭门造车”思维，用全球化视野谋引领式发展，就为此提供了可资参照的范本——很多人能看到它的全球化并购，看不到的却是它在并购之后的体系化融合能力，包括技术互补、产业链协同、精品共造。我们要看到，面对变幻莫测的市场，企业的生存和发展要重视融合创新，协同发展，坚持大局观，增强自身实力的同时取长补短，这正是中国汽车产业在全球产业竞争中立于潮头的重要制胜秘诀。

（资料来源：http://science.china.com.cn/2023-05/22/content_42377668.htm）

任务三　企业的生产函数

一、短期生产函数

（一）一种可变生产要素的生产函数

1. 生产要素与生产函数

企业的生产活动离不开生产要素，生产要素是生产制造产品时所投入的各种经济资源，通常可以被划分为劳动、土地、资本和企业家才能四种类型。其中劳动（L）指人类提供的体力和智力总和；土地（N）包括土地本身以及一切自然资源；资本（K）包括通常的货币资本和实物资本，如厂房、设备和原材料等；企业家才能（E）指企业家经营管理企业的能力和创新的能力。

经营一家书店需要哪些生产要素？这些生产要素都属于什么类型？

生产过程中，生产要素的投入量与产品的产出量之间存在着一定的依存关系，这种关系我们用生产函数来描述。生产函数表示一定时期内，在技术水平不变的条件下，生产中所使用的各种生产要素的投入量与所能生产产品的最大产量之间的依存关系。以 $X_1, X_2, \ldots X_n$ 按顺序表示 n 种生产要素的投入量，Q 表示所能生产的最大产量，则生产函数的一般表达式为：

$$Q = f(X_1, X_2, \ldots X_n) \tag{4.1}$$

在进行经济分析时，土地一般是固定不变的生产要素，企业家才能难以衡量，因此为了简化分析，通常引入劳动和资本两种生产要素，L 表示劳动的投入量，K 表示资本的投入量，则生产函数可以表达为：

学习二维码 4-6
两种著名的
生产函数

$$Q = f(L, K) \tag{4.2}$$

生产函数表示生产要素投入量和产量间的关系普遍存在于各类生产过程，研究和估算生产函数有助于掌握企业的生产规律，从而进行合理的生产决策行为。

在微观经济学中，生产理论区分短期生产理论和长期生产理论，其划分不是单纯以时间长短作为划分标准，而是以企业是否变动全部生产要素投入的数量作为标准的。对企业而言，来不及调整全部生产要素的数量，至少有一种生产要素的数量是固定不变的，在该时间周期内进行的生产属于短期生产。短期内的生产要素分为可变要素和不变要素，企业可调整的劳动和原材料等要素属于可变要素，无法调整的厂房和设备等属于不变要素。相较而言，长期生产则指企业可以调整全部的生产要素投入量所进行的生产，因此长期生产中所有生产要素都是可变的。由此推断，生产函数也可以划分为短期生产函数和长期生产函数。

思考

对于一个大型炼油厂和一个早餐店来说，一年的时间具有相同的意义吗？为什么？

2. 短期生产函数：一种可变生产要素的生产函数

短期生产函数是指在技术水平不变的条件下，当其他生产要素投入量固定不变时，一种可变生产要素的投入量与所能生产产品的最大产量之间的依存关系。在 4.2 式中，假定资本投入量是固定不变的，用 $\overline{K}$ 表示，劳动投入量是可变要素用 L 表示，则短期生产函数可表示为：

$$Q=f(L,\overline{K}) \tag{4.3}$$

式 4.3 表示，生产企业在资本投入量不变的情况下，改变劳动投入量引起的产量变化。

（二）总产量、平均产量和边际产量

1. 总产量、平均产量和边际产量的概念

在生产理论中，针对产量有几个重要概念，分别是总产量、平均产量和边际产量。我们以式 4.3 的短期生产函数为基础进行具体说明。

总产量（total product，TP）是指一定的生产要素投入所能生产的产品全部数量，式 4.3 中的劳动总产量可以记作 TP_L，表达式为：

$$TP_L=f(L,\overline{K}) \tag{4.4}$$

平均产量（average product，AP）是指总产量与使用的某种生产要素的投入量之比，对应的短期生产函数中劳动平均产量可以记作 AP_L，表示平均每单位劳动要素投入量所能生产的产品数量，其表达式为：

$$AP_L=\frac{TP_L}{L} \tag{4.5}$$

表 4.1　总产量、平均产量和边际产量举例

劳动投入量	劳动总产量	劳动平均产量	总产量变化量	劳动投入变化量	劳动边际产量
L	TPL	APL	ΔTPL	ΔL	MPL
0	0	0	0	0	
1	3	3	3	1	3
2	8	4	5	1	5
3	12	4	4	1	4
4	15	$3\frac{4}{3}$	3	1	3
5	17	$3\frac{2}{5}$	2	1	2
6	17	$2\frac{5}{6}$	0	1	0
7	16	$2\frac{2}{7}$	−1	1	−1
8	13	$1\frac{5}{8}$	−3	1	−3

边际产量（marginal product，MP）是指每增加一单位某种生产要素的投入量所引起的产品总产量的变动量。对应的短期生产函数中劳动的边际产量可以记作 MP_L，表示增加以单位劳动投入量所引起的产量变化，其表达式为：

$$MP_L = \frac{\Delta TP_L}{\Delta L} \tag{4.6}$$

依据以上公式，可以对短期生产函数的各类产量情况进行列表举例，具体见表 4.1。

2. 总产量曲线、平均产量曲线和边际产量曲线

依据表 4.1 可以绘制出对应的总产量曲线、平均产量曲线和边际产量曲线，具体见图 4.1。

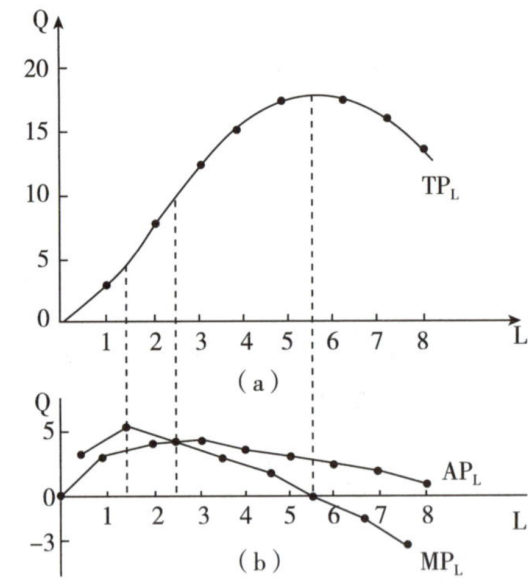

图 4.1　一种可变要素的短期生产函数的产量曲线（1）

图中的横轴表示可变要素劳动的投入数量 L，纵轴表示产量 Q，TP_L、AP_L 和 MP_L，三条曲线顺次表示劳动的总产量曲线、劳动的平均产量曲线和劳动的边际产量曲线。图中三条曲线都是先呈上升趋势，在达到各自的最高点以后，又呈下降趋势。同时，三条曲线之间相互关联，具体可以从三方面进行分析。

（1）TP_L 曲线与 AP_L 曲线的关系

根据式 4.5，可在图 4.2 中将 TP_L 曲线的任一点对应求得 AP_L 值，由原点出发连接 TP_L 曲线上的任一点，如 A 点，所得线段 OA 的斜率即是对应的 AP_L 值，也等于 $A''L_1$ 的高度。因此，当 AP_L 曲线在达到最大值 C′ 的过程中，从原点到 TP_L 曲线上的点形成的线段越来越陡峭，并在与 TP_L 曲线相切于 C 点时达到最大斜率。

（2）TP_L 曲线与 MP_L 曲线的关系

根据式 4.6，可在图 4.2 中将 TP_L 曲线的任一点对应求得 MP_L 值，过 TP_L 曲线上任一点，如 A 点的切线斜率都可以表示对应的 MP_L 值，也等于 $A'L_1$ 的高度。因此，

当 L 最增加时，TP_L 不断增加，TP_L 曲线的斜率为正，MP_L 值大于零；当 TPL 伴随 L 增加而减少时，TP_L 曲线的斜率为负，MP_L 值小于零。也可以说，伴随 L 增加，边际产量为正时，总产量递增；边际产量为负时，总产量递减；MP_L 曲线在 D′ 点，边际产量为零时，总产量达到最大值。TP_L 曲线的斜率或总产量的变化速度以 B′ 点为界先增后减。

（3）AP_L 曲线与 MP_L 曲线的关系

图 4.2 中，AP_L 曲线与 MP_L 曲线相交于 AP_L 曲线的最高点 C′。C′ 点以前，MP_L 曲线高于 AP_L 曲线；C′ 点以后，MP_L 曲线低于 AP_L 曲线。无论上升还是下降，MP_L 曲线都带动 AP_L 曲线，并且变动速度快于 AP_L 曲线。也可以说，当 $MP_L>AP_L$ 时，AP_L 曲线是上升的；当 $MP_L<AP_L$ 时，AP_L 曲线是下降的；当 $MP_L=AP_L$ 时，AP_L 曲线达到极大值。

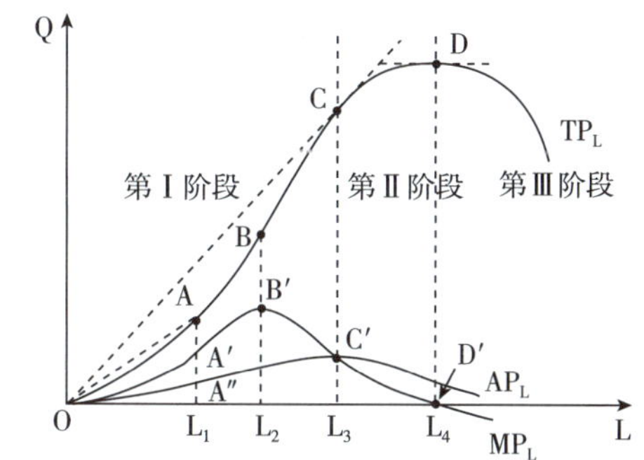

图 4.2　一种可变要素的短期生产函数的产量曲线（2）

篮球队新增一名队员，其身高对球队原有的平均身高会产生什么影响？

（三）边际报酬递减规律

生产活动中普遍存在一种现象，即在技术水平不变的情况下，维持其他生产要素投入量不变，连续增加一种可变生产要素的投入量，产品产量开始会伴随这种生产要素的增加而增加，但当这种要素投入量达到一定限度以后，增加该要素投入量所带来的边际产量是递减的。这种情况被称为边际报酬递减规律，亦称为边际产量递减规律或边际收益递减规律。该规律决定了图 4.1 中边际产量曲线表现出先上升而最终下降的特征。

理解边际报酬递减规律需要注意：第一，技术水平不变是前提条件。通常，在技术发生重大变革前，技术水平会保持稳定并维持相当长的一段时期。如果形成新的技术水平，企业生产会改变对生产要素的需求结构。因此如果技术水平是变化的，边际报酬递减规律就不会存在。第二，边际报酬递减规律的成因在于，在短期生产中，不变生产要素和可变生产要素之间存在着最优组合比例。最初生产时，不变要素在可变要素投入过少时，未发挥潜在效率，因此在可变要素逐渐增加时带动边际产量增加；在两种要素达到最优组合比例时，不变要素潜在效率全部释放，可变要素实现了最大边际产量；伴随可变要素的继续投入，不变要素不足并偏离最优组合比例，则可变要素的边际产量呈现递减趋势。

学习二维码 4-7
养猪的误区

【课堂讨论】

1. 经常说“人多力量大”，这是真的吗？

2. 边际产量递减规律适用于短期生产，是否适用于长期生产？为什么？

（四）短期生产的三个阶段

1. 短期生产的三个阶段

如图 4.2 所示，短期生产按照总产量、平均产量和边际产量函数间的关系，可以划分为三个阶段。

（1）第Ⅰ阶段

在该阶段，可变要素投入量从零增加至 L_1，边际产量大于平均产量。总产量与平均产量一直上升，表明不变要素未全部发挥潜力，可变要素投入量相对不足。理性的生产者会选择继续增加可变要素的投入量，使不变要素得到充分利用。

（2）第Ⅱ阶段

在该阶段，可变要素投入量从 L_1 增加到 L_2，边际产量介于最大平均产量与零之间。平均产量开始下降，边际产量下降至零，总产量上升到最大值。

（3）第Ⅲ阶段

在该阶段，可变要素投入量大于 L_2，边际产量为负数。总产量、平均产量、边际产量同时下降，表明可变要素相对投入量过多，不变要素出现了不足。理性的生产者会选择减少可变要素的投入量，退回至第Ⅱ阶段。

2. 短期生产的决策区间

在短期生产的三个区间中，第Ⅱ阶段是企业短期生产的决策区间。在第Ⅱ阶段，生产者可以得到由第Ⅰ阶段增加可变要素投入所带来的全部好处，又可以避免将可变要素投入增加到第Ⅲ阶段所带来的不利影响。

在第Ⅱ阶段的起点处，AP_L 曲线和 MP_L 曲线相交，即劳动的平均产量达到最高点。在第Ⅱ阶段的终点处，MP_L 曲线与水平轴相交，即劳动的边际产量等于零。该区间就是可确定可变要素的合理投入区间。至于在生产的第Ⅱ阶段，生产者所应选择的利润最大化的最佳投入数量究竟在哪一点，还有待于以后结合成本、收益和利润进行深入的分析。

【案例阅读】

反向增长

乐高集团 CEO 乔根·维格.克努德斯托普曾敏锐地指出：“公司不会死于饥饿，只会死于消化不良。”与追求大而全的增长模式不同，企业在出现增长边际效益递减，形成利润区黑洞时，就要选择一种做减法的增长模式，即减业务单元、减组织、减目标。

以卡夫为例：2006 年，卡夫食品正面临着增长黑洞的威胁，其在中国市场的营业收入每年不到两亿美元。让 CEO 担心的是，卡夫食品强有力的产品组合，从通心粉到奥利奥，都没办法打破这个僵局，市场发展停滞不前。整整 10 年，卡夫全球领导层为了开发中国市场，做出了大量的决策，但效果微乎其微。为了提高市场占有率，卡夫不断推出新产品，发展各种新品牌项目，但是收效甚微，投入和产出完全不对等。无限制的扩张，换来的只是更大的收益黑洞，公司业务进入了恶性循环。当时的卡夫食品中国区 CEO 戴乐娜说：“我们都知道，也试过各种方式，但是简单扩大业务规模并不能将我们带出增长停滞的泥潭。”

少即是多。单纯的业务扩张反而有可能形成利润黑洞，在这时，企业就可以打出思维底牌，即精简式增长。这种增长模式要求企业砍掉盲目扩张时增加的“不必要的组织”，即那些不具备自身造血能力，同时不具备生态作用的业务，让自己轻装上阵。

卡夫食品国际部总裁桑杰此时正负责发展中国家的市场业务，他就提出了一个与传统增长计划完全相反的增长计划。然而，也确实从这个反向增长计划开始，卡夫在海外市场找到了转机。这项增长计划的核心则是精简业务，减少增长对象，将精力集中到有胜算的业务上；大胆创新，将资源放在有潜力的项目上，提高资源使用效率。

（资料来源：https://www.163.com/dy/article/G5USFN230516QNNV.html）

【思政小课堂】

人口大国“排忧解愁”（节选）

2020年9月23日，中国农业农村部宣布，2020年中国秋粮丰收已成定局，全年粮食产量有望高位增产，中国粮食产量将连续6年稳定在13000亿斤以上。在全球多灾多难之年，中国的粮食丰收意味着占世界人口五分之一的中国人吃饭问题无虞。2010年以来，中国人均粮食占有量已持续高于世界平均水平，2019年超过470公斤，比1949年时的209公斤增长了126%，远高于人均400公斤的国际粮食安全标准线。中国口粮（稻米、小麦）自给率接近100%，库存充足，口粮库存可满足中国人1年以上的需求，“饿肚子”彻底成为历史。

在解决好本国吃饭问题的同时，中国向深受饥饿困扰的国家和地区伸出援手，尽己所能提供援助，同时“授人以渔”，向贫穷国家传授解决吃饭问题的“中国经验”。为中国人吃饱肚子做出突出贡献的“杂交水稻”，被联合国粮农组织列为发展中国家解决粮食短缺的首选技术，走进了马达加斯加、越南等几十个国家。

【思政感悟】

农业生产受到边际报酬递减规律的影响，中国在很长一段时间的人口增长期内，出现了马尔萨斯人口论中的问题，即人口膨胀，地球上有限的土地无法提供足够的食物，最终劳动边际产出与平均产出下降，但人对食物的需求不会下降，那么就会出现饥荒。但幸运的是，中国的行动以及人类历史都表明人类没有向马尔萨斯的预言发展，而是通过技术进步改变了粮食产能。然而我们要认识到，马尔萨斯的理论代表着一种对人性的悲观主义，它体现了边际报酬递减的客观规律，并警醒着人类。而技术进步，则代表着人定胜天的信念，是积极进取的乐观主义，是需要我们不断追求的。正是人类的这种追求才让人类远离马尔萨斯陷阱。因此，学习掌握科学的规律，正确认识世界，努力发展创新，同时发扬大局意识，共同进步才能让世界做出更好改变。

（资料来源：https://baijiahao.baidu.com/s?id=1678683422959389581&wfr=spider&for=pc）

二、长期生产函数

在前面我们学习了以一种可变生产要素进行的短期生产函数，下面我们从长期角度考察企业的生产，在长期生产中，全部生产要素是可以调整的，为简化研究，假定企业有全部两种可变生产要素，即资本和劳动的投入量都是可变的。则长期生产函数可以表示为：

$$Q=f(L,K) \tag{4.7}$$

式中，L表示劳动投入量，K表示资本投入量，Q表示产量。因此，进一步的研究需要对两种要素的最优组合问题进行分析。

（一）两种生产要素投入的最优组合

1. 等产量曲线及特征

等产量曲线是指在技术水平不变的条件下，生产同等产量的两种生产要素投入量的所有不同数量组合的轨迹。图4.3中有三条等产量曲线，单独一条曲线描述的就是在同一产量下劳动投入量和资本投入量的所有组合。例如，在等产量曲线 Q_1 上的所有点表示，在获得100单位产量时，所有劳动和资本投入量的所有组合情况。其中，在a点，投入6单位K和1单位L可以得到100单位产量；同理，在b点投入3单位K和2单位L也可以得到100单位产量。

等产量曲线在特征方面与无差异曲线相似，等产量曲线是一条向右下倾斜且凸向原点的曲线，并且等产量曲线与坐标原点的距离的大小表示产量水平的高低，离原点越远的等产量曲线代表的产量水平越高，因此 $Q_1<Q_2<Q_3$。同一平面坐标上的任意两条等产量曲线不会相交。另外，在保持产量不变的条件下，一种生产要素数量的增加必然会导致另一种生产要素数量的减少。

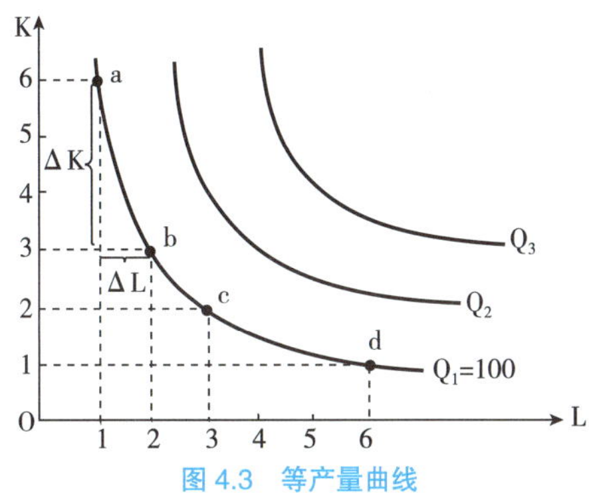

图4.3　等产量曲线

学习二维码4-8
特殊的等产量曲线

思考

某企业有两种方法可以提高产量，假定两种方法使用的原材料相同，其中一种是增加 1 台设备，另一种方法是增加 3 名工人。那么中国企业应该选择哪种方法，为什么？如果是美国企业选择会不同吗？为什么？

【提示】比较中国和美国生产要素价格和成本预算；等产量曲线的应用。

2. 边际技术替代率

（1）边际技术替代率

边际技术替代率（marginal rate of technical substitution，MRTS）是指在维持产量水平不变的条件下，企业增加一单位某种生产要素投入量时所减少的另一种生产要素的投入量。图 4.3 中要素组合由 a 点变化到 b 点过程中，增加劳动投入量 ΔL 必然引起资本投入量减少 ΔK，以此来维持既定的产量水平。劳动 L 对资本 K 的边际技术替代率可表达为：

$$MRTS_{LK}=-\frac{\Delta K}{\Delta L} \tag{4.8}$$

式中，$MRTS_{LK}$ 为劳动 L 对资本 K 的边际技术替代率，ΔL、ΔK 分别为劳动和资本投入的变化量。由于 ΔL 与 ΔK 的变动方向相反，在公式中增加负号为使边际技术替代率取正值，便于比较。

当 L 的变化无穷小，即接近零时，$MRTS_{LK}$ 的表达式为：

$$MRTS_{LK}=-\lim_{\Delta L\to 0}\frac{\Delta K}{\Delta L}=-\frac{dK}{dL} \tag{4.9}$$

那么可以发现，等产量曲线上某一点的边际技术替代率就是等产量曲线在该点的斜率的绝对值。同时，边际技术替代率还可以表示为两个要素的边际产量之比。因为在等产量曲线上，为了维持既定的产量，增加劳动投入带来的总产出增长一定等于减少资本带来的总产出下降，即有 $|\Delta L\times MP_L|=|\Delta K\times MP_K|$。进一步可以得出：

$$MRTS_{LK}=-\frac{\Delta K}{\Delta L}=\frac{MP_L}{MP_K} \tag{4.10}$$

（2）边际技术替代率递减规律

在维持产量不变条件下，两种生产要素相互替代过程中，通常当一种生产要素的投入量不断增加时，每一单位的这种生产要素所能替代的另一种生产要素的数量是递减的。这一现象被称为边际技术替代率递减规律。如图 4.3 中，由 a 点按顺序移动至 b 点、c 点和 d 点时，$MRTS_{LK}$ 经计算分别为 3、1 和 0.3，是逐渐递减的。边际技术替代率递减的主要原因是，任何一种产品的生产技术都要求各要素投入有适当的比例。在 a 点，资本投入较多，劳动投入较少，增加少量 L 可以很容易地替代资本投入量的减少来维持既定的产量水平。但当劳动投入多到一定程度后，这种替代变得困难，边际技术替代率则减少了，也就是说各要素之间的替代是有限的，所以边际技术替代率会递减。这种规律也决定了等产量曲线斜率的绝对值是递减的，等产量曲线的形状也因此呈现为凸向原点的特征。

【案例阅读】

制造企业成功走向工业互联网的三条路径之：机器换人

2020 年，疫情影响下，很多企业都面临着复工后无人可用的局面，用工荒现象进一步刺激和促进生产制造企业增加机器换人的意识，提升企业数智化水平。

中国市场是全球工业机器人的第一大市场，占全球工业机器人销量总额 30% 以上，2019 年市场规模达 400 亿。未来在人口红利消失、人工成本上升的背景下，中国将进入工业机器人行业的稳增长阶段。同时，各制造业企业纷纷表示，疫情的积极影响就是加速推动“机器换人”的发展，如果工厂实现高度自动化，就可以有效应对用工荒。我们可以看看机器换人”模式下的工业互联网实践探索。

上海新朋联众汽车零部件有限公司，实现面向中型离散制造企业的智能化生产。通过建设供应商在线协同系统、云端 MES 系统，并大规模换装焊接机器人和 AGV、全面推行移动应用。在产量增加了 22% 的前提下，直接人工节省 1095 人，人均产值提升 79.8%，缺陷率从 3‰下降到 1‰。

大西洋集团，在制造环节引入了 AGV、RGV、子母穿梭车、园区轨道车、气力运输线、机器人、立体库等一系列智能装备，大西洋集团基本实现研发周期提高了 20%，库存降低 20%，优良率提高 2%–3%，生产人员降低了 50%，能耗减低 20% 左右。

双良集团，通过建立智慧运维平台，把物联网产品与互联网通讯、云计算技术结合，打造“专家 + 管家 + 互联网”的全生命周期服务，通过远程监控、云端数据备份、大数据分析，提供预测式的设备诊断分析，实现智能化的远程诊断和故障排除。双良实现服务利润从 200 万元上升到 3000 多万元，为不同用户综合节能 20%–50%，延长设备寿命 5 年 –10 年，减少管理成本 15%–30%。

我们可以看到“机器换人”为制造业企业带来的最大便利就是使企业生产效率和产品质量大幅提升。工业机器人取代低端劳动力的同时，也创造出新的就业机会；这正是产业工人自身转型的好时机，同时也为生产制造企业指明了发展方向和未来前景。这就是我们所看到的“机器换人”为制造企业带来的意义。

（资料来源：http://www.cinic.org.cn/zgzz/qy/772335.html）

3. 等成本线

等成本线是指在成本和生产要素价格既定的条件下，生产者可以购买到的两种生产要素的各种最大可能数量组合的轨迹。在生产理论的研究中，等成本线是与效用理论中的预算线非常相似的分析工具。在同一条等成本线的各点上，两种生产要素的数量组合不同，但总成本相等。假定企业生产某种产品只投入劳动和资本两种要素，则等成本线可表达为：

$$C=wL+rK \tag{4.11}$$

计算后得到

$$K=-\frac{w}{r}L+\frac{C}{r} \tag{4.12}$$

式中，C 为既定成本；w、r 分别为劳动和资本的价格；L、K 分别为劳动和资本的购买数量。用图示描述如图 4.4 所示，其中横坐标为劳动要素投入量，纵坐标为资本要素投入量。

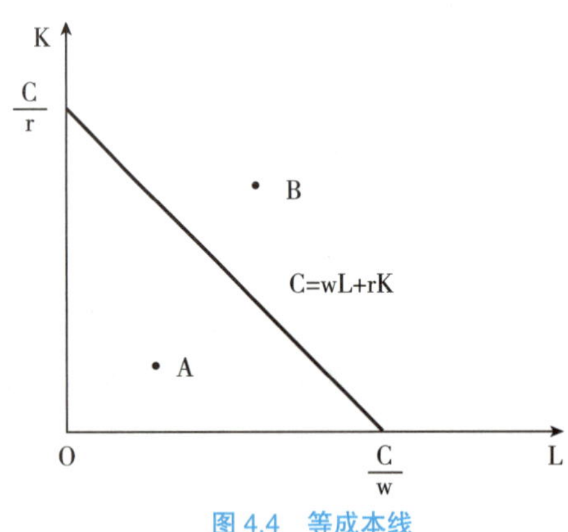

图 4.4　等成本线

其中 A 点代表等成本线以内区域中的任何一点，表示既定的 C 成本下，用来购买该点的劳动和资本的组合以后还有剩余。B 点代表等成本线以外的区域中的任何一点，表示用既定的 C 成本全部用来购买该点的劳动和资本的组合仍是不够的。只有在等成本线上的一点，才表示用既定的全部成本能刚好购买到的劳动和资本的组合。

思考

如果劳动力价格上涨，资本价格和成本都保持不变，那么等成本线会如何变化？如果资本价格上涨，劳动力和成本保持不变，又会如何变化？

4. 生产要素的最优组合

在长期，所有的生产要素的投入数量都是可变动的，那么为了追求利润最大化，任何一个理性的生产者都会选择生产要素的最优组合进行生产，这一最优组合是能够实现既定成本条件下的最大产量，或者实现既定产量条件下的最小成本的。

（1）既定成本下产量最大的生产要素组合

在一定的技术条件下企业用两种可变生产要素劳动和资本生产一种产品，且劳动价格 w、资本价格 r，以及企业用于购买这两种要素的全部成本 C 是给定的，企业会追求最大的产量水平。图 4.5 中，既定成本 C 下的等产量曲线有多条，唯一的等成本线是 AB。

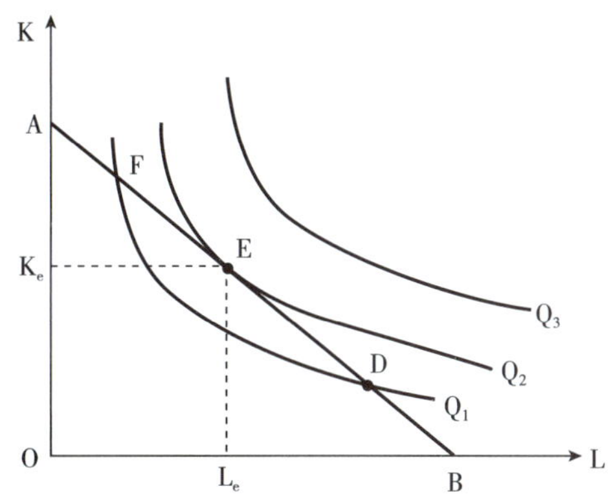

图 4.5　既定成本下产量最大的生产要素组合

其中，Q_3 的产量最高，但是 AB 与 Q_3 无交点，即成本 C 下无法实现 Q_3。AB 与 Q_1 和 Q_2 有交点，但是 Q_1 的产量水平低于 Q_2。因此，只有在等成本线和等产量曲线相切的 E 点，能够实现 C 成本下最大的产量。此时的生产均衡条件为：

$$MRTS_{LK}=\frac{w}{r} \tag{4.13}$$

式中，$MRTS_{LK}$ 为边际技术替代率，4.13 式表示，为了实现既定成本条件下的最大产量，企业必须选择最优的生产要素组合，使得两要素的边际技术替代率等于两要素的价格比例。这就是两种生产要素的最优组合的原则。

结合式 4.10，可以推导出：

$$\frac{MP_L}{MP_K}=\frac{w}{r} \text{ 或 } \frac{MP_L}{w}=\frac{MP_K}{r} \tag{4.14}$$

也就是说，企业可以通过对两要素投入量的不断调整，使得最后一单位的成本支出无论用来购买哪一种生产要素所获得的边际产量都相等，从而实现既定成本条件下的最大产量。

（2）既定产量下成本最小的生产要素组合

在给定劳动价格 w 和资本价格 r 的条件下，企业在进行既定的产量 Q 生产时会追求最小的成本投入。图 4.6 中，有一条等产量曲线 Q 和三条等成本线 A_1B_1、A_2B_2 和 A_3B_3。

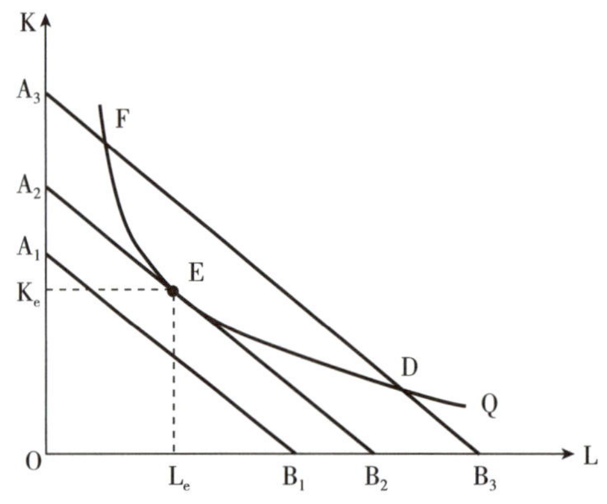

图 4.6　既定产量下成本最小的生产要素组合

其中，A_1B_1 的成本最小，但是与曲线 Q 没有交点，说明 A_1B_1 的成本无法满足产量需要。A_2B_2 和 A_3B_3 与曲线 Q 有交点，A_2B_2 比 A_3B_3 的成本更少，在切点 E 点实现产量 Q 下花费最少的成本。此时的生产均衡条件与式 4.14 一致。

同样的，为了实现既定产量条件下的最小成本，企业应该通过对两要素投入量的不断调整，使得花费在每一种要素上的最后一单位的成本支出所带来的边际产量相等。这同样反映了两种生产要素的最优组合的原则。

（二）规模报酬

在长期生产中，因为所有生产要素投入都可改变，企业会选择增加产出的最佳方式，等比例增加所有投入的话，生产规模扩大会带来的生产效率也相应发生变化。规模报酬即指在所有生产要素同比例增加时，产出增加的比率。

1. 规模报酬递增

规模报酬递增是指产量增长率大于各种生产要素投入量增长率，例如全部生产要素劳动和资本同时增加一倍，产品产量增长率高于 100%。在该阶段，企业生产规模扩大过程中，分工更加专业化，企业对生产设备和管理利用的更充分，生产效率随之提高，因此产量增加的比率超过了要素投入增加的比率。

2. 规模报酬不变

规模报酬不变是指产量增长率等于各种生产要素投入量增长率，例如全部生产要素劳动和资本同时增加一倍，产品产量也增长一倍。

3. 规模报酬递减

规模报酬递减是指产量增长率小于各种生产要素投入量增长率，例如全部生产要素劳动和资本同时增加一倍，产品产量增长率低于100%。在该阶段，企业生产规模过大，导致各部门协调难度增加、管理和分工复杂、决策执行不力等，生产效率受到影响而下降，因此产量增加的比率不及要素投入增加的比率。

在长期的生产过程中，规模报酬变化一般会经历上述三个阶段，例如在最初很小的生产规模开始逐步扩大时，面临的是规模报酬递增阶段；企业在得到由生产规模扩大所带来的产量递增的全部好处后，一般会继续扩大生产规模，将生产较长时期地保持在规模报酬不变的阶段；企业若继续扩大生产规模，则进入规模报酬递减阶段。

【思政小课堂】

“双减”政策减去不必要的负担

2021年中共中央办公厅、国务院办公厅印发的《关于进一步减轻义务教育阶段学生作业负担和校外培训负担的意见》（以下简称“双减”），对“双减”工作做出了重要决策部署，要求从政治高度来认识和对待，从体制机制入手深化改革，全面贯彻党的教育方针，落实立德树人根本任务，促进学生全面发展和健康成长。

全国政协委员、北京市第十二中学联合学校总校校长李有毅回应社会关切，她深感“双减”的重要和它背后深刻的社会变迁。“新时代的青少年仅仅获取知识已远远不够，更要保持好奇心，学会独立思考，学会解决问题，才能担负起时代的重任。”李有毅表示，在她教师生涯的前半程，她一直以为学知识，学校就是主渠道。而如今，她认为“双减”的实施就是推动教育回归本质，让学生有时间、有动力全面发展，把基础教育引向培养德才兼备、创新人才的正确轨道。

李有毅发现，“双减”后校园里很多变化正在悄悄地发生。她所在学校的一组调查数据显示，学生人均图书借阅量由不足两本增加到五本，体测优秀率增加近10%，视力不良率下降8.63%，超重率下降1.81%，学生笑声多了，腰板直了，脚下有根了，自主时间多了，学习效率高了。

李有毅呼吁，“双减”减去的是不必要的、机械的、重复的学业负担，而个性、创造、责任、梦想和爱不会减，“双减”不是突击战，老师、家长和社会要拧成一股绳，共同帮助学生去开发自己、成就自己。

【思政感悟】

双减政策之前，中小学生的课业负担沉重，投入过多的时间和精力在功利性的课业学习中。伴随学生的作业和校外培训的不断增加，从规模报酬角度来看，学生很难再通过投入更多时间和精力在学习和能力上实现突破，反而疲于应付且增加了压力。双减政策适当减少作业总量和时长，提高教学质量和学生综合能力，更能够帮助学生的健康和全面的成长。要认识到任何事物都具有一定的适度性，即所谓的过犹不及，我们应该科学认识事物的规律，并合理调整投入，找到最优的生产要素组合和适合的生产规模，追求最理想的结果，而不是盲目增加投入。

（资料来源：http://www.jiaozhou.gov.cn/n28356031/n62/n66/210914163621566223.html）

任务四　企业的成本函数

我们已经知道，需求曲线说明了消费者对某种商品在每一价格下的需求量是多少，供给曲线说明了生产者对某种商品在每一价格水平下的供给量是多少。但是，它们都没有说明这种商品本身的价格究竟是如何决定的。那么，商品的价格是如何决定的呢？微观经济学中的商品价格是指商品的均衡价格。商品的均衡价格是在商品的市场需求和市场供给这两种相反力量的相互作用下形成的。下面，我们将需求曲线和供给曲线结合在一起来分析均衡价格的形成及其变动。

一、短期成本函数

（一）成本概念与成本函数

1. 成本的相关概念

成本是经济学中最重要的基本概念。成本是企业为生产一定数量的某种产品所发生的各种支出，是投入生产要素所必须支付的代价。前面学习过机会成本的概念，在西方经济学中，企业的生产成本应该从机会成本的角度来理解，即生产某一商品的机会成本，是生产者放弃的同等生产要素在其他生产用途能获得的最高收入。

（1）显性成本与隐性成本

显性成本是指企业在要素市场上购买或租用各种生产要素实际支出的费用。显性成本包括支付员工工资，购买原材料等，支付租金、费用和利息赋税等市场交易形成的实际支出。这种成本在企业中是显而易见的，称为显性成本。

隐性成本是指企业使用自有生产要素所应该支付而未实际支付的费用。隐性成本包括企业使用自有土地的地租、自有资金的利息、自营管理付出劳务的薪酬等未经市场交易形成的实际支出。这种成本不如显性成本明显，因而被称为隐性成本。

在微观经济学中，显性成本和隐性成本的总和是企业的总成本。

（2）短期成本与长期成本

前面学习了在生产理论中按照全部生产要素投入量是否可以调整，把生产过程分为短期生产和长期生产，由此产生了短期成本和长期成本。在短期，企业不能调整全部生产要素的投入量，因此短期成本可分为固定成本和可变成本；固定成本是指不变生产要素的费用，不随产量而变动的成本；可变成本则指可变生产要素的费用，是随产量而变动的成本。在长期，企业可以调整全部生产要素的投入量，一切成本都是可变的，不存在固定成本。

学习二维码 4–9
防范诈骗
拒绝沉没成本

（3）沉没成本

在经济学研究中还存在沉没成本的概念，沉没成本是指由于过去的决策已经发生了的，而不能由现在或将来的任何决策改变的成本。如果你预订了一张电影票，已经付了票款且假设不能退票，就算你不看电影钱也收不回来，电影票的价钱就可以算作你的沉没成本。对企业而言，固定资产、无形资产、递延资产等均属于企业的沉没成本。沉没成本常用来和可变成本作比较，可变成本可以被改变，而沉没成本则不能被改变。

【课堂讨论】看电影的例子中，你会选择坚持看完电影还是立即退场呢？为什么？

【提示】如果你是理性的，在做决策时不该考虑沉没成本。

2. 成本函数

成本函数表示在一定的时间内，在技术水平和要素价格不变的条件下，某种产品的成本与其产量之间的依存关系。以 C 表示成本，Q 表示产量，成本函数一般表达为：

$$C=f(Q) \tag{4.15}$$

与生产函数相似，成本函数可分为短期成本函数和长期成本函数。

思考　在电影《乱世佳人》中，女主人公斯嘉丽有一句著名的台词："Tomorrow is another day." 如何用成本的概念理解主人公对生活的态度。

【提示】沉没成本是已经发生且无法改变的成本。

（二）短期成本函数

1. 短期成本函数

短期成本函数研究的是短期生产过程中产品成本与产量之间的依存关系。在短期生产函数的基础上，引入既定的要素价格则可以获得短期成本函数的表达式：

$$TC(Q)=w*L(Q)+r*\overline{K} \tag{4.16}$$

式中，TC（Q）表示 Q 产量下的短期总成本，w 表示劳动价格，r 表示资本价格。

2. 短期总成本、短期平均成本和短期边际成本

（1）短期总成本

短期总成本（short-run total cost，STC）是指企业在短期内 生产一定量产品所付出的成本总额，是固定成本和可变成本的总和。式 4.16 中，w*L（Q）是可变成本（VC），$r*\overline{K}$ 是固定成本（FC）。因此，短期总成本可以表达为：

$$STC=VC+FC \tag{4.17}$$

思考　学校食堂经营的固定成本与可变成本主要有哪些？

（2）短期平均成本

短期平均成本（short-run average cost，SAC）是指短期内平均每一单位产品所消耗的成本。短期平均成本函数表达为：

$$SAC=\frac{TAC}{Q} \tag{4.18}$$

由于短期中存在固定成本和可变成本，因此短期平均成本等于平均固定成本（AFC）与平均可变成本（AVC）的总和。其中平均固定成本是平均每单位产品所消耗的固定成本，即 AFC=FC/Q；平均可变成本是平均每单位产品所消耗的可变成本，即 AVC=VC/Q。因此短期平均成本函数也可表达为：

$$SAC=\frac{TAC}{Q}=AFC+AVC \tag{4.19}$$

（3）短期边际成本

短期边际成本（short-run marginal cost，SMC）是指短期内每增加一单位产品所引起的总成本的增量。短期边际成本函数表达为：

$$SMC=\frac{\Delta STC}{\Delta Q}=\frac{\Delta VC}{\Delta Q} \tag{4.20}$$

3. 各类成本曲线的变动规律及关系

（1）短期总成本、固定成本和可变成本曲线

当横轴表示产量，纵轴表示成本时，图 4.7 所示即为短期总成本曲线和固定成本曲线和可变成本曲线。其中固定成本曲线 FC 成一条水平线，表示在短期生产中，它不随着产量的增加而变化。

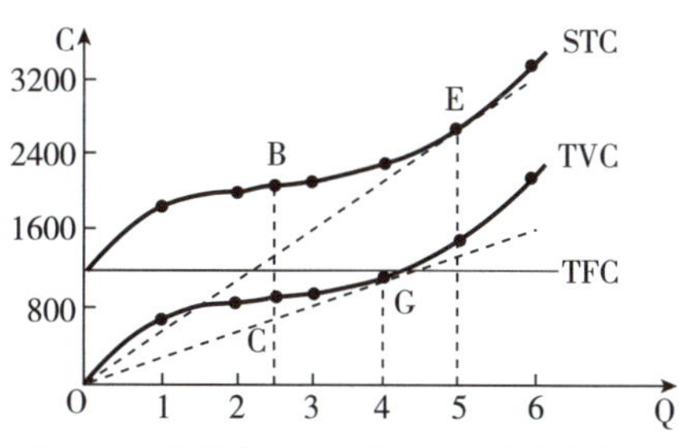

图 4.7　总成本、固定成本和可变成本曲线

可变成本曲线 VC 是一条由原点出发的向右上方倾斜的曲线，它随着产量的增加而增加，同时曲线的斜率变化表示可变成本的增速呈现先减后增。主要是受到边际报酬递减规律的作用。

由于短期总成本是固定成本和可变成本的总和，固定成本是不变的，因此短期

总成本曲线 STC 呈现为与 VC 曲线形状一致，且向上平移增加 FC 的量。当产量为零时，可变成本为零，短期总成本等于固定成本。当产量开始增加，VC 曲线上升，FC 曲线保持平稳不变，STC 曲线与 VC 曲线保持斜率一致，并随着产量增加而增加，其增速先减后增。

（2）短期平均成本的变动规律

图 4.8 中呈现了短期平均成本 AFC 曲线，平均可变成本 AVC 曲线和平均固定成本 AFC 曲线。其中，平均固定成本随着产量增加而减少，AFC 曲线呈现为向右下方倾斜的曲线，其递减的速度逐渐减小。

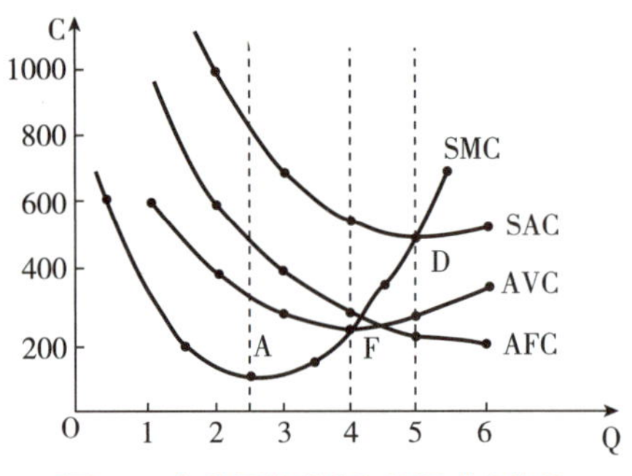

图 4.8　各种平均成本和边际成本曲线

平均可变成本随着产量的增加先减少后增加，AVC 曲线呈现为 U 型。短期平均成本是平均固定成本和平均可变成本的总和，因此结合 AVC 和 AFC 曲线的特点加总后，SAC 曲线呈现为 U 型，短期平均成本随着产量增加也呈现先减后增的特征。

当产量从零开始增加时，AFC 与 AVC 都趋于下降，所以 SAC 也趋于下降；当产量继续增加时，虽然 AFC 仍在下降，但由于可变生产要素的使用量越来越大，平均可变成本 AVC 在短期平均成本 SAC 中占比不断增加，SAC 曲线在到达最低点后将趋于上升，最终抵消下降的平均固定成本而使短期平均成本 SAC 上升。

（3）短期边际成本与短期平均成本、短期平均可变成本

图 4.8 中，短期边际成本 SMC 曲线呈现为 U 型，说明短期边际成本随产量增加出现先减少后增加。这主要是受边际产量递减的规律影响。

同时，图 4.8 中 SMC 曲线分别与 SAC 和 AVC 相交于 D 点和 F 点，即 SMC 曲线穿过了两条曲线的最低点。其中 F 点早于 D 点出现，且位置低于 D 点，说明 SAC 曲线的最小值大于 AVC 的最小值。这是因为在 AVC 达到最小值时，由于有 AFC 仍在减少，SAC 还为达到最小值。此外，相对于产量的变化，SMC 曲线更加敏感，能够快于 SAC 曲线和 AVC 曲线。进一步分析可以知道：

当 SMC<SAC 时，SAC 曲线呈下降趋势；当 SMC>SAC 时，SAC 曲线上升；

当 SMC<AVC 时，AVC 曲线呈下降趋势；当 SMC>AVC 时，AVC 曲线上升。

当SMC=SAC时，两条曲线相较于SAC曲线最低点D，对应的E点在STC曲线上的切线斜率与OE线段的斜率相等。D点称为收支相抵点，此时的产品价格等于平均成本，平均成本等于边际成本，即P=SAC=SMC也就是说企业的生产成本与收益相等。

当SMC=AVC时，两条曲线相较于AVC曲线最低点F，对应的G点在STC曲线上的切线斜率与OG线段的斜率相等。F点称为停止营业点或关闭点。在这一点上，产品价格只能弥补平均可变成本，即P=AVC，这时损失的是不生产也要支付的固定成本。如低于这一点，则不能弥补可变成本，企业必须停止生产。

【算一算】假定某企业的短期成本函数为：TC（Q）=Q3−10Q2+17Q+66

1. 指出该企业短期成本函数中的可变成本部分和固定成本部分。

2. 分别列出相应的函数：VC、SAC、AVC、AFC和SMC。

（4）边际报酬递减规律对短期成本变动的决定作用

边际报酬递减规律是指在短期生产过程中，在其他条件不变的前提下，随着一种可变要素投入量的连续增加，它所带来的边际产量先是递增的，达到最大值以后再递减。这一规律可以对短期成本变动进行分析。在其他条件不变的前提下，资本投入是固定的，假定劳动和资本的价格是固定不变的，在开始生产时，劳动的边际报酬处于递增阶段，增加一单位劳动投入量所产生的劳动边际产量递增，相对地，每增加一单位产量所需要的边际成本是递减的。在以后的边际报酬递减阶段，增加一单位劳动投入量所产生的边际产量递减，则相对地，每增加一单位产量所需要的边际成本是递增的。

显然，边际报酬递减规律作用下的短期边际产量和短期边际成本之间存在着一定的对应关系。在短期生产中，边际产量的递增阶段对应的是边际成本的递减阶段，边际产量的递减阶段对应的是边际成本的递增阶段，与边际产量的最大值相对应的是边际成本的最小值。因此，在边际报酬递减规律作用下的边际成本MC曲线表现出先降后升的U形特征。由此，也可以对前文其他短期成本曲线的特征和关系进行解释。例如，STC曲线的形状取决于边际报酬递减规律，因为STC曲线上每一点的斜率都等于SMC值，在边际报酬递减规律下，SMC值先减后增，则导致STC曲线斜率随之变化，表现为STC曲线的变动速度呈现先减后增。SAC曲线和AVC曲线的形状也取决于边际报酬递减规律，因为边际量的变化会带动平均量同方向变化，SMC曲线在边际报酬递减规律作用下呈现先减后增，则SMC拉动下的SAC曲线和AVC曲线同样呈现先减后增，即最后呈现U型。

【思政小课堂】

嘀嗒出行公布 2021 年顺风车用户减碳成绩单

2022 年 3 月 11 日，嘀嗒出行以“乘低碳顺风车，和中国一起按下对世界碳中和承诺”为主题，公布了 2021 年全年顺风车用户减碳成绩单，从多个维度呈现了 2.05 亿嘀嗒用户，通过日常顺风出行，对国家“双碳”战略的助力，以期激励广大用户形成更广泛的低碳出行方式。

据嘀嗒出行发布的成绩单显示，2021 年全年，嘀嗒顺风车 2.05 亿用户的总减碳量为 114.5 万吨。按照平均使用频次计算，嘀嗒顺风车用户的平均个人单日减碳量约 9.86kg，平均个人月度减碳量约 19.89kg。而嘀嗒顺风车平台用户平均个人年度的减碳量，可抵消开灯 1290 小时所产生的碳排放。

顺风车业务的碳减排量 = 基准排放 − 项目排放。所谓基准排放，即人们在未选择顺风车出行前，分布在私家车、出租车、摩托车、公共汽车等出行方式上产生的碳排放；而项目排放，则是用户参与顺风合乘出行所产生的排放。由于在顺风合乘中，基于相同的出行里程，以更少的车辆满足了更多的出行需求，使得此时的碳排放量低于基准排放，从而实现了温室气体减排。对于用户来说，顺风车是不影响出行幸福度的轻松随手碳中和的方式，通过日常持续践行，能够有力助力“碳中和”。很多用户表示，每天顺风出行减碳一小步，日积月累就是一大步。

【思政感悟】

搭乘顺风车就具有边际成本较低的优势，嘀嗒顺风车的模式对于司机而言，本身出行的成本固定，多搭乘一名乘客几乎没有成本，也就是边际成本为零，司机能够获得更多的收益，乘客获得了交通便利，全社会能够减少碳排放量，可谓一举多得。当然，这也从侧面反映，我们应该注重资源节约，讲究科学的方法，通过改善我们的生活方式，优化社会和自然环境。

（资料来源：https://baijiahao.baidu.com/s?id=1727055067396367042&wfr=spider&for=pc）

二、长期成本函数

当代经济学家认为，应该把需求和供给的分析相结合，来研究市场上商品均衡价格的形成问题。在长期内，企业所有的成本都是可变的，因此不存在不变的固定成本。此时，企业的长期成本可以分为长期总成本、长期平均成本和长期边际成本。

学习二维码 4-10
淝水之战

（一）长期总成本函数与长期总成本曲线

长期总成本（long-run total cost，LTC）是指企业在长期内生产一定量产品所付出的成本总额，它是企业长期中在每一产量水平上通过选择最优生产规模所能达到的最低总成本。长期总成本函数式表达为：

$$LTC=f(Q) \tag{4.21}$$

以 Q 表示产量，C 表示成本，长期总成本曲线 LTC 是一条从原点出发、向右上方倾斜的曲线，表示长期总成本与产量呈同方向变动。当产量为零时，长期总成本为零；以后随着产量的增加，长期总成本是增加的。此外，长期总成本 LTC 曲线的斜率表现出先递减，经拐点之后，又递增的特征。

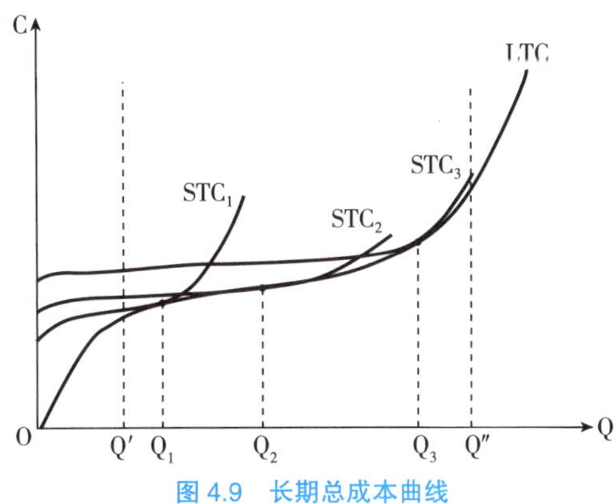

图 4.9 长期总成本曲线

长期总成本曲线与短期总成本曲线的关系如图 4.9 所示。长期总成本曲线 LTC 是各个短期总成本曲线的包络线，即长期总成本曲线从短期总成本曲线的下方包络众多短期总成本曲线。

（二）长期平均成本函数与长期平均成本曲线

1. 长期平均成本函数

长期平均成本（long-run average cost，LAC）表示企业在长期内按产量平均计算的最低成本。它是企业长期中在每一产量水平上通过选择最优生产规模所能达到的最低平均成本长期平均成本函数可以写为：

$$LAC=\frac{LTC}{Q} \tag{4.22}$$

2. 长期平均成本曲线

长期平均成本曲线 LAC 与短期平均成本曲线 SAC 类似，呈先下降至最低点而后上升的 U 形变化规律。长期平均成本曲线呈 U 形的原因是长期生产中的规模经济和规模不经济。因为，在企业生产扩张的开始阶段，企业扩大生产规模而使经济效益得到提高，即规模经济。这时对应的长期平均成本曲线不断下降，表示随着产量的增加单位成本不断下降。当生产扩张到一定的规模以后，企业继续扩大生产规模，就会使经济效益下降，即规模不经济。此时长期平均成本曲线不断上升，表示随着产量的增加单位成本不断上升。

规模经济可划分为内部规模经济和外部规模经济。内部规模经济是指企业自身生产规模扩大所引起的平均生产成本降低的现象。外部规模经济指整个行业规模扩大所引起的行业内单个企业收益增加的现象。外部规模经济主要来源于行业内企业数量的增加所引起的产业规模的扩大，使整个行业内各企业的生产成本降低，从而获得相应的收益。

3. 长期平均成本曲线与短期平均成本曲线的关系

如图 4.10 所示，长期平均成本曲线是无数条短期平均成本曲线的包络线。图中有三个生产规模下的短期平均成本曲线。企业根据产量大小来决定生产规模，追求期平均成本最低。当产量为 Q_2 时，选择 SAC_2 这一生产规模，此时平均成本 OC_2 最低。选择其他两个生产规模得到的平均成本为 OC_4 和 OC_5 都大于 OC_2。同理，当产量为 Q_1 时，选择 SAC_1 的生产规模时平均成本最低；当产量为 Q_3 时，选择 SAC_3 的生产规模时平均成本最低。同时这些点都是 SAC 与 LAC 的切点。

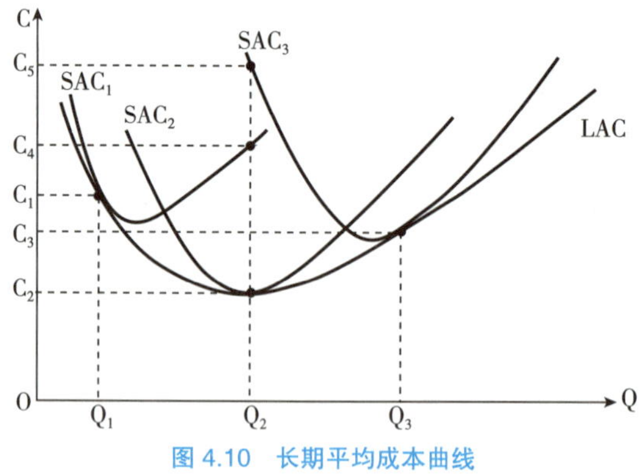

图 4.10　长期平均成本曲线

（三）长期边际成本函数与长期边际成本曲线

长期边际成本（long-run marginal cost，LMC）是指企业在长期内每增加一单位产品所引起的总成本的增量。其函数式表达为：

$$LMC=\frac{\Delta LTC}{\Delta Q} \text{或} LMC=\frac{dLTC}{dQ}=LTC' \quad (4.23)$$

式中，以 Q 代表产量，C 代表成本，可以发现每一产量水平上的长期边际成本 LMC 值都是相应的 LTC 曲线的斜率。如图 4.11 所示，长期边际成本 LMC 曲线呈 U 形变化规律。LMC 曲线与长期平均成本曲线 LAC 相交于 LAC 的最低点。当 LMC<LAC 时，LAC 呈下降趋势；当 LMC>LAC 时，LAC 呈上升趋势；当 LMC=LAC 时，长期平均成本曲线 LAC 处于最低点。此外，长期边际成本 LMC 曲线的 U 形特征，可以解释长期总成本 LTC 曲线的特征。LTC 曲线的斜率必定要随着产量的增加表现出先递减达到拐点以后再递增的特征。

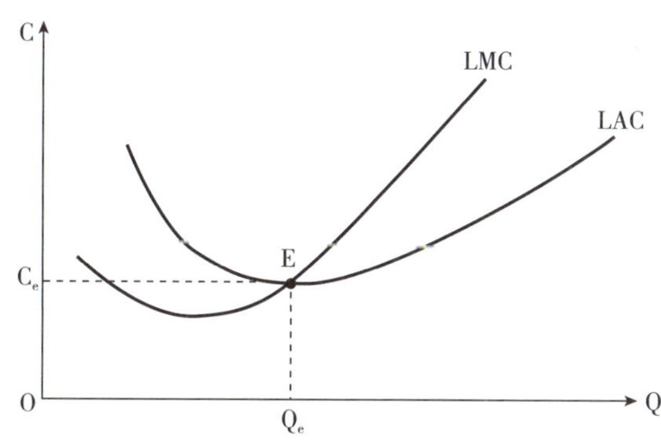

图 4.11　长期边际成本与长期平均成本

【案例阅读】

格兰仕的胜利极限点

格兰仕集团的总成本领先策略可以奉为经典。年生产能力达 1500 万台的格兰仕以其总成本的领先优势，占领国内外绝对的市场份额，成为中国乃至全世界的“微波炉大王”。

格兰仕模式的形成和成功源于一个成功的创意：把欧美等国的微波炉生产线搬到中国来，由格兰仕以更低的成本为他们做 OEM；同时，格兰仕也用这些生产线制造自有品牌的微波炉。利用本地廉价的土地和劳动力成本，利用几乎免费得来的国际先进的生产线，以 7 天 ×24 小时的利用效率，以国外贴牌和国内销售两个市场的产销量累加的规模经济性，格兰仕无论在国际市场还是在国内市场都拥有了低成本优势。

当格兰仕以“摧毁产业投资价值”的刚性价格战来释放低成本优势时，“格兰仕模式”的威力就发挥到了极限，正在做微波炉的竞争对手纷纷出局，尚未做微波炉的潜在竞争对手在“刚性价格战”的威慑下，基本打消了进入微波炉市场的念头。格兰仕在国内市场获得了70%的市场份额，在国际市场也获得了40%的市场份额。一时间，格兰仕与微波炉似乎画了等号，格兰仕进入了全盛时期。

【案例分析】

格兰仕进入微波炉行业始终坚持了总成本领先战略，而它之所以如此频繁地大幅度降价，就在于其成本比竞争对手低许多，有足够大的利润空间。一方面，迅速扩大生产能力，实现规模经济；另一方面，通过降价和立体促销来扩大市场容量，提高市场占有率，从而在短期内使自己的实力获得迅猛提高。实施规模化战略的根本目的就在于市场的迅速扩大，通过规模效应，降低经营成本，增加技术投入，提高国际竞争力。格兰仕通过努力，在微波炉领域真正实现了规模化经营，专业化、集约化生产，使企业走上了良性发展的轨道。

（资料来源：http://finance.sina.com.cn/leadership/msypl/20061016/10472989322.shtml）

【思政小课堂】

高铁“整体出口”，彰显中国实力

2020年11月28日，随着一声汽笛长鸣，我国出口印尼雅万高铁的第一批50米钢轨，从广西防城港码头启运。这是我国高铁“整体出口”第一单，标志着中国成为全球为数不多可进行长定尺钢轨出口的国家之一，对服务“一带一路”具有重要意义。

高铁是中国的一张名片。高铁“整体出口”，再一次充分证明了中国特色社会主义制度集中力量办大事的显著优势。党的十八大以来，我国铁路建设投资持续高位运行，我国已建成世界上最现代化的铁路网和最发达的高铁网。从独一无二的国家战略大通道京广高铁，到所经区域人口占全国四分之一的京沪高铁；从为全球热带海洋气候建设运营高铁提供范本的环岛高铁，到世界上一次性建成里程最长的兰新高铁；从83.3%路段处于桥梁上或隧道中的贵广高铁，到在中国铁路之端畅想冬奥冰雪世界的京张高铁……中国高铁的发展从无到有，路网越织越密，车次越开越多，不仅托举起了亿万人民对幸福美好新生活的向往，也凝聚着无数普普通通的劳动者的百倍努力、千倍艰辛、万倍执着，这是中国制度优势的生动写照。

统计数据显示，截至2020年7月底，中国高铁运营里程已经达到3.6万公里，稳居世界第一，城区人口100万以上的城市高铁覆盖率达到94.7%。可以说，中国制度优势正在驱动“中国号”列车加大马力，向着中华民族伟大复兴的目标全速前进。

【思政感悟】

与一些国家相比，中国制造高铁的历史没有那么长，但是在短暂的时间里在中国却取得了巨大成就，修建了世界上里程最长的高速铁路网。通过我们在生产制造和研发过程中坚持不懈的努力，并且通过“干中学”，我们在生产中获得了学习曲线迅速攀升，逐步实现规模经济效益，并在技术领域实现出口。面对经济社会的发展需要，坚定对事业的信念，从大局观出发，坚持制度自信，努力进取，在前进中不断总结经验教训，并完善自身不足，为中华民族伟大复兴贡献力量。

（资料来源：http://news.gaotie.cn/keji/2020-12-07/560462.html）

学习二维码 4-11
本项目专升本
考核知识点

任务五　企业的收益与利润最大化

生产活动中，从短期来看，企业的具体目标呈现出多元化且不断变化的特点，如有的企业以销售收入最大化为目标，有的企业以市场份额最大化为目标，有的企业因更注重社会责任而把稳定与增长作为目标等。从长期来看，如果企业在经营中一直亏损，则注定不能生存，更谈不上发展。不管在信息不完全条件下制定恰当的实现利润最大化的策略有多么困难，也不管经理的偏离利润最大化目标的动机有多么强烈，一个不以利润最大化为目标的企业终将被市场竞争所淘汰。所以，实现利润最大化是一个企业竞争生存的基本准则。而收益与利润是衡量厂商经营成果的主要指标。

一、企业的收益

企业的收益是企业销售产品所得到的货币收入，包括总收益，平均收益和边际收益。

总收益（total revenue，TR）是企业在一段时间之内通过出售产品所获得的收入总额。以 P 为价格，Q 为销售量，其函数式表达为：

$$TR=P\times Q \tag{4.24}$$

平均收益（average revenue，AR）是企业销售每一单位产品平均所得到的收入。其函数式表达为：

$$AP=\frac{TR}{Q} \tag{4.25}$$

边际收益（marginal revenue，MR）是企业每增加销售一单位产品所获得的总收益增量。以 ΔQ 为销售量增量，ΔTR 为总收益增量，其函数式表达为：

$$MP=\frac{\Delta TR}{\Delta Q} \tag{4.26}$$

虽然这三种不同的收入一总收入、平均收入和边际收入可以适用于所有企业，然而对于单独的企业来讲，其收入也会因其市场影响力的不同而有所变化。为了说明这种情况，我们来考察两种不同企业的收入曲线，这两种企业分别是：不能影响其产品市场价格的企业，即价格接受者（也称受价企业），以及能够决定其产品市场价格的企业，即价格决定者（也称定价企业）。

（一）价格接受者的企业收益

作为价格接受者的企业，只能被动地接受其产品的市场价格，这样的企业相对规模非常小，以至于无法影响市场价格，其面临的市场结构属于完全竞争市场。由于这类企业必须接受图 4.12 中（a）所示的市场价格 P，单个厂商的需求曲线 d 将是一条在该既定的市场水平价格下与横轴平行的直线，其面临的需求曲线会如图 4.12 中（b）所示。如果销售价格高于市场价格，企业的产品会失去客户，如果低于市场价格也不符合企业追求利益的目的，因此，此时企业的产品价格就是单个产品的收益，则同时等于平均收益和边际收益，企业面临的需求曲线表达式为：

$$D=P=AR=MR \tag{4.27}$$

此时，总收益则随着销售数量的增加，按照固定的比例增加，总收益曲线将会为一条从原点出发的射线，如图 4.12 中（c）。

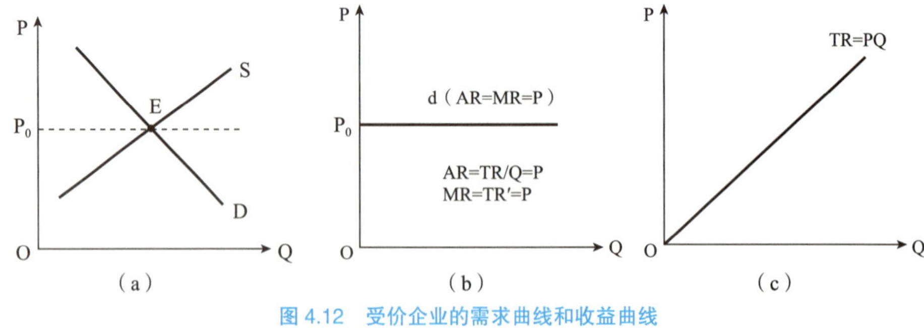

图 4.12　受价企业的需求曲线和收益曲线

（二）价格制定者的企业收益

对于作为价格制定者的企业来讲，三种收入曲线呈不同的形状。对整个市场来讲，如果生产某种产品的企业所占的份额相当巨大，那么该企业就有一定程度的市场影响力，此时它将拥有一条逐渐下行的需求曲线。接下来让我们来探讨作为市场上唯一的对某种产品可以实行垄断的企业。对于垄断企业，企业就是市场，市场和企业的需求曲线是重合的，该类企业的需求曲线与收益曲线如图 4.13 所示，具体表达式为：

$$D=AR=P \tag{4.28}$$

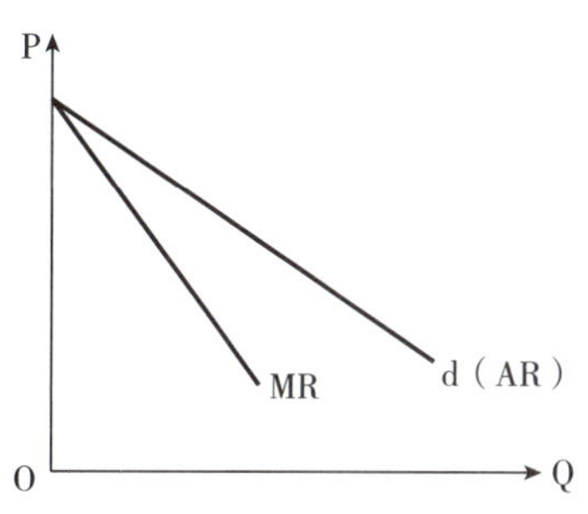

图 4.13　定价企业的需求曲线与收益曲线

由于定价企业在本例中为垄断企业，面对着一条下滑的需求曲线，因此它不得不降低产品的价格才能够销售更多的产品。企业的边际收益定义为企业每多卖出一件产品所获得的收入，用总收益的变化除以产量的变化就得到了边际收益。由于垄断企业的需求曲线是一条下滑的直线，因此若要增加销售量，所有产品的售价将会降低，因此边际收益曲线相对于平均收益曲线而言更为陡峭。如图 4.14（a）所示，当需求曲线的需求价格弹性大于 1 时，边际收益曲线呈下降且边际收益均大于 0；当需求曲线的需求价格弹性等于 1 时，边际收益刚好下降为 0，即图 4.14（a）中的 F 点；当需求曲线的需求价格弹性小于 1 时，边际收益曲线呈下降且边际收益为负值。

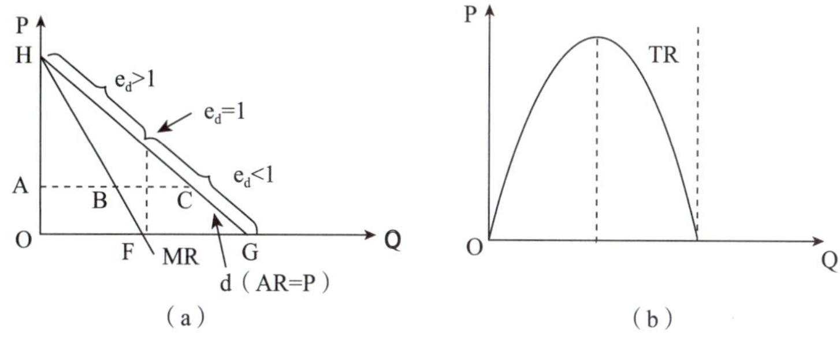

图 4.14　定价企业的需求曲线与收益曲线

最后，图 4.14 的（b）描述了定价企业的总收益曲线。和完全竞争市场上的企业直线型的总收益曲线不同，定价企业的总收益曲线升高到一定程度之后开始下降。当边际收益在 F 点为 0 时，总收益曲线上升达到最高点。因此边际收益和总收益之间的关系为，边际收入为正值，同时总收入随着产量的增加而增加，此时需求价格弹性为大于 1 的范围；边际收入为负值，同时总收入随着产量的增加而减少，此时需求价格弹性为小于 1 的范围。当边际收入为 0 时，总收益曲线达到峰值，此时需求价格弹性等于 1。

二、利润最大化

（一）利润

经济学中的利润一般指经济利润，也称超额利润。经济利润是总收益与总成本之间的差额。其函数式表达为：

$$\pi(Q)=TR(Q)-TC(Q) \tag{4.29}$$

式中，π 为利润，TR 为总收益，TC 为总成本。三者都是产量（或销售量）Q 的函数。

前文介绍过经济成本由显性成本和隐性成本构成，其中显性成本又称会计成本，由此即形成经济利润、会计利润与正常利润的区分。会计利润是总收益与会计成本之间的差额；正常利润则属于隐性成本，是企业投入自有生产要素应得的报酬，也是企业继续留在原行业从事生产经营的最低报酬。如果得不到正常利润，企业将退出原行业。

1. 如何理解俗语“无利不起早”中的“利字”，以及司马迁在《史记·货殖列传》中写道的“天下熙熙皆为利来，天下攘攘皆为利往”？

2. 经济利润与会计利润有何关系？

【提示】

1. 利，即可理解为企业或厂商追求的利润目标。

2. 经济利润 = 总收益 − 显性成本 − 隐性成本；会计利润 = 总收益 − 显性成本；经济利润≤会计利润。

（二）利润最大化原则

企业的目标是追求经济利润最大化，那么无论在何种市场结构下，无论企业自身是价格接受者还是价格制定者，都需要寻求经济利润 π 最大化的状态，由于 π

是产量 Q 的函数，因此，企业需要思考在何种产量水平实现自身利润最大化。

由于经济利润是总收益与总成本之间的差额，根据表达式进行数理推导，$\pi(Q)=TR(Q)-TC(Q)$ 中，为使利润实现最大化的条件是：

$$\pi'(Q)=TR'(Q)-TC'(Q) \tag{4.30}$$

由于 $TR'(Q)=MR$，$TR'(Q)=MC$，因此，利润最大化的条件为：

$$MR=MC \tag{4.31}$$

选择能够使得边际收益等于边际成本时的产量，企业就能够获得利润最大化。即利润最大化原则是使边际收益等于边际成本。具体而言，当 MR>MC 时，增加一单位产量所带来的边际收益大于边际成本，理性的企业会继续扩大生产，在扩大生产过程中，边际收益逐渐减少，边际成本逐渐增加，直到两者相等，企业停止扩大生产；当 MR<MC 时，企业增加一单位产量所带来的边际收益小于边际成本，企业生产越多亏损就越多，理性的企业会选择缩减产量，在缩减产量的过程中，边际收益会随着产量的减少而增加，边际成本则随之减少，直到两者相等，企业停止缩减产量。当 MR=MC 时，企业便实现了利润最大化。

1. 价格接受者的企业利润最大化

作为价格接受者的企业，面对图 4.15 给出的产品价格既定时，企业实现利润最大化的条件同样为边际收益等于边际成本。具体而言为，当价格为 P_0 时，企业的边际收益等于价格 P_0。在 Q_0 以左，如 Q_A 处，MR>MC，企业应该扩大生产以增加利润；在 Q_0 以右，如 Q_B 处，MR<MC，企业应该缩减产量以增加利润；当产量等于 Q_0 时，MR=MC，企业实现了利润最大化，也就是边际收益曲线和边际成本曲线的交点决定了利润最大化的产量。

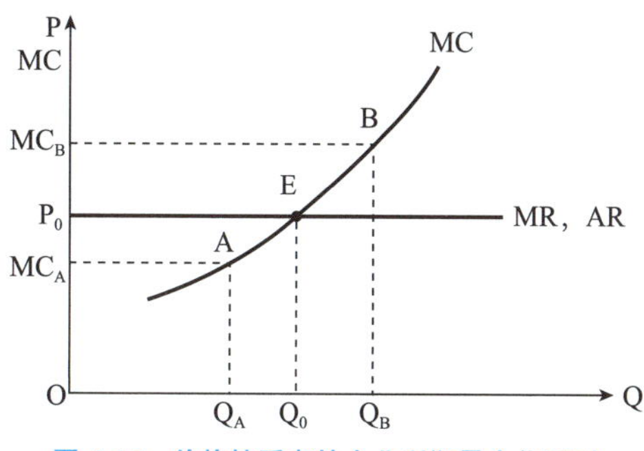

图 4.15　价格接受者的企业利润最大化原则

2. 价格制定者的企业利润最大化

利润最大化的规则对于任何市场结构下的任何企业都适用。对于定价者和受价者来讲，它们之间的区别仅在于平均收入和边际收入曲线形状的不同。图 4.16 展示了定价者的平均收入、边际收入和边际成本曲线。作为价格制定者的企业，面对图4.16 给出的向下倾斜的平均收益曲线时，企业实现利润最大化的条件同样为边际收益等于边际成本。利润最大化时的产量（Q_m）出现在边际成本和边际收入曲线相交的时候。从图中可以看出，定价者在达到利润最大化时的价格（P_m）要高于它的边际成本。

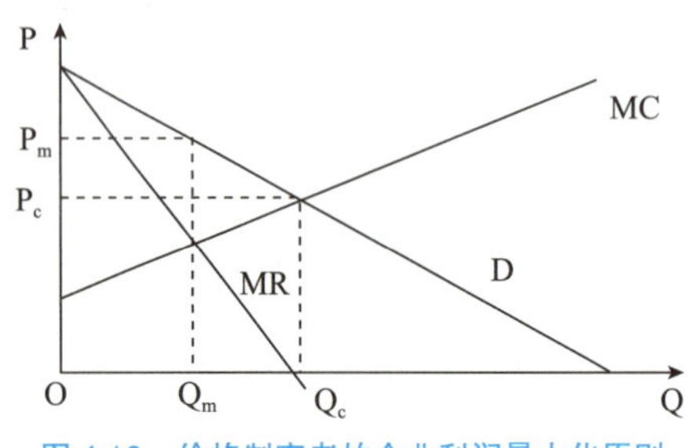

图 4.16　价格制定者的企业利润最大化原则

【案例阅读】

贵州茅台如何提升企业利润

2021 年 7 月 30 日，贵州茅台公布了半年报，上半年实现了净利润 246.5 亿元，如果按 180 天计算的话，相当于这家企业每天赚取了 1.37 亿元的利润。我们能看到的是茅台赚了很多钱，但如果分析其收入的话，你会看到其既有酒的收入，也有其他收入；酒的收入里既有茅台酒的收入还有其他酒的收入；如果分析其费用的话，既有成本，也有销售费用、管理费用和财务费用，成本里既有高梁、小麦等直接材料的费用，也有生产工人的工资，还有水电煤气、设备折旧、燃料、动力等费用。显然，这个 246.5 亿元的利润，是“算”出来的，是收入扣除掉成本、费用甚至所得税之后的余额。要把这个利润“做”大，就需要在收入和费用两端着手。对于茅台的案例我们暂从收入端分析，如果不考虑酒类的销售结构，2020 年一瓶 500 克的酒售价在 740 元左右，比 2019 年的 680 元提升了 9% 左右，这就是茅台厉害的地方，产量是有瓶颈的，需求是有提升的，那么企业就有提价的底气。你以为价格与成本是匹配的，但茅台已经超出了常规的经济学范畴，因为价格是由“人们的共识”来决定的，当茅台被注入了一些精神内涵后，它的定价已经和“情感”挂上了钩，属于满足人们“精神需要”的商品。因此，如果找准了“目标客户”，即使是一些单纯的消费品，同样可以持续的提价来体现自己的竞争力，增加企业收入进而提升企业利润。

【思政小课堂】

利润是“算”出来的——收入最大化与费用最小化（节选）

利润是“算”出来的，只要用收入扣除费用，得出的结果就是“利润”。但利润又不“仅仅”是算出来的，需要经营者和员工共同努力，将资源很好地配置，并追求产品、服务的完美，还要能比竞争对手更了解市场和客户，能得到客户的信任和追随，才能够在激烈的市场竞争中存活下来。

日本有一位现代经营之圣，叫稻盛和夫，虽然他不是学会计的，但却用了一句通俗易懂的话对利润进行了解读，那就是“收入最大化，费用最小化”。也就是说，你要有利润，就必须满足“支出不超过收入”的基本原则。考虑到收入需要客户的认可，而费用完全是自己能够控制的，因此稻盛的一个基本经营原则，就是不轻易增加费用，或者说要在有收入的前提下再来考虑费用开支的问题。

……要做到收入最大化，首先应该考虑的是自己的产品或服务对客户有什么吸引力，相对于竞争对手而言有什么优势。这需要倾听客户的声音，并从价值和价格两个方面展开竞争，既要提升价值，还要降低价格。如果提供的价值与价格不匹配，就会得到客户的抱怨和不满，并最终被市场抛弃，而一旦提供的价值远超价格，则会得到客户的接受和拥戴，甚至让客户成为“信徒”。

……要努力做到费用最小化，就需要仰仗每位员工的努力。对公司而言，首先应该警惕的是“固定费用”的增加，比如你买了厂房、设备、车辆等等，即使公司没有销售收入，这些开支也同样要发生，一旦出现金融危机或新冠疫情这样的“黑天鹅”或“灰犀牛”事件，公司的经营风险就会显著增高，很容易就会陷入亏损的困境。很多企业，尤其是中国的企业体现了“员工第一”的价值观，即使在危机中也不会去裁员或削减工人的工资，但如果说要长期保持员工的生活保障，企业做出利润来还是长久之策。

【思政感悟】

稻盛和夫说，好的企业，首先要做出利润来。中国企业改革与发展研究会会长宋志平说，好企业一要有效益、二要合规，三要承担责任。有了利润，才能够给股东带来回报，为客户创造价值，给员工增加工资，向政府缴纳税收，为社会承担责任。愿市场中的每个经济主体，都能通过自己的努力做到收入最大化、费用最小化，用利润来证明自己的努力成果。

（资料来源：https://finance.eastmoney.com/a/202108072035384982.html）

复习思考题

一、单选题

1. 经济学中短期与长期的划分取决于（　　）。

A. 时间长短　　B. 可否调整产量

C. 可否调整产品价格　　D. 可否调整生产规模

2. 在考虑招聘一名员工时，企业更关心劳动的（　　）。

A. 平均产量　　B. 边际产量

C. 总产量　　D. 平均成本

3. 已知产量为 9 单位时，总成本为 95 元，产量增加到 10 单位时，平均成本为 10 元，由此可知边际成本为（　　）元。

A. 5　　B. 10　　C. 15　　D. 20

4. 短期生产决策合理区域的条件是（　　）。

A. MP=AP　　B. MP=0　　C. TP=0　　D. AP=0

5. 与短期总成本 STC 曲线变动规律一致的曲线是（　　）。

A. 固定成本 FC　　B. 可变成本 VC

C. 短期平均成本 SAC　　D. 短期边际成本 SMC

6. 利润最大化原则是（　　）。

A. MC=AC　　B. MR=MC　　C. AR=MR　　D. MR=AC

7. 收益是指（　　）。

A. 成本　　B. 利润　　C. 经济利润　　D. 厂商销售收入

8. 正常利润是（　　）。

A. 经济利润的一部分　　B. 经济成本的一部分

C. 隐成本的一部分　　D. B 和 C 都对

二、多选题

1. 生产要素指生产过程中能帮助生产的各种手段，它包括（　　）。

A. 资本　　B. 土地　　C. 劳动

D. 企业家才能　　E. 工人

2. 关于等产量曲线，下列论述正确的有（　　）。

A. 斜率为负　　B. 凸向原点

C. 等产量曲线上任一点切线的斜率等于该点的 MRTS

D. 任何两条等产量曲线不能相交

E. 离原点越远的等产量曲线代表的产出水平越高

3. 下列选项中，随产量的变化而变化的成本有（　　）。

A. 总成本　　B. 固定成本　　C. 可变成本　　D. 边际成本

4. 下列选项中，呈 U 形变化的成本曲线有（　　）。

A. SAC　　B. AFC　　C. AVC　　D. SMC

5. 当产量为零时，（　　）等于零。

A. 短期总成本　B. 可变成本　　C. 固定成本　　D. 长期总成本

三、简答题

1. 已知生产函数 $Q=f(L,K)=2KL-0.5L^2-0.5K^2$，假定企业目前处于短期生产，且 $K=10$。（1）写出在短期生产中该企业关于劳动的总产量 TP_L 函数、劳动的平均产量 AP_L 函数和劳动的边际产量 MP_L 函数。（2）分别计算当劳动的总产量 TP_L、劳动的平均产量 AP_L 和劳动的边际产量 MP_L 各自达到极大值时企业的劳动投入量。

2. 假定某企业的边际成本函数为 $MC=3Q^2-30Q+100$，且生产 10 单位产量时的总成本为 1000。求：（1）固定成本的值。（2）总成本函数、总可变成本函数，以及平均成本函数、平均可变成本函数。

3. 结合图形说明企业在既定成本条件下实现最大产量的最优要素组合原则。

4. 画图并解释短期边际成本曲线 SMC、短期平均成本曲线 SAC 、平均可变成本曲线 AVC 的形状以及它们之间的关系。

5. 某企业是市场价格的接受者，其短期总成本函数为 TC=20+2Q+Q@@2@@，产品的价格 P=16，请计算企业的最大化利润是多少？

实训项目

1. 以小组为单位讨论当两季稻变成三季稻时其边际产量递减的原因，派代表进行解释。

2. 按照分工的小组，带着问题到实训基地企业采访，了解企业成本的构成，以及价格构成。通过小组讨论当价格低于工厂成本的订单什么情况下该接？什么情况下不该接？

项目五
寻找市场规律

知识目标

了解完全竞争市场、垄断市场以及垄断竞争市场的概念；认识完全竞争市场的基本条件及作用；掌握垄断市场及垄断竞争市场上企业的短期均衡与长期均衡。

能力目标

能区分市场结构类型；可以运用市场结构理论解释和分析现实经济现象。

思政目标

提升竞争意识与守法意识，在日常学习和生活中能遵纪守法。

项目引例

鲇鱼效应的启示

挪威人喜欢吃沙丁鱼，尤其是活鱼。市场上活沙丁鱼的价格要比死鱼高许多，所以，渔民总是千方百计地想办法让沙丁鱼活着回到渔港。可是经过种种努力，绝大部分沙丁鱼还是在途中因窒息而死亡。

然而有一条渔船却总能让大部分沙丁鱼活着回到渔港，船长严格保守着秘密，直到船长去世，谜底才揭开。原来是船长在装满沙丁鱼的鱼槽里放进了一条以鱼为主要食物的鲇鱼。鲇鱼进入鱼槽后，由于环境陌生，便四处游动。沙丁鱼见了鲇鱼十分紧张，左冲右突，四处躲避，加速游动。这样沙丁鱼缺氧的问题就迎刃而解了，沙丁鱼也就不会死了。这样一来，一条条沙丁鱼活蹦乱跳地回到了渔港，这就是著名的“鲇鱼效应”。

（资料来源：价值中国百科）

案例分析

从“鲇鱼效应”中我们可以得到这样的启示：只有竞争才能生存、发展。竞争会打破一种僵死的状态，输入新的机制，而“鲇鱼效应”就改变了沙丁鱼群的呆滞状态，使其活跃起来，从而达到维持生命的目的。从这一点上说，“鲇鱼效应”就是一种竞争效应。物竞天择，适者生存，竞争无处不在，自然界就是在这种竞争和选择中发展的，也正是在这种竞争和选择中，我们的世界才呈现出如此瑰丽多姿的色彩。自然界如此，经济领域更是这样。

任务一　市场结构概述

一、市场结构的概念及组成

市场结构，是指某一市场中各种要素之间的内在联系及其特征，包括市场供给者之间、需求者之间、供给和需求者之间以及市场上现有的供给者、需求者与正在进入该市场的供给者、需求者之间的关系。市场结构由以下部分组成。

1. 市场主体。市场主体是指在市场上从事经济活动，享有权利和承担义务的个人和组织。任何市场主体参与经济活动都带有明确的目的，以在满足社会需要中追求自身利益最大化为目标。市场主体具有营利性，这是其最本质最重要的特征。市场主体还具有独立性，主要表现为产权的独立和经营权的独立。灵活性，市场主体遵循市场规律对经营战略和策略进行调整，是其存在于市场的基本功能。此外，市场主体还具有相互间的关联性、平等性、合法性等特征。

2. 市场格局。市场格局是指在市场经济条件下，市场上买卖双方在交换活动中所处的地位和相互关系。这种地位和关系的出现，取决于市场上商品的供给与需求状况。

3. 市场集中度。市场集中度反映某产业市场中前几名企业的市场份额占整个市场的比例。（1）绝对集中度分析。绝对集中度是以该产业市场中最大的 N 个企业所占市场份额的累计数占整个产业市场的比例来表示。（2）相对集中度分析。一般以洛伦茨曲线及基尼系数表示。

二、市场结构的分类

市场结构是构成市场的各因素之间的相互关系。按构成市场的基本要素划分，市场结构具体可分为市场主体结构、市场客体结构、市场空间结构和市场时间结构。

（一）市场主体结构

市场主体是在市场上从事交易活动的组织或个人，它既包括自然人，也包括法人组织；既包括赢利性机构，也包括非营利性机构。在通常情况下，市场主体包括企业、居民、政府和其他非营利性机构。企业是最重要的市场主体。此外，市场主体也包括一些中介机构，如律师事务所、会计师事务所等。

（二）市场客体结构

市场客体主要包括市场上提供的各种商品和劳务。因而，市场客体结构就包括市场商品结构和市场劳务结构。提供到市场上的商品可以分为生产资料和消费资料。合理的市场商品结构既要有利于生产的发展，又要适应消费需求的变化。市场劳务结构包括生产性劳务结构和消费性劳务结构。生产性劳务是直接为生产过程提供服务的劳务，消费性劳务是直接服务于居民生活的劳务。

（三）市场空间结构

市场空间结构是按市场空间扩散和吸收作用的大小划分的市场结构。它可以分为区域性市场、全国性市场和世界性市场。区域性市场是商品交换以地区为活动空间的市场。它是根据各经济区域的自然、经济和社会条件，随着商品经济的发展而自然形成的；全国性市场是商品交换以全国为活动空间的市场。全国性市场由若干个互相联系、互相辐射的区域性市场所构成，是区域性市场相互联系的一体化表现。全国性市场的形成是商品经济进入发达阶段的标志；世界性市场是商品交换以全世界为活动空间的市场。世界市场是国际分工的产物，是世界范围内各国之间通过对外贸易联结而成的市场总体，是国内市场的扩大和延伸。

（四）市场时间结构

市场时间结构是按市场交易活动所经历的时间长短和交易方式而划分的市场结构。一般由现货交易、期货交易和信用交易构成。现货交易是“当面成交、银货两清”，买和卖在时间上具有同步性。现货交易对经济活动具有灵活的调节作用，但它主要适应于小额消费品和劳务交易；期货交易是在商品交易所内先达成交易契约，然后在将来某个时期进行银货授受的交易，“成交在先，交割在后”。期货交易是一种较为复杂的交易方式，一般具有三个特点：义务性、远期性、投机性。期货交易具有保值和分散风险的功能，有利于促进生产的发展和市场的稳定；信用交易主要是指以信用为基础的商品交易方式，有两种基本形式：一是延期付款，即先拿货，后付款；二是预付款交易，即先付款，后取货。两者的共同点都在于交换当事人和交换对象的活动有时间上的分离性。信用交易有利于协调供求关系，但也易于产生连锁性信用危机。

三、划分市场结构的依据

（一）本行业内部的生产者数目或企业数目

本行业就一家企业，可以划分为完全垄断市场；只有少数几家大企业，就属于寡头垄断市场；企业数目很多，则划入完全竞争市场或垄断竞争市场。一个行业内企业数目越多，其竞争程度就越激烈；反之，一个行业内企业数目越少，其垄断程度就越高。

（二）本行业内各企业生产者的产品差别程度

这是区分垄断竞争市场和完全竞争市场的主要方式。

（三）进入障碍的大小

进入障碍，是指一个新的企业要进入某一行业所遇到的阻力。一个行业的进入障碍越小，其竞争程度越高；反之，一个行业的进入障碍越大，其垄断程度就越高。

综上，根据这三个方面因素的不同特点，将市场划分为完全竞争市场、垄断竞争市场、寡头垄断市场和完全垄断市场四种市场类型。

四、市场结构的四种类型

（一）完全竞争市场

完全竞争市场是一种不受任何阻碍和干扰的市场结构。在其中同质的商品有很多卖者（就是厂商），没有一个卖者或买者能控制价格，进入很容易并且资源可以随时从一个使用者转向另一个使用者。例如，许多农产品市场就具有完全竞争市场这些特征。

（二）垄断竞争市场，是指一个市场中有许多厂商生产和销售有差别的同种产品

在垄断竞争理论中，把市场上大量的生产非常接近的同种产品的厂商的总和叫作生产集团。例如，汽车加油站集团，快餐食品集团，理发店集团等。

（三）寡头垄断市场，一种由少数卖方（寡头）主导市场的市场状态

英语中这个词来源于希腊语中“很少的卖者”。寡头垄断是同时包含垄断因素和竞争因素而更接近于完全垄断的一种市场结构。它的显著特点是少数几家厂商垄断了某一行业的市场，这些厂商的产量占全行业总产量中很高的比例，从而控制着该行业的产品供给。

（四）完全垄断市场，是整个行业中只有一个生产者的市场结构

这种市场结构形成的主要条件：一是厂商即行业，整个行业中只有一个厂商提供全行业所需要的全部产品；二是厂商所生产的产品没有任何替代品，不受任何竞争者的威胁；三是其他厂商几乎不可能进入该行业。在这些条件下，市场中完全没有竞争的因素存在，厂商可以控制和操纵价格。这与完全竞争的含义和形成条件是不同的。具体 4 个市场结构的特点可以用表 5.1 表示。

表 5.1　4 种市场结构的类型

市场结构	厂商数目	产品差异程度	个别厂商控制价格程度	厂商进入 / 退出难易程度	现实中接近的行业
完全竞争	很多	无差别	没有	完全自由	农业
垄断竞争	较多	有些差异	有一些	比较自由	零售业
寡头垄断	较少	有或无差别	相当大	进退困难	钢铁、汽车等
完全垄断	一个	无替代品	很大	不能	公用事业

【课堂讨论】

2022年中国智能手机的市场结构 Canalys数据显示，2022年中国智能手机市场大部分份额被五家主流手机厂商所瓜分。这五家厂商所占份额分别是华为27%、OPPO20%、vivo 20%、小米12%和苹果9%，合计达88%。2022年中国智能手机市场总出货量为3.96亿部，相比2021年的4.59亿部，同比下滑约14%，而华为和vivo却逆势增长，成为赢家。2022年，华为出货量同比增长16%，业绩最为抢眼；vivo出货量同比增长9%；而OPPO同比下滑2%，小米同比下滑6%，苹果同比下滑13%，其他品牌共计下滑60%，市场集中度进一步提高。

请问：（1）2022年中国智能手机市场结构属于何种类型？

（2）大型手机企业有哪些竞争优势？

任务二　完全竞争市场

【案例阅读】

政府办的大型养鸡场为何也会赔钱？

在20世纪80年代，一些城市为了保证居民的菜篮子，由政府出资办了大型养鸡场，但成功者少，许多养鸡场最后以破产告终。这其中的原因是多方面的，重要的一点则在于鸡蛋市场是一个完全竞争市场。

政府建立的大型养鸡场在这种完全竞争的市场上并没有什么优势，它的规模不足以大到能控制市场，产品也没有特色。它要以平等的身份与那些分散的养鸡专业户或把养鸡作为副业的农民竞争。但这种大型养鸡场的成本都要大于行业平均成本，因为这些养鸡场固定成本远远高于农民。它们要建大鸡舍，采用机械化方式，且有相当一批管理人员，工作人员也是有工资的工人。这些成本的增加远远大于机械化养鸡所带来的好处，因为农民养鸡几乎没有什么固定成本，也不向自己支付工资，差别仅仅是种鸡支出和饲料支出，这就导致了政府办的养鸡场最终也会赔钱了。

（资料来源：https://www.doc88.com/p-792544421878.html）

一、完全竞争市场的概念及基本条件

完全竞争市场又称纯粹竞争市场或自由竞争市场，是指一个行业中有非常多的生产销售企业，它们都以同样的方式向市场提供同类的、标准化的产品（如粮食、棉花等农产品）的市场。

卖者和买者对于商品或劳务的价格均不能控制。在这种竞争环境中，由于买卖双方对价格都无影响力，只能是价格的接受者，企业的任何提价或降价行为都会招致对本企业产品需求的骤减或利润的不必要流失。

（一）市场上有众多的生产者和消费者，任何一个生产者或消费者都不能影响市场价格，由于存在着大量的生产者和消费者，与整个市场的生产量（即销售量）和购买量相比较，任何一个生产者和生产量（即销售量）和任何一个消费者的购买量所占的比例都很小，因而，他们都无能力影响市场的产量（即销售量）和价格。所以，任何生产者和消费者的单独市场行为都不会引起市场产量（即销售量）和价格的变化。正如美国经济学家乔治斯蒂格勒所说的那样："任何单独的购买者和销售者都不能依凭其购买和销售来影响价格，用另一种方式来表达就是，任何购买者面对的供给弹性是无穷大，而销售者面临的需求弹性也是无穷大的。这也就是说，他们都只能是市场既定价格的接受者，而不是市场价格的决定者。"

（二）企业生产的产品具有同质性，不存在差别。市场上有许多企业，每个企业在生产某种产品时不仅是同质的产品，而且在产品的质量、性能、外形、包装等等方面也是无差别的，以至于任何一个企业都无法通过自己的产品具有与他人产品的特异之处来影响价格而形成垄断，从而享受垄断利益。对于消费者来说，无论购买哪一个企业的产品都是同质无差别产品，以至于众多消费者无法根据产品的差别而形成偏好，从而使生产这些产品的生产者形成一定的垄断性而影响市场价格，也就是说，只要生产同质产品，各种商品互相之间就具有完全的替代性，这很容易接近完全竞争市场。

（三）生产者进出市场，不受社会力量的限制。任何一个生产者，既可以自由进入某个市场，也可以自由退出某个市场，即进入市场或退出市场完全由生产者自己自由决定，不受任何社会法令和其他社会力量的限制。由于无任何进出市场的社会障碍，生产者能自由进入或退出市场，因此，当某个行业市场上有净利润时，就会吸引许多新的生产者进入这个行业市场，从而引起利润的下降，以至于利润逐渐消失。而当行业市场出现亏损时，许多生产者又会退出这个市场，从而又会引起行业市场利润的出现和增长，这样，在一个较长的时期内，生产者只能获得正常的利润，而不能获得垄断利益。

（四）市场交易活动自由、公开，没有人为的限制。市场上的买卖活动完全自由、公开，无论哪一个商品销售者都能够自由公开地将商品出售给任何一个购买者，而无论哪一个商品购买者也都能够自由公开地向市场上任何一个商品销售者购买商品，市场上不存在任何歧视。同时，市场价格也只随着整个市场的供给与需求的变化而变动，没有任何人为的限制。任何市场主体都不能通过权力、关税、补贴、配给或其他任何人为的手段来控制市场供需和市场价格。

（五）市场信息畅通准确，市场参与者充分了解各种情况。消费者、企业和资源拥有者都对有关的经济和技术方面的信息有充分和完整的了解，例如，生产者不仅完全了解生产要素价格、自己产品的成本、交易及收入情况，也完全了解其他生产者产品的有关情况；消费者完全了解各种产品的市场价格及其交易的所有情况；劳动者完全了解劳动力资源的作用、价格及其在各种可能的用途中给他们带来的收益，因此，市场上完全按照大家都了解的市场价格进行交易活动，不存在相互欺诈。

（六）各种资源都能够充分地流动。任何一种资源都能够自由地进入或退出某一市场，能够随时从一种用途转移到另一种用途中去，不受任何干扰和限制，即各种资源都能够在各种行业间和各个企业间充分自由地流动。商品能够自由地由市场价格低的地方流向市场价格高的地方，劳动力自由地从收入低的行业或企业流向收入高的行业或企业，资金、原料和燃料等亦自由地由效率低、效益差的行业或企业流向效率高、效益好、产品供不应求的行业或企业。

学习二维码 5-1
完全竞争市场
小漫画

以上六个方面是完全竞争市场必须具备的前提条件，实际上这六个方面也是完全竞争市场所具有的明显特征。

【课堂讨论】 完全竞争市场上，企业愿意为经营的产品做广告吗？为什么？

【提示】 在完全竞争市场，所有的卖者与买者都是价格接受者，买卖的价格是约定俗成的，不会有什么改变。完全竞争市场中的厂商花钱做了广告之后，成本势必提高，提高的成本不能从定价上获得，这一部分就会减少收入。

二、完全竞争市场的作用

（一）完全竞争市场可以促使微观经济运行保持高效率

完全竞争市场全面排除了任何垄断性质和任何限制，完全依据市场的调节进行运行，因而可以促使微观经济运行保持高效率。在完全竞争市场条件下，生产效率低和无效率的生产者会在众多生产者的相互竞争中被迫退出市场，生产效率高的生产者则得以继续存在，同时，又有生产效率更高的生产者随时进入市场参与市场竞争，生产效率更高的生产者则在新一轮的市场竞争中取胜。因而，完全竞争市场可促使生产者充分发挥自己的积极性和主动性，进行高效率的生产。

（二）完全竞争市场可以促进生产效率的提高

完全竞争市场可以促使生产者以最低成本进行生产，从而提高生产效率。因为在完全竞争市场类型条件下，每个生产者都只能是市场价格的接受者，因而他们要想使自己的利润最大化，就必须以最低的成本进行生产，也即必须按照其产品平均成本处于最低点时的产量进行生产。生产者以最低的生产成本生产出最高产量的产品，这是一种最佳规模的生产。这样的生产也就没有浪费任何资源和生产能力，因而，这样的生产过程也就是一种促进生产效率和效益不断提高的过程。

（三）完全竞争市场可以增进社会利益

完全竞争市场中的竞争，在引导生产者追求自己利益的过程中，也有效地促进了社会的利益，这是亚当·斯密的重大发现及著名论断。他认为，市场竞争引导每个生产者都不断地努力追求自己的利益，他们所考虑的并不是社会利益，但是，由于受着“一只看不见的手”的指导，去尽力达到一个并非本意想要达到的目的，即追求自己的利益，往往使他能比在真正出于本意的情况下更能有效地促进社会的利益。例如，假若每个生产者都努力使其生产的产品价值达到最高程度，其结果必然使社会的年收益额有很大的增长，从而也就促进了社会公共利益的增加。

（四）完全竞争市场可以提高资源的配置效率

在完全竞争市场条件下，资源能不断地自由流向最能满足消费者需要的商品生产部门，在资源的不断流动过程中实现了资源在不同用途间、不同效益间和在生产过程中不同组合间的有效选择，使资源发挥出更大的效用，从而也就会大大提高资源的配置效率与配置效益。

（五）完全竞争市场有利于消费者及消费需求满足的最大化

在完全竞争市场条件下，价格趋向等于生产成本，因而，在许多情况下，它可以形成对消费者来说最低的价格。而且完全竞争市场条件下的利润比其他非完全竞争市场条件下的利润要小，所以在完全竞争的情况下，获利最大的是消费者，同时，完全竞争市场还可以使消费需求的满足最大化。

三、完全竞争厂商的需求曲线与收益曲线

（一）完全竞争厂商的需求曲线

由于行业所面临的需求量就是整个市场上全部消费者的需求总量，所以，行业所面临的需求曲线就是市场的需求曲线。在完全竞争市场，对整个行业来说，需求曲线 D 是一条向右下方倾斜的曲线，供给曲线 S 是一条向右上方倾斜的曲线。众多的生产者和消费者决定了这两条曲线。整个行业的需求和供给决定了市场价格 P_o，如图 5.1（a）所示。

但是，对单独一个厂商来说，情况就不同了。由于完全竞争市场有众多的生产者，单独一个厂商无法左右市场的价格和供求关系，所有的生产者和消费者的共同作用决定了一个市场价格，个别的厂商只能接受这个价格。不管它选择什么样的产量，这个产量相对于整个市场来说太小，不足以影响市场价格。这样一来，商品的市场价格既定，任何买者与卖者都只能是价格的接受者，只能根据价格行事，而无法对市场价格施加任何可以看得见的影响。也就是说，在完全竞争市场上，每个买者与卖者都只能按照既定的市场价格买进或卖出自己所需或提供的任何数量的商品。因此，在完全竞争市场中，单个厂商的需求曲线 d 是一条在既定的市场水平价格下与横轴平行的直线，如图 5.1（b）所示。

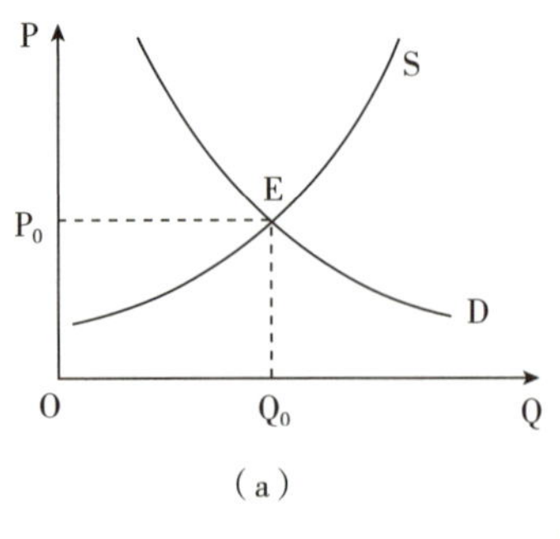

（a）

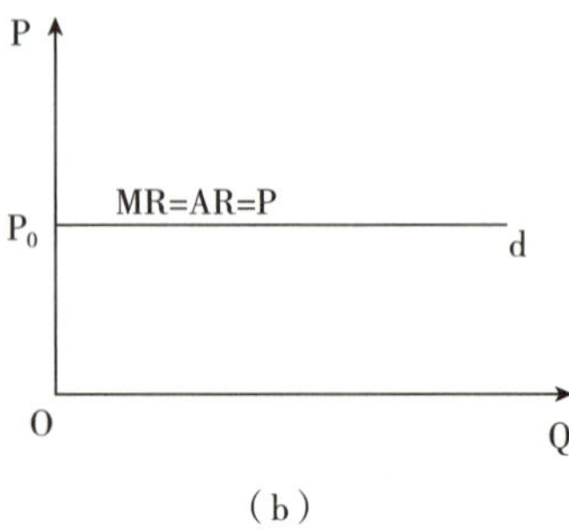

（b）

图 5.1

（二）完全竞争厂商的收益曲线

在完全竞争市场上，厂商的总收益曲线是从原点出发，斜率为产品价格的一条直线，如图 5.2（c）所示；厂商按既定价格出售商品，单位产品售价 P 就是产品的平均收益 AR，如图 5.2（b）所示；个别厂商销售量的变动，并不影响市场价格，厂商每增加一单位产品的销售，所增加的收益不变，边际收益 MR 等于产品单价 P。由此可见，AR=MR=P，边际收益曲线 MR、平均收益曲线 AR 与需求曲线 d 重合，如图 5.2（b）所示。

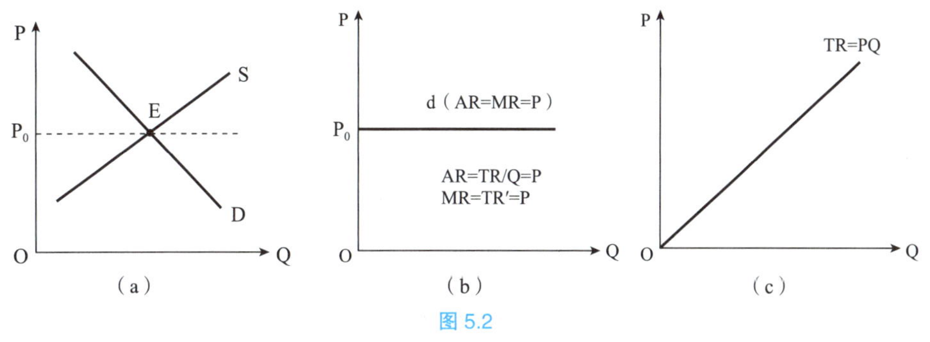

图 5.2

四、完全竞争厂商的短期均衡与长期均衡

（一）完全竞争厂商的短期均衡

厂商的短期均衡是指在部分生产要素不能变动的条件下，实现利润最大化时的状态。在完全竞争市场上，市场价格由整个行业的供求关系自发决定，单个厂商没有定价权，不存在最优价格的决策问题，只存在最优产量的决策问题。厂商在短期生产中，不能根据市场需求调整生产中的厂房、机器设备等不变要素的投入量，只能调整可变要素的投入量，通过改变可变要素的投入量来调整产量，通过调整产量来使 MR=MC，以实现利润最大化。

（二）完全竞争厂商的长期均衡

在长期，厂商可以调整全部生产要素，既可根据市场价格扩大或缩小生产规模，也可根据盈亏与竞争情况自由进入或退出某个行业。这样，整个行业供给的变动就会影响市场价格，从而影响各个厂商的均衡。具体来说，当供给小于需求，价格高，存在超额利润时，厂商会扩大生产，其他行业的厂商也会涌入该行业，从而使整个行业供给增加、价格水平下降、超额利润消失；当供给大于需求，价格低，存在亏损时，厂商会缩减生产，有些甚至会退出该行业，从而使整个行业供给减少、价格水平上升、亏损消失。这样最终会达到各个厂商既无超额利润又无亏损的状态，这时整个行业的供求均衡，各个厂商的产量也不再调整，于是就实现了长期均衡，如图 5.3 所示。

在图 5.3 中，LMC 是长期边际成本曲线，LAC 是长期平均成本曲线，两者相交于均衡点 E，决定均衡产量 Q_e。d_2 为短期有超额利润的单个厂商的需求曲线。当有超额利润时，其他厂商会进入该行业而使整个行业的供给增加，引起价格下降，需求曲线 d_2 向下移动。当市场价格下降致使单个厂商利润为零时，新厂商会停止进入。d_1 为短期有亏损时单个厂商的需求曲线，当有亏损时，厂商减产或退出，引起整个行业供给减少、价格上升，需求曲线 d_1 向上移动。当市场价格上升致使单个厂商利润为零时，原有厂商停止退出。这种调整结果使需求曲线移至 d_e，最终实现长期均衡。

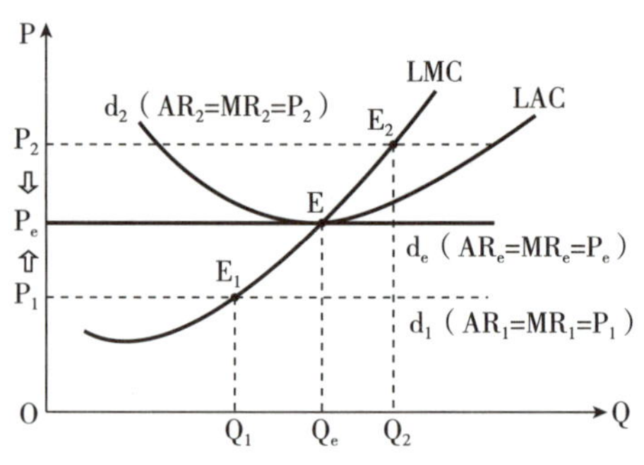

图 5.3 完全竞争厂商的长期均衡曲线

【课堂讨论】分别从短期和长期谈谈完全竞争市场上企业进入或退出一个行业的临界点是什么？

【提示】从短期来看，是 P=AVC。在 P ≥ AVC 的情况下，继续生产；在 P<AVC 的情况下，停止生产。从长期来看是 P=LAC。当 P>LAC 时，进入新行业；当 P<LAC 时，退出原行业。

任务三　完全垄断市场

【案例阅读】

钻石行业的垄断者

提到钻石市场，我们不得不提到全球最大的钻石垄断组织——戴比尔斯联合矿业公司。一百多年的运作，这个跨国集团垄断了全球钻石产量的 70%（最高时达到 80%），其下属的中央销售组织（Central Selling Organization，简称 CSO）是世界钻石毛坯的主要供应者。

De Beers 公司由塞西尔·罗德斯于 1888 年创办，公司总部现位于卢森堡，是一家民营公司。其集团下的一间子公司——钻石咨询中心，负责市场推广。戴比尔斯公司自 20 世纪以来凭借其地理优势在国际钻石市场上实行垄断制度而知名，该公司用了各种方法来不断磨炼这种对市场的控制方式：它首先说服了独立生产商加入其单通道的垄断，其投入市场的钻石质量和那些拒绝加入的厂商所生产的钻石持平。最终，它通过购买及贮存其他制造厂商所生产的钻石，实现从供应货源上对市场价格的控制。然而，该公司的这种模式，从 19 世纪末至今，变得越来越广为流通。

而现今的钻石产业与以前的格局相比已经发生了巨大的变化，目前呈现出来的情形是一种十分复杂的并且时刻变化的市场格局。当今的主要钻石工业巨头有：非洲钻石出产国（例如博茨瓦纳共和国政府、纳米比亚共和国政府）、戴比尔斯、力拓集团、必和必拓、Lev Leviev、Harry Winston 以及 Alrosa。

（资料来源：杨柳飞絮的博客，http://blog.sina.com.cn/liyun35）

一、完全垄断市场的概念及形成原因

完全垄断市场，是一种与完全竞争市场相对立的极端形式的市场类型。完全垄断市场也叫作纯粹垄断市场，一般简称垄断市场。垄断（monopoly）一词出自于希腊语，意思是“一个销售者”，也就是指某一个人控制了一个产品的全部市场供给。因而，完全垄断市场，就是指只有唯一一个供给者的市场类型。

垄断市场形成的原因很多，最根本的一个原因就是为了建立和维护一个合法的或经济的壁垒。从而阻止其他企业进入，以巩固自身的地位。垄断企业作为市场唯一的供给者，很容易控制市场某一种产品的数量及其市场价格，从而可连续获得垄断利润。具体地说，垄断市场形成的主要原因有以下几个方面。

（一）生产发展的趋势

在生产的社会化发展过程中，自由竞争自然而然引起生产和资本的集中，而当生产和资本集中到一定阶段以后，就可能形成垄断。可以从两个方面来分析这个问题：一方面，生产和资本的集中发展到一定阶段时就产生了垄断的可能性。因为当生产和资本发展到一定阶段后，生产和资本逐步集中到少数的大企业手中，他们之间就容易达到协议，形成垄断，使其操纵、控制市场供给成为可能，而其他企业则无法与之竞争；另一方面，生产和资本的集中发展到一定阶段后，生产和资本必然集中到了少数大企业手中，这些大企业要在竞争中打败对方单独取胜，则很不容易。为了避免两败俱伤从而获取稳定的垄断利润，他们都有谋求妥协达成垄断的共同需要。

（二）规模经济的要求

有些行业的生产需要投入大量的固定资产和资金，如果充分发挥这些固定资产和资金的作用，则这个行业只需要一个企业进行生产就能满足整个市场的产品供给，这样的企业适合于进行大规模的生产。具有这种规模的生产就具有经济性，低于这种规模的生产则是不经济的。这样来看，规模经济就成为垄断形成的重要原因。同时，大量的固定资产和资金作用的充分发挥，使企业具有了进行大规模生产的能力和优势，因而该企业能够以低于其他企业的生产成本或低于几个企业共同生产的成本、价格，向市场提供全部供给。那么，在这个行业当中，只有这个企业才能够生存下来，其他企业都不具备这种生存能力。

（三）自然垄断性行业发展的要求

有些行业具有向规模经济、范围经济发展的内在趋势，而在整个市场中随着企业生产规模的扩大和范围的扩展，单位成本递减，从而实现的效益增加，这些行业具有自然垄断性。通常情况下，这些具有自然垄断性的行业是由政府来经营的。如电力、电话、自来水、天然气以及公共运输等行业就是如此。这些具有自然垄断性行业的发展必然要求实行垄断经营。自然垄断性行业的发展之所以要求垄断经营，是因为自然垄断性行业的发展与垄断经营之间存在着紧密联系的技术经济因素。

（四）保护专利的需要

专利是政府授予发明者的某些权利。这些权利一般是指在一定时期内对专利对象的制作、利用和处理的排他性独占权，从而使发明者获得应有的收益。某项产品、技术或劳务的发明者拥有专利权以后，在专利保护的有效期内形成了对这种产品、技术和劳务的垄断。专利创造了一种保护发明者的产权，在专利的有效保护期内其他任何生产者都不得进行这种产品、技术和劳务的生产与使用，或模仿这些发明进行生产。若不保护发明专利，社会和生产就难以进步与发展。

（五）对进入的自然限制

当某个生产者拥有并且控制了生产所必需的某种或某几种生产要素的供给来源时，就形成了自然垄断。这种自然垄断形成以后，其他任何生产者都难以参与此类要素的市场供给，从而就自然地限制或阻止了其他生产者的进入，维护了这个生产者的垄断地位及其垄断利益。这种自然垄断的形成得力于两个方面的原因，第一，得力于生产中的先行进入。由于先行进入某一行业，从而使其在某种要素或某几种要素的生产中先行具有了某些优势，如生产技术或生产经营的优势，从而增加了其他生产者的进入难度，先行进入者就可以逐渐形成垄断。第二，得力于生产中占据的自然地理优势。某种要素或某几种要素生产的自然地理优势被某个生产者占据以后，其他生产者生产同种要素或同几种要素时就不再具有自然地理优势，前者就形成了生产中的自然地理优势垄断。例如，拥有或控制主要原料可以阻止竞争，从而形成垄断。最常见的是通过对原料的垄断来限制竞争。有一段时间，在非洲以及其他地区，大多数钻石矿都被南非的德比尔斯公司控制。加拿大国际镍公司对世界已知的镍矿储藏量的控制已近90%。

（六）对进入的法律限制

政府通过特许经营，给予某些企业独家经营某种物品或劳务的权利。这种独家经营的权利是一种排他性的独有权利，是国家运用行政和法律的手段赋予并进行保护的权利。政府的特许经营，使独家经营企业不受潜在新进入者的竞争威胁，从而形成合法的垄断。政府对进入市场进行法律限制形成法律垄断，主要是基于三个方面的考虑，一是基于某种公司福利需要的考虑，例如某些必须进行严格控制的药品的生产，必须由政府特许独家经营；二是基于保证国家安全的考虑，例如各种武器、弹药的生产必须垄断；三是基于国家财政和税收收入的考虑，例如国家对某些利润丰厚商品进行垄断经营等。

二、完全垄断厂商的需求曲线与收益曲线

在完全垄断市场上，只有唯一的一家厂商，而它就是整个行业。因此，整个行业的需求曲线也就是一家厂商的需求曲线。如图 5.4 所示，垄断厂商面临的需求曲线 d 是一条向右下方倾斜的曲线，表明垄断厂商提高产品价格，消费者就会减少购买这种产品，或垄断厂商减少产品产量，产品价格就会上升。对于垄断厂商而言，只要有可能就愿意收取高价，并在这种高价时卖出大量产品。但需求曲线限制了这种情况的发生，并具体描述了垄断厂商所能得到的价格和产量组合。由此垄断厂商只能沿着需求曲线来调整产量和价格，实现利润最大化。

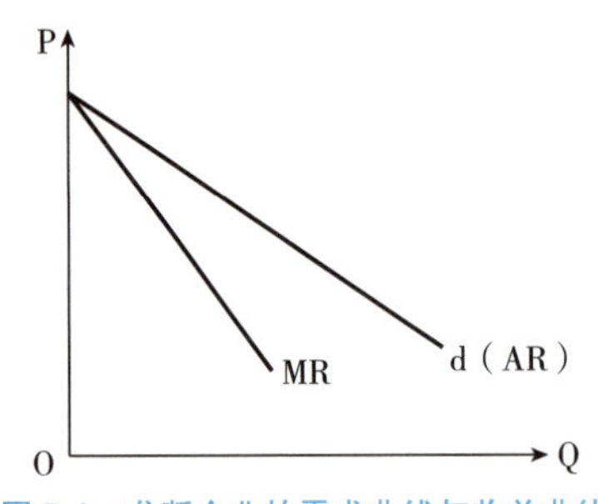

图 5.4　垄断企业的需求曲线与收益曲线

三、完全垄断厂商的短期均衡和长期均衡

（一）完全垄断厂商的短期均衡

在完全垄断市场上，厂商为了获得最大利润，也必须遵循 MR=MC 的原则。在短期内，垄断厂商无法改变不变要素的投入量，也就是说，垄断市场也只能在既定的生产规模下通过对产量和价格的同时调整来实现利润最大或亏损最小。在完全垄断市场上厂商实现短期均衡也有 3 种情况，分别是实现盈亏平衡、取得超额利润、亏损。

图 5.5（a）中给出了某个垄断企业的需求曲线 D（D=AR）和短期平均成本曲线 SAC。在完全垄断市场上，厂商实现均衡的条件也是 MR=MC，这时的产品销售量为 Q_o。根据边际收益等于边际成本的基本原则，厂商向市场提供的产品销售量为 Q_o，与市场需求相切于 M 点，消费者可以接受的成交价格为 P_o（P_o=SAC）。由于该厂商的 SAC 等于产品市场销售价格 P_o，所以在产品销售量为 Q_o 时，产品销售总收入等于总成本，厂商实现了盈亏平衡，由此决定的均衡价格为 P_o，均衡数量为 Q_o。

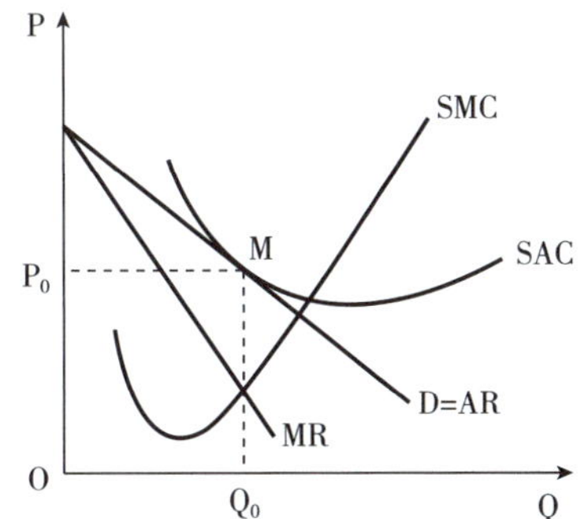

图 5.5（a） 实现盈亏平衡厂商的短期平衡

在图 5.5（b）中，某垄断企业的边际收益曲线 MR 和短期边际成本曲线 SMC 在产品销售量为 Q_0 时相交，Q_0 与市场需求曲线 D（D=AR）相交于 M 点，消费者可以接受的成交价格为 P_0（P_0>SAC）。由于厂商的 SAC 小于产品市场销售价格 P_0，所以在产品销售量为 Q_0 时，产品销售总收入大于总成本（因为 TR=$P_0 \times Q_0$，TC=SAC $\times$ Q_0 所以 TR>TC），厂商可以获得超额利润。由此决定的厂商获得最大利润时的销售价格为 P_0，销售数量为 Q_0。厂商获得的超额利润为图 5.5（b）中矩形 P_0MNP_1 的面积。

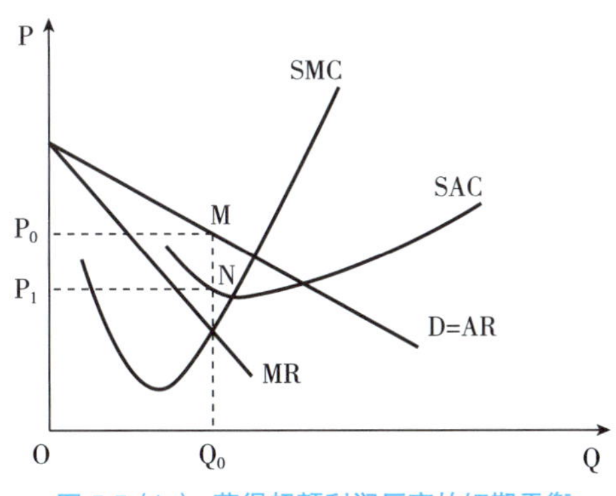

图 5.5（b） 获得超额利润厂商的短期平衡

图 5.5（c）给出的是某个垄断厂商产品销售价格小于平均成本时的市场均衡状态。由于在完全垄断市场上，厂商现均衡的条件也是 MR=MC，这时的产品销售量为 Q_o。厂商的短期平均成本曲线 SAC 在需求曲线 D（D=AR）上方。根据边际收益等于边际成本的基本原则，厂商向市场提供的产品销售量为 Q_o，与市场需求相交于 M 点，消费者可以接受的成交价格为 P_o（P_o<SAC）。由于该厂商的 SAC 大于产品市场销售价格 P_o，所以在产品销售量为 Q_o 时，产品销售总收入小于总成本，厂商出现了亏损。

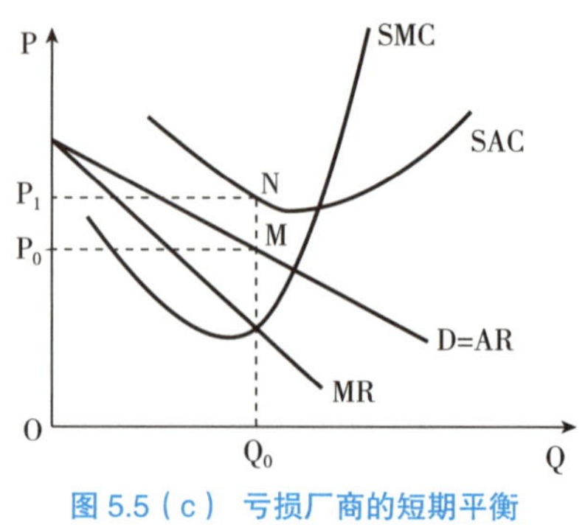

图 5.5（c） 亏损厂商的短期平衡

（二）完全垄断厂商的长期均衡

垄断厂商在长期内可以调整全部生产要素的投入量即生产规模，从而实现最大的利润。垄断行业排除了其他厂商进入的可能性，因此，与完全竞争厂商不同。如果垄断厂商在短期内获得利润，那么，它的利润在长期内不会因为新厂商的加入而消失，垄断厂商在长期内是可以保持利润的，如图 5.6 所示。

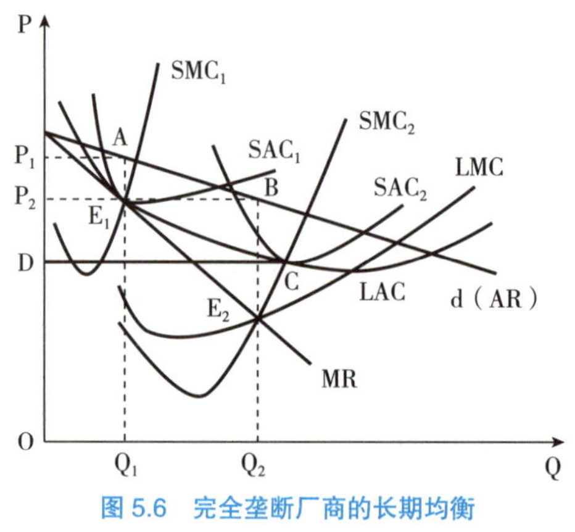

图 5.6 完全垄断厂商的长期均衡

【思政小课堂】

雷克公司是一家昙花一现的航空公司，但它的知名度却不低。1977 年，一个英国人雷迪·雷克闯进航空运输市场，开办了一家名为雷克的航空公司。他经营的是从伦敦飞往纽约的航班，票价是 135 美元，远远低于当时的最低票价 382 美元。毫无疑问，雷克公司一成立便生意不断，1978 年雷克荣获“大英帝国爵士”头衔。1981 年，弗雷迪爵士的年营业额达到 5 亿美元，简直让他的对手们（包括一些世界知名的老牌公司）气急败坏。但是好景不长，雷克公司于1982年破产，从此消失。出了什么事？原因很简单，包括泛美、环球、英航和其他公司在内的竞争对手们采取联合行动，一致大幅降低票价，甚至低于雷克公司的票价。一旦雷克消失，他们的票价马上回升到原来的高水平。更严重的是，这些公司还达成协议，运用各自的影响力阻止各大金融机构向雷克公司贷款，使其难以筹措借以抗争的资金，进一步加速雷克公司的破产。

雷克公司的失败是因为它闯进了寡头垄断市场。寡头垄断市场存在明显的进入障碍，这是少数企业能够占据绝大部分市场份额的必要条件，也可以说是寡头垄断市场结构存在的原因。如果这些行业中要容纳大量企业，则每家企业都将因生产规模过小而造成很高的平均成本。规模经济性使得大规模生产占有强大的优势，大公司不断壮大，小公司无法生存，最终形成少数企业激烈竞争的局面。对试图进入这些行业的企业来说，除非一开始就能形成较大的生产规模，并能占据比较可观的市场份额，否则过高的平均成本必将使其无法与原来的企业相匹敌。所以我们的企业在发展过程中不能仅仅追求经济利益，同时还要兼顾社会利益。

任务四　垄断竞争市场

【案例阅读】

一个最需要做广告宣传的市场

打开电视、扑面而来的广告都是垄断竞争市场的产品。通过这种大众媒体作的广告大多数是化妆品、洗涤用品、牙膏、药品、家电等轻工业产品。而从来也没有看到过石油、煤炭、钢铁。更没有看到过大米、白面、水、电（不包括公益广告）。这是为什么？大米、白面最接近完全竞争市场。在这个市场上有很多的消费者和生产者；在这个市场上产品是没有差别的。打开电视经常映入你眼帘的电视广告，一般都是轻工业产品。这个市场就是垄断竞争市场。

引起这个市场存在的基本条件是产品有差别，如我们前面提到的自行车，消费者的个人偏好不同，每一款自行车都可以以自己的产品特色在一部分消费者中形成垄断地位。但这种垄断又是无法实现完全垄断的。因为不同牌号的自行车是可以互相替代的。这就形成一种垄断竞争的状态，这也正是为什么生产轻工业产品的厂商不惜血本大做广告的目的。不仅如此，在这个市场上，各个商家定价决策要充分考虑同类产品的价格，正确估计自己的商品在市场上的地位，定价过高会被同类产品替代，失去本来属于你的市场份额。

有差别的产品需要做广告，就是把自己产品的特色告诉消费者，这本身就是产品的特色。比如“农夫山泉有点甜”突出了它的特色在于口感与其他矿泉水不同，从而赢得了市场。创造品牌是企业的重要的营销策略。品牌的创造是产品质量和广告宣传结合的产物。两者缺一不可。“好酒也怕巷子深”是说好酒也需要吆喝着卖，但没有好酒，再吆喝也没有用。美国宝洁公司成功的广告宣传策略，使它的“海飞丝”“飘柔”“沙宣”家喻户晓，占领了洗发水 80% 的市场，就是产品质量和广告宣传有机结合的典型范例。

一、垄断竞争的概念及特征

（一）垄断竞争的概念

垄断竞争是一种介于完全竞争和完全垄断之间的市场组织形式，在这种市场中，既存在着激烈的竞争，又具有垄断的因素。垄断竞争市场是指一种既有垄断又有竞争，既不是完全竞争又不是完全垄断的市场，是处于完全竞争和完全垄断之间的一种市场。

（二）垄断竞争市场的特征

1. 市场中存在着较多数目的厂商，彼此之间存在着较为激烈的竞争。由于每个厂商都认为自己的产量在整个市场中只占有一个很小的比例，因而厂商会认为自己改变产量和价格，不会招致其竞争对手们相应行动的报复。

2. 厂商所生产的产品是有差别的，或称“异质商品”。至于产品差别是指同一产品在价格、外观、性能、质量、构造、颜色、包装、形象、品牌、服务及商标广告等方面的差别以及消费者想象为基础的虚幻的差别。由于存在着这些差别，使得产品成了带有自身特点的“唯一”产品了，也使得消费者有了选择的必然，使得厂商对自己独特产品的生产销售量和价格具有控制力，即具有了一定的垄断能力，而垄断能力的大小则取决于它的产品区别于其他厂商的程度。产品差别程度越大，垄断程度越高。在西方经济学中，这一条件是决定垄断竞争市场中存在垄断性的重要原因，因为产品的差异造成了无穷多的独特的产品市场，企业在其独具的市场中具有控制能力，形成对各个独特产品市场的垄断。

3. 厂商进入或退出该行业都比较容易，资源流动性较强。垄断竞争市场是常见的一种市场结构，如肥皂、洗发水、毛巾、服装、布匹等日用品市场，餐馆、旅馆、商店等服务业市场，牛奶、火腿等食品类市场，书籍、药品等市场大都属于此类。

二、垄断竞争市场上厂商的短期均衡和长期均衡

（一）垄断竞争市场上厂商的短期均衡

在垄断竞争市场上，由于产品有所差别，每个厂商都享有一部分顾客的偏爱和信任。垄断竞争厂商是自己产品的垄断者，如果提高价格，不会失掉所有顾客，因而每个厂商不是价格的接受者，其需求曲线向右下方倾斜。从短期来看，垄断竞争厂商的均衡分析类似于完全垄断市场，其均衡条件是 MR=SMC。在垄断竞争厂商的短期均衡点上，厂商有可能获得超额利润，也有可能收支相抵或亏损，这取决于厂商在均衡产量下的平均成本与产品价格（或平均收益）的关系。其选择产量与价格的方式与完全垄断厂商一致。

（二）垄断竞争市场上厂商的长期均衡

在垄断竞争市场上，由于产品的替代性，厂商之间为争夺更大利润而相互竞争。从长期来看，当厂商有利润时，新厂商有进入市场的激励，新厂商的进入减少了原有厂商面临的需求，需求曲线 d 向左下方平移，厂商利润下降；当厂商亏损时，原有厂商有退出市场的激励，这种退出扩大了留守厂商面临的需求，需求曲线 d 向右上方平移，厂商利润增加。经过这样的调整，最终使垄断竞争厂商利润为零，即需求曲线 d（或平均收益曲线 AR）与平均成本曲线 LAC 相切，如图 5.7 所示。因此垄断竞争厂商长期均衡条件是 MR=LMC，P=AR=LAC。

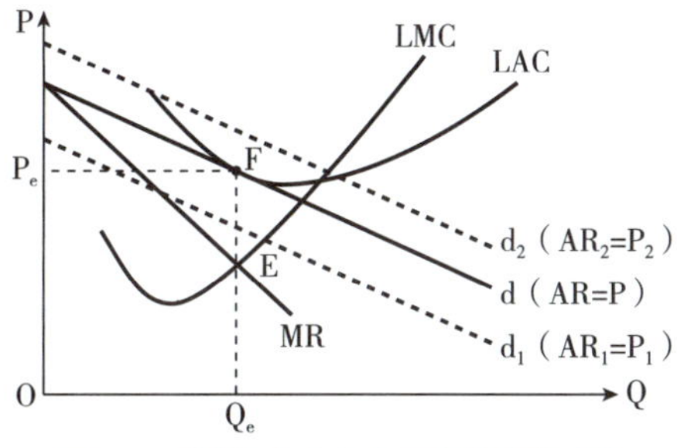

图 5.7　垄断竞争市场上厂商的长期均衡

【思政小课堂】

微软公司开发的软件大部分基于IBM PC兼容机架构，而这种架构的核心处理器主要提供商是Intel公司出品的386/486/Pentium系列。因此专长软件的微软和主要生产硬件的Intel在90年代初期达成了战略联盟。即微软的软件能够100%兼容Intel生产的硬件。

Sun公司是一家主营网络硬件产品的公司，其创新技术Java语言曾在业界名噪一时。它提供了操作系统的不相关性，即这种计算机语言所编制的程序可以在任何操作系统上运行（甚至包括手机，电冰箱或者微波炉）。但是微软通过其在操作系统领域拥有的优势压制这种技术，导致Java技术的开发和推广举步维艰。

微软的拳头产品Windows98/NT/2000/Me/XP/Server2003成功地占有了从PC机到商用工作站甚至服务器的广阔市场，为微软公司带来了丰厚的利润：公司在Internet软件方面也是后来居上，抢占了大量的市场份额。在IT软件行业流传着这样一句告诫："永远不要去做微软想做的事情"。微软的巨大影响已经对软件同行构成了极大的压力，最终也把自己推上了反垄断法的被告位置。

随着近些年，典型适用反垄断法的案子越来越多，说明企业当事人越来越理性。司法解释的实施，会让大家维权时更加理性。我们国家的企业和消费者应该进一步学习反垄断法，掌握核心概念，才能在诉讼中处于有利位置。

复习思考题

一、单选题

1. 在完全竞争市场条件下，下列哪个行业最接近于完全竞争状态（　　）。

A. 飞机　　B. 卷烟　　C. 汽车　　D. 种植业

2. 完全竞争厂商达到短期均衡时（　　）。

A. P>SAC　　B. P=AC　　C. P<SAC　　D. 以上都有可能

3. 作为市场价格接收者的厂商是（　　）。

A. 完全竞争厂商　　B. 完全垄断厂商

C. 垄断竞争厂商　　D. 寡头垄断厂商

4. 厂商获得最大利润的条件是（　　）。

A. MR>MC的差额最大　　B. MR=MC

C. P>AC的差额最大　　D. TR>TC的差额最大

5. 下列哪个说法不是完全竞争市场的特征（　　）。

A. 存在许多企业

B. 对进入该行业不存在任何限制

C. 每个企业生产略有差别的产品

D. 该行业的企业不对潜在的进入者有什么优势

二、简答题

1. 完全竞争市场的特征。

2. 用图形说明垄断竞争市场上厂商的长期均衡。

实训项目

以小组为单位，调查学校所有的商店及食堂，分析学院食堂、超市及各种专业商店的市场结构类型。

项目六

觉知市场行为

知识目标

了解市场失灵的含义与原因；了解垄断、公共物品、外部性的概念；了解市场失灵对商务经济活动的影响；掌握市场失灵的解决措施。

能力目标

能初步运用公共物品理论分析实际经济现象，解决经济活动中的问题；能初步运用逆向选择及道德风险对策分析现实经济问题并提出应对措施。

思政目标

初步建立学生宏观经济分析角度，树立正确的全局观、价值观，在实际生活中能充分理解政府在治理市场失灵中的重要性。

项目引例

秃顶的地主

古时候，有个老财主有一妻一妾，妻子年老色衰，妾年轻貌美。妻子担心自己显老，两人看起来像母子，而妾却担心财主太显老，让两人感觉像父女。

为了各自所想，妻每天开始给财主拔黑头发，她觉得黑头发少就会让财主显老，这样两人会显得更般配。而妾就开始每天给财主拔白头发，她认为白头发少，才会让财主显得年轻。

就这样，财主在妻那里被拔黑头发，在妾那里被拔白头发。没过多久，财主变成了秃顶。

请问：从经济学的角度分析，财主为何会成为了秃顶？

在这个故事中，无论是妻还是妾，她们拔头发的动机都是从自身的角度考虑，最终却造成了她们都不愿意看到的结果。因为她们都是从利己的角度出发，最终也是她们的利己主义而让财主遭殃。

古典经济学家认为，每个人从利己的目的出发，就能达到市场优化的效果，但事实证明如果人人都是只利己，就会造成市场失灵。市场是一种资源配置的好办法，但市场理论的优势发挥是建立在完全竞争的理想条件下，而在现实生活中这样的假定条件是很难实现的。所以在现实条件下，市场机制并非万能，不可能有效调节人们经济生活的所有领域，此时就有了市场失灵。

任务一　市场失灵

一、市场失灵

市场经济优势完美而有效展现是需要一个完全竞争的自由市场经济环境的，这个经济学家们假设的理想世界，需要许多假设前提：每个消费者的福利只取决于他消费的商品，每个厂商的利润只取决于对其拥有的生产要素的利用；对每种商品都建立产权并得以实施；每种商品都有市场；厂商处于竞争性运行，厂商行为不会对市场价格产生可察觉到的影响；各个经济主体参与市场是无交易成本的；对于商品质量和交易环境，所有市场参与者都拥有相同信息。如果这些假设条件中有一个或更多条件不能成立，市场经济就无法产生有效率的结果。

这种由于内在功能性缺陷或外部条件缺陷引起市场本身不能有效配置资源的情况就称为市场失灵。此处的失灵并不是指市场完全不好，而是指市场没有达到其所能达到的最佳结果。

这里包含两层意思：一是指市场没能做到使社会资源的分配达到最有效率的状态，即市场没做好；二是指市场不能达到某些社会目标，即市场做不到，如社会收入的公平分配等。

二、市场失灵的表现

市场失灵的表现有很多，通常主要有以下表现。

1. 市场经济活动经常受到经济波动影响，稀缺资源得不到充分利用。
2. 垄断阻碍要素自由流动，降低资源配置效率。
3. 公共产品无法由市场提供。
4. 外部性无法由市场本身解决。
5. 信息不完全阻碍经济有效运行。
6. 社会的非市场目标（如贫富差距、失业问题、区域经济发展不均衡等）无法由市场价格机制实现。

三、市场失灵的原因

市场失灵的原因可以有多种，包括垄断、公共物品、信息不对称和外部性等。

垄断是指市场上只有一个供应商或少数供应商掌握着市场的主导地位，从而能够操纵价格和限制竞争。垄断市场由于缺乏有效竞争，资源配置效率低下，导致市场失灵。

公共物品是指一种无法排他性和竞争性的物品，即一人的使用不会减少其他人的使用。由于公共物品无法通过市场机制进行有效的定价和供给，可能导致市场失灵。

信息不对称是指市场参与者在交易中拥有不同的信息水平，导致市场无法实现完全竞争和高效的资源配置。买方和卖方在交易中可能存在信息不对称，使得市场无法实现最优结果。

外部性是指市场活动对第三方产生的影响，这些影响无法通过市场机制来内部化。正面外部性如环境保护和教育，负面外部性如污染和噪音，都可能导致市场失灵。

为了解决市场失灵问题，政府可以采取干预措施，如实施税收政策、补贴政策、监管垄断行为、提供公共物品等，以促进资源的有效配置和市场的正常运作。

【思政小课堂】

公地悲剧带给我们的思考

公共资源是指那些没有明确所有者，人人都可以免费使用的资源，如海洋、湖泊、草场等。公共资源由于产权不清，通常会受到过度利用。1968 年，美国生态学家加勒特·哈丁（Garrett Hardin）在《科学》杂志上发表的著名文章《公地的悲剧》就说明了这一问题。

文章写道，公共牧场无偿向牧民开放，由于每个牧民都想多养，牛羊数量无节制地增加，而牧场的承载能力是有限的，最终，公地牧场因被过度放牧而沦为不毛之地。之所以会造成这样的结果，是因为作为理性人，每位牧民都追求最大收益。他们会考虑：多添一头动物，对自己有什么效益？多添一头动物会使其所有者多获得一份收益，因为出售牛羊的收益全归其所有者。而多添一头动物造成的过度放牧损害结果则由使用公共牧场的全体牧民承担，这头动物的所有者只是承担过度放牧损害结果中很小的一部分。多添一头动物的私人成本低于社会成本，导致牧民只有一个理性选择，即多养一头，再多养一头，……悲剧因此而起，市场机制这只“看不见的手”便失灵了。

【思政感悟】

经济学理论认为人都是趋利性的，开展经济活动的出发点都是考虑个人利益，各扫门前雪并不能解决公共问题，只有统筹协调才能真正解决。面对公地悲剧，现实有效的解决方式是可以把土地分给各个家庭，每个家庭把自己的一块草地用栅栏圈起来。这样，每个家庭就会承担牛羊吃草的全部成本，从而可以避免过度放牧的行为。现实中，有许多公共资源，如清洁的空气和水，石油矿藏，大海中的鱼类，许多野生动、植物等都面临着与公地悲剧一样的问题，即私人决策者会过度使用公共资源。如果无法界定公共资源的产权，则必须通过政府干预（如采用政府管制、征收资源使用费等办法）来减少对它的使用。

（资料来源：网络整理）

四、市场失灵对商务经济活动的影响

市场失灵对商务经济活动会产生一系列的影响，包括以下几个方面：

1. 资源配置效率低下：市场失灵导致资源无法有效地分配，可能出现资源浪费和闲置的情况。这使得商务经济活动无法实现最优结果，影响企业的经营效益和整体经济的发展。

2. 不公平竞争环境：市场失灵可能导致市场竞争不公平。例如，垄断行为使得市场上只有少数供应商，缺乏竞争压力，从而限制了其他企业的发展空间。这使得商务经济活动的竞争环境不健康，不利于企业的创新和发展。

3. 不稳定的市场环境：市场失灵可能导致市场的不稳定性增加。例如，信息不对称导致市场参与者无法准确预测市场变化，从而增加了市场风险。这使得商务经济活动面临更大的不确定性和风险。

4. 社会问题的恶化：市场失灵可能导致一些社会问题的恶化。例如，外部性问题导致环境污染和资源浪费，威胁到人们的健康和生活质量。这使得商务经济活动需要面对更多的社会责任和环境压力。

因此，市场失灵对商务经济活动的影响是负面的，需要通过政府的干预和调控来解决市场失灵问题，促进商务经济活动的健康发展。

【思政小课堂】

鱼翅的故事

有一个经典的市场失灵故事是关于鱼翅的故事。

在过去的几十年里，鱼翅一直是中国和其他亚洲国家的一种非常受欢迎的美食，被认为是高档菜肴和重要的宴会食品。由于对鱼翅的需求大幅增加，渔民开始大规模捕捞鲨鱼，因为鱼翅主要来自于鲨鱼的鳍。然而，这种过度捕捞行为导致了鲨鱼种群的急剧下降，许多鲨鱼濒临灭绝。

这个故事展示了市场失灵的问题。尽管鱼翅的需求大幅增加，但市场机制无法考虑到鲨鱼种群的可持续性和生态平衡。渔民只关注捕捞鲨鱼获取高额利润，而忽视了鲨鱼种群的恢复和生态环境的保护。

在这种情况下，市场失灵的原因主要是外部性和信息不对称。外部性表现为渔民的捕捞行为对鲨鱼种群和生态环境产生了负面影响，但这些影响无法通过市场机制进行内部化。信息不对称则表现为消费者对鱼翅的需求没有充分了解鲨鱼种群的现状和捕捞对生态环境的影响。

这个故事引起了人们对于鱼翅消费行为的反思，并推动了保护鲨鱼和生态环境的倡议。一些国家和地区开始实施法律法规，限制或禁止鱼翅的贸易和消费，以保护鲨鱼种群和生态平衡。同时，一些非政府组织也积极参与鲨鱼保护活动，提高公众对于鲨鱼保护的意识。

【思政感悟】

现实生活中这样的“鲨鱼悲剧”一直都在上演，这个故事提醒我们，市场失灵可能导致生态环境的破坏和资源的枯竭。在经济活动中，我们需要更加关注可持续发展和社会责任，通过合理的市场调控和消费行为来促进资源的有效利用和生态环境的保护。

（资料来源：网络整理）

任务二　垄　断

一、垄断的含义和形成原因

垄断（monopoly）是指少数的卖家在一个或多个市场（通过一个或者多个阶段），面对竞争性的消费者，能够随意调节价格与产量的经济社会现象。垄断形成的原因主要有以下三种。

（一）规模经济造成的后果

规模经济是指平均成本随着产量的增加趋于下降的情形。当一个行业具有规模经济时，它生产得越多，平均成本就越低。在已经具有一定规模经济的行业里，只要有一个企业能够比别的企业提供更多的产出，那么它的平均成本就会低于行业中的其他企业，只要这个企业不断扩大生产并同时降低产品价格，最终使其他企业在本行业内无利可图，最终形成在这一行业里的对价格和产量的决定权，即具有了垄断的权利。由规模经济引起的垄断一般称为自然垄断。

例如，自来水、煤气、电力供应和污水处理等，这些行业都存在明显的规模经济性，在前期投入稳定后，随着使用人数的增加，它们的平均成本会越来越低。在这些行业内，很容易形成自然垄断。

（二）竞争的限制行为

对某些行业的竞争行为，政府会进行必要的竞争限制时，也会容易造成垄断的出现。第一种情况，政府为鼓励发明而对发明者的专利给予保护，让发明者独享专利产品或使用具有专利的生产方法的权利，让发明者在某种商品上处于垄断地位；第二种情况，政府为了得到递增的规模收益或降低生产成本，会特许一家或者几家大厂商经营某个行业的生产，从而使得这些大厂商处于垄断地位；第三种情况，政府为保护国内某些行业时，会通过关税和非关税政策的实施来限制某些产品的进口，让这些产品的外来竞争减少，获得了在国内生产的独享优势。

（三）拥有商品或业务的专卖权或专营权

拥有商品或业务的专卖权可分为两种情况：一是政府垄断，即国家享有对某种商品或业务的专卖权或专营权，如邮政业务、电信业务、铁路运输业务等；二是私人垄断，即私人拥有对某种商品的专卖权，如独家经营的烟、酒业等。

二、垄断与市场失灵

（一）垄断造成市场效率低下

在垄断市场条件下，垄断企业为实现自身利益最大化，也会像竞争企业一样努力使生产固定在边际收益等于边际成本的点上，但与竞争企业不同的是，垄断市场的价格不是等于而是大于边际收益，因此，垄断企业最终会选择在价格大于边际成本的点上组织生产。垄断企业不需要被动地接受市场价格、降低成本，而可以在既定的成本水平上加入垄断利润形成垄断价格。所以，垄断市场的价格比竞争市场高，产量比竞争市场低。

这样，一方面导致企业丧失了降低成本、提高效率的动力；另一方面，抬高的垄断定价成为市场价格，扭曲了正常的成本价格关系，对市场资源配置产生误导，造成一种供不应求的假象，导致更多的资源流向该行业。

（二）垄断造成社会福利损失

垄断对社会福利造成损失主要表现为使消费者剩余大大减少。消费者剩余是指消费者愿意为某种商品或服务支付的最高价格与他实际支付的价格之差。

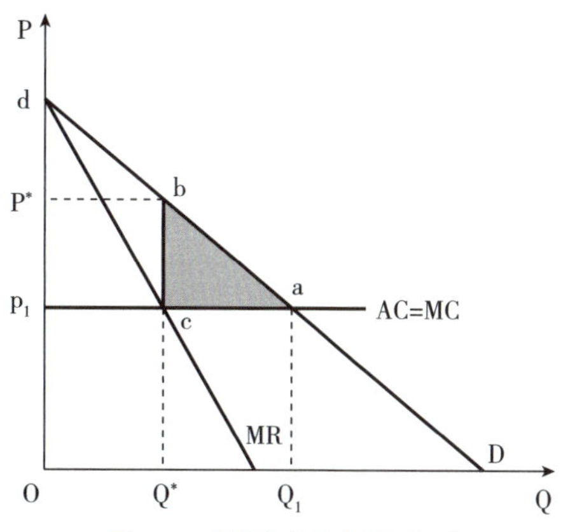

图 6.1　垄断造成社会福利损失

在图6.1中，Q代表产量，P代表价格，D代表消费曲线，MR是边际收益曲线。在完全竞争环境下，高于均衡价格 P_1 的价格所反映的效用水平就是消费者剩余，即图中 P_1ad 的面积。在垄断条件下，高于垄断价格 P* 的价格反映的效用水平就是消费者剩余，即 P*bd 的面积。其中 P_1cbP* 部分为垄断厂商获得的利润，而 abc 部分则是在垄断条件下，垄断企业产量限制对社会造成的损失。

（三）垄断造成寻租行为

寻租（Rent-Seeking）通常是指那些通过公共权力参与市场经济从而牟取非法收益的非生产性活动。在垄断市场条件下，垄断企业为获取垄断利润，就必须保持其垄断地位，为此而付出的花费和开支就是寻租成本。如向政府游说或贿赂立法者，采取合法手段规避政府的管制以及进行反垄断调查等发生的费用都属于寻租成本。由于寻租成本未用于生产经营活动，因此会造成社会资源的浪费和社会福利水平的降低。

（四）垄断阻碍技术进步

在完全竞争市场，企业只能通过改进技术和管理来降低成本，并依靠提高产品质量来获取更多的利润，而垄断企业却可以完全依靠其垄断地位获得高额垄断利润，因此垄断企业缺乏改进技术的动力。

从商业活动的角度来说，垄断者可能采取各种手段，如封锁供应链、控制关键资源等，以阻碍其他企业的进入和发展。这使得市场缺乏有效竞争，降低了整个市场的效率和创新能力。

由于缺乏竞争，垄断者没有面对竞争的压力来提高生产效率和降低成本。缺乏动力来改进产品质量和提供更好的服务，这导致资源的低效配置和市场的低效率。同时缺乏竞争的刺激，垄断者也不愿投入精力去进行技术创新，长此以往最终影响的是整个市场的环境和消费者的利益。因此，垄断对商务经济活动的影响是负面的。为了防止垄断对经济造成损害，政府通常会采取反垄断政策和监管措施，以确保市场的竞争性和公平性。

学习二维码 6-1 市场监管总局发布 2023 年 10 起涉及民生领域的反垄断典型案例

思考

结合实际生活，垄断还会给我们带来哪些影响？

三、垄断的解决措施

（一）制定反垄断法

政府对垄断的强烈反应是制定并实施反垄断法或反托拉斯法。认定限制贸易的协议或共谋、垄断或企图垄断市场、兼并、排他性规定、价格歧视、不正当竞争或欺诈行为等都是非法的。

西方很多国家都不同程度地制定了反托拉斯法，美国在1890—1950年，曾先后制定并颁布实施了谢尔曼法（1890年）、克莱顿法（1914年）、联邦贸易委员会法（1914年）、罗宾逊—帕特曼法（1936年）、惠特—李法（1938年）、塞勒—凯弗维尔法（1950年）等反托拉斯法。

在我国从计划经济向市场经济体制的过渡中，一些形形色色的限制竞争行为不仅损害企业和消费者的利益，而且阻碍国家经济和技术的发展。此外，随着国内市场进一步对外开放，大量外国企业和外国商品进入我国的市场，与国内的企业展开激烈的竞争，特别是那些掌握着高科技和有着资金优势的跨国公司通过并购手段在我国取得市场支配地位，进而滥用市场势力，限制竞争，甚至危害我国经济安全。因此，迫切需要制定反垄断法。

我国于2008年8月1日开始实施《中华人民共和国反垄断法》，对预防和制止垄断行为，保护市场公平竞争，提高经济运行效率，维护消费者利益和社会公共利益，促进社会主义市场经济健康发展具有重要意义。

【思政小课堂】

商务部：汇源收购案将影响竞争禁止此项收购

商务部2009年3月18日发出禁止可口可乐公司收购汇源公司的决定，商务部认为，这项收购案将对竞争产生不利影响，可能导致消费者被迫接受更高价格、更少种类的产品。

商务部于2008年11月对可口可乐收购汇源案立案后，依据我国反垄断法的相关规定，从市场份额及市场控制力、市场集中度、集中对市场进入和技术进步的影响、集中对消费者和其他有关经营者的影响及品牌对果汁饮料市场竞争产生的影响等几个方面进行了审查。

商务部经审查认定，这项收购案将对竞争产生不利影响。收购完成后可口可乐公司可能利用其在碳酸软饮料市场的支配地位，搭售、捆绑销售果汁饮料，或者设定其他排他性的交易条件，收购行为限制果汁饮料市场竞争，导致消费者被迫接受更高价格、更少种类的产品。

同时收购行为还挤压了国内中小型果汁企业生存空间，给中国果汁饮料市场竞争格局造成不良影响。

商务部曾与可口可乐公司就附加限制性条件进行了商谈，要求企业提出可行的解决方案，但修改方案仍不能有效减少此项收购对竞争产生的不利影响。

自 2008 年 8 月我国反垄断法实施以来，商务部共收到多起包括合并、收购在内的经营者集中申报，可口可乐收购汇源案是第一个未获通过的案例。

【思政感悟】

作为我国反垄断法实施以来首个未获通过的收购案例，商务部的官方消息一经发布在国内便引起了广泛关注。有人认为可口可乐要的就是汇源的品牌，要的就是消灭一个竞争对手。也要人认为商务部阻止可口可乐收购汇源的理由不成立，饮料行业是一个完全竞争的行业，政府不应该通过行政手段进行干预。拿一个完全竞争行业的案例来做中国反垄断法的第一个“叫停”案例，是让人意外的一件事情。其实早在收购案宣布的第二天，新浪等网络调查显示，在参与投票的 4 万余人中，对这起收购持不赞同意见者比例高达 82.3%。

商务部禁止可口可乐公司收购中国汇源公司，事实上是一个反垄断的决定。根据《中华人民共和国反垄断法》的规定，反垄断审查的核心在于防止市场垄断形成和垄断行为的发生，保护公平竞争环境和消费者利益。可口可乐公司是全球知名饮料企业，而汇源公司则是国内果汁市场的领军企业，彼此合并会形成一定程度的市场垄断，对市场竞争不利。

（资料来源：网络整理）

自反垄断法施行以来，我国在公平竞争制度体系建设、预防和制止垄断行为、优化营商环境、保护消费者利益、执法能力建设、公平竞争文化倡导以及国际影响提升等方面均取得了令世界瞩目的显著成效，成为全球三大反垄断司法辖区之一。

实践证明，修改前的反垄断法的框架和主要制度总体可行。不过，随着我国社会主义市场经济的发展，反垄断法在实施中也暴露出相关制度规定较为原则、对部分垄断行为处罚力度不够、执法体制需要进一步健全等问题。2022 年 6 月 24 日，第十三届全国人大常委会第三十五次会议表决通过了《关于修改反垄断法的决定》，修改后的《反垄断法》将从 2022 年 8 月 1 日起开始施行。

【案例阅读】

反垄断法完成首次修改，意义何在?

现行的《反垄断法》是2008年8月开始实施的，这一次修改是该法实施十四年以来的首次。十四年间，国内外的整体形势发生了很大的变化，中国的市场发展状况也有了很大的不同，这使得原先的《反垄断法》很难再适合现实的需要。这次修改，正是为了适应形势发展，回应反垄断实践中出现的各种新问题而进行的。可以预见，这些变化不仅会对中国的反垄断事业带来很多改变，还会对整个经济的运行产生很大的影响。

从文本上看，相对于现行《反垄断法》，新法总共进行了36处修改。其中第一章总则部分修改8处，第二章“垄断协议”部分修改4处，第三章“滥用市场支配地位”部分修改1处，第四章“经营者集中”部分修改4处，第五章“滥用行政权力排除、限制竞争”部分修改5处，第六章“对涉嫌垄断行为的调查”部分修改3次，第七章法律责任部分修改11处。

深圳大学特聘教授、中国社会科学院研究员王晓晔曾深度参与现行反垄断法的立法，她认为，在现在反垄断法生效多年以后，总结执法经验、在法律中体现对平台经济的反垄断执法都很重要，此时的修法恰逢其时。她还指出，其实修法的呼声从2018年开始明显增加。

上海交通大学特聘教授、国务院反垄断委员会专家咨询组成员王先林指出，这次反垄断法虽然是“修正”而不是“修订”，但相对来改动还是不小的，“我认为可以称之为‘中修’”。他具体解释指出，新反垄断法既在宏观上明确了“国家强化竞争政策基础地位”，并新增“国家建立健全公平竞争审查制度”的条款，也针对数字经济领域进行了总括性规定和一定的具体规定，还有大量针对具体垄断行为及法律责任的修改。这些都非常重要，是对现实需求的必要回应。

反垄断法是竞争政策的重要组成部分，是反垄断规则体系的核心，也是以反垄断执法活动为代表的实施机制的基础，新反垄断法可以说是中国竞争政策实施迈向更高水平的里程碑。

（资料来源：新浪网）

（二）公共管制

1. 垄断价格的管制

价格管制是指政府对处于自然垄断地位的企业的价格实行管制，以防止它们为牟取暴利而危害公共利益。价格管制的实现需要满足以下条件：从垄断厂商角度，价格管制下垄断产商还要能够盈利，否则它将拒绝生产；从政府管理角度，管制成本必须低于管制后所带来的社会福利增加，否则管制无实际效益。

在价格管制过程中难度最大是确定最优管制价格。价格过低，垄断厂商会采取降低产量的对策。同时，价格降低后，需求量增加，市场上该产品的存货会出现不足，极易造成市场对该商品需求的恐慌。

现实中，往往出现这种情况，即使政府实施了对垄断厂商的价格限制，但垄断者仍能获得高于正常水平的利润，因而导致消费者的不满；并且价格限制在短期内可以有效，但从长期来看，却不一定有效。

2. 征税

政府可以采用对每一个单位的产量或单位价格征收固定税额或固定税率的方式，在不改变垄断厂商的生产量和价格的情况下，通过税收方式将该厂的垄断利润完全征收。

价格管制可以将完全垄断厂商的利益直接转移给消费者，即消费者可以享受到低价的利益。而征收定额税，价格不变，消费者不能立即享受到政府干预的好处，但政府可以通过财政支出的方式为人们提供福利。

3. 鼓励竞争

打破市场分割和地区封锁，理顺地区间利益关系，进一步放宽民营资本市场准入条件。加快垄断行业改革，采取针对性的政策措施，鼓励民营资本通过兼并重组等方式，进入垄断行业的竞争性业务领域。

4. 政府拥有

对于垄断行业，政府还可以采取直接经营的方式来解决由于垄断造成的市场失灵。

5. 特许权招标

政府将垄断权卖给出价最高的投标者，不是将垄断权力送给厂商，而是政府收取垄断租金。投标的条件是特许厂商提供的社会福利高于垄断厂商所能提供的社会福利水平。

【思政小课堂】

互联网反垄断：罚款超 200 亿元，互联互通不断推进

2020 年 12 月召开的中央经济工作会议明确将“强化反垄断和防止资本无序扩张”列为 2021 年八项重点任务之一，强调反垄断、反不正当竞争是完善社会主义市场经济体制、推动高质量发展的内在要求。

为了贯彻中央的反垄断和反不正当竞争工作要求，2021 年 11 月 18 日，国家反垄断局正式挂牌，将前身为国家市场监管总局直属局升级为副部级国家局。这体现了反垄断体制机制的进一步完善。

在顶层设计完善的同时，监管层对互联网行业的反垄断监管措施不断加强，阿里巴巴、美团、腾讯等知名互联网企业接连遭到反垄断处罚。

阿里巴巴滥用市场支配地位行为，被处 182.28 亿元巨额罚款；美团实施“二选一”涉嫌垄断行为被罚 34.42 亿元；腾讯、京东等未依法申报经营者集中案的行政处罚，单一案件顶格处罚 50 万元。

2021 年是我国反垄断执法空前活跃的一年，互联网领域作为重点行业也经历了强监管的一年。在经营者集中反垄断执法方面，自《反垄断法》生效至 2020 年 11 月，我国反垄断执法机构仅公开了 59 起未依法申报案例，其中没有一起案例发生在互联网领域。

从 2020 年 12 月 14 日首次对多家互联网平台的未依法申报经营者集中予以处罚后，国家市场监管总局批量公布了大量互联网领域的未依法申报经营者集中案件。2021 年 1 月 1 日至 2021 年 12 月 14 日，这一年市场监管总局共发布反垄断处罚案例共 118 起，其中 89 起涉及互联网企业，占总数的 75.42%。实际上，从全球范围来看，在过去一年时间里，新一轮反垄断浪潮也在全球掀起。

据统计，仅 2021 年上半年，欧盟对谷歌、苹果公司、Facebook、亚马逊相继展开反垄断调查。

无论是巨额罚款，还是平台间互联互通，自 2020 年年底以来，强化反垄断和规范数字经济发展、完善数字经济治理体系都得到了国家的持续关注。那么，互联网领域反垄断背后的深层次原因又是什么呢？资本的无序扩张无疑是被提及最多的一个原因。

2020 年 12 月，中央经济工作会议在分析研究 2021 年经济工作时，提出要“强化反垄断和防止资本无序扩张”。2021 年的中央经济工作会议则提出要为资本设置“红绿灯”，防止资本野蛮生长。突出的表现就是随着自身发展的壮大，每一个互联网企业都向着所有自己能够参与的领域去扩张。

实际上，美国的谷歌、Facebook，中国的腾讯、阿里，任何一家企业都不是在做单一的业务。大平台在获得大量利润之后，就会将资本渗透到其他相关市场和领域，也就具备了对整个经济社会更强大的一个控制能力。

【思政感悟】

从国家反垄断局的成立，到互联网行业的反垄断大动作，说明国家对反垄断工作的不断深入和推进决心。《反垄断法》的最核心宗旨和作用就是保护竞争秩序，发挥市场在资源配置中的决定性作用，进而通过市场竞争不断促进创新，使消费者能享受到更低的价格、更优质的产品、更好的服务和更多的选择，维护消费者利益和社会公共利益。

（资料来源：新浪网）

任务三　公共物品

一、公共物品

在这之前，我们讨论商品时主要指的是所谓的“私人物品”（Private Goods），即那些在普通的市场上常见的物品，如手机、衣服、汽车等。私人物品具有两个鲜明的特点：第一是“排他性”（Exclusiveness），即可以排除某些人使用该物品；第二是“竞争性”（Rivalness），指一个人使用就会对其他人的使用产生影响。

具有排他性和竞争性的私人物品才能真正适用于市场机制的调控，才能显示市场的效率。

在现实的经济中，还存在着许许多多不满足排他性或竞争性特点的物品。如国防、公共卫生、免费道路、广播电视等，它们既不具有排他性，也不具有竞争性。所以，我们把这些私人不愿意或无能力生产而由政府提供的具有非排他性和非竞争性的物品称为公共物品（ Public Goods）。一种物品要成为公共物品，必须具备以下特性。

（一）非排他性

公共物品的非排他性是指无论是否付费，任何人都无法排除他人对该物品的消费。之所以会出现免费消费，是因为要么技术上不允许，要么由于收费的成本太高而放弃收费。如国防服务，一国所有民众都能平等享受该国的国防服务，而不能把未付费者排除在外。如果把公民所承担的赋税算作国防服务的价格，实际上就意味着有些人支付了高价，有些人支付了低价甚至不支付价格，因为各人的税赋是有差别的。但不管是否纳税、纳税多少，每个人都可以享受平等的国防服务。

公共物品的非排他性意味着公共物品一旦被生产出来，每一个消费者不必支付任何费用就可获得消费权利。私人因收益不能弥补生产成本，往往不会提供公共物品。

（二）非竞争性

公共物品的非竞争性是指任何人对某一物品的消费，都不会影响他人对该产品的消费。即人们无法阻止别人对同一物品的共同享用，也不会由于自己的加入而减少他人对该公共物品享用的质量与数量。如国防，一个居民享受国防的服务并不影响其他居民同时享受国防的服务。

当公共物品向人们提供服务时，在不拥挤的条件下，多一人享用，不会因此而增加生产成本；少一人享用，也不会因此而节省生产成本，即其边际成本为零。这就意味着如果按边际成本定价，公共物品的价格为零。私人提供公共物品无利可图，因而公共物品只能由政府提供。

（三）不可分割性

公共物品的不可分割性是指公共物品的供给与消费不是面向哪一部分人或利益集团，而是面向所有人；公共物品不可能分割成细小的部分，只能作为一个整体被大家享用。

二、公共物品的分类

（一）纯公共物品（Pure Public Goods）

纯公共物品是指同时具有非排他性和非竞争性。如国防、海上的灯塔。

（二）准公共物品（Quasi Public Goods）

准公共物品是指具有不完全排他性和竞争性的物品。准公共物品可以分为两类：一类是具有非竞争性，但具有排他性，如公共草坪、有线电视等；一类是具有非排他性，但具有竞争性，如高速公路、公海里的鱼资源。

在现实中，纯公共物品并不多见，准公共物品则大量存在，并且两者在一定条件下可以相互转化。如电视节目具有非竞争性和非排他性，是纯公共物品；但是通过有线频道可以做到排他性使用，从而转化为可收费的准公共物品。

三、公共物品与市场失灵

（一）公共物品非排他性的特征产生搭便车的问题

所谓搭便车（Free Rider）是指某些社会成员只愿意享用公共物品消费带来的效用，而不愿意为公共物品的生产付出代价，总是希望别的社会成员为公共物品的生产付出成本。

如果所有的社会成员都如此打算，只想享受，不愿意承担费用，那么作为私人生产者是不愿意提供公共产品的，因无法确认费用的承担者而遭受损失的风险太大，即使这种公共物品带来的收益远远大于生产成本。所以市场经济中的价格机制无法给公共物品的生产者带来刺激作用，在公共物品的供给上失灵了。在日常生活中我们总可以找到搭便车的例子，例如许多居民小区的住户不肯向小区物业公司缴纳管理费，认为他们并不需要物业公司帮他们提供安全及其他方面的服务，却可以像其他缴费的住户一样获得同样的服务。

你在现实生活中遇到了哪些搭便车现象？

搭便车现象的存在使得公共物品在私人经营的情况下收费变得不可能。如看焰火，多一个人观看，并不会增加焰火燃放的成本，就是说增加一个人观看其边际成本为零。那按这样来说，每一个看焰火的人都是不需要付费的。因此公共物品不能通过市场供给，而只能由政府来提供。

（二）公共资源的竞争性导致市场失灵

准公共物品中有些物品在具有非排他性的同时，又具有竞争性，例如，公共牧场上的青草、公共河流中的鱼类及无人看管的树林等。公共资源意味着可以有许多人共同使用一种稀缺资源，但其结果往往会发生过度使用的情况。如公共草地过度放牧、公共山林过度砍伐等。这些公共资源因过度使用而造成的后果，称为“公地悲剧”（Tragedy of the Commons）。

【思政小课堂】

中国欢迎你来“搭便车”

搭便车理论首先由美国经济学家曼柯·奥尔逊于1965年发表的《集体行动的逻辑：公共利益和团体理论》（The Logic of Collective Action Public Goods and the

Theory of Groups）一书中提出的。搭便车行为基本含义是不付成本而坐享他人之利的投机行为，是指在一个共同利益体中，某人自觉或不自觉地，假装或不道德地像南郭先生一样“滥竽充数”的行为与动机。“搭便车”的根源是一种投机心理，一方面，投机者抱着“就算我不做，总会有别人做”的想法碰运气；另一方面，在集体行动中，一个人到底出了多少气力往往难以考证，无形中给“搭便车”者提供了机会。搭便车的人多了，总体效率必然降低，甚至损害集体利益，出现所谓的“搭便车困境”。

在国家与国家之间，也存在“搭车”现象。但与一般意义上的“搭便车”不同，经济全球化时代的“搭车”行为，已不再是简单的获利和给予，而是一种互惠互利的共赢。

近年来，中国经济快速增长，为全球经济稳定和增长提供了持续强大的推动。中国同一大批国家的联动发展，使全球经济发展更加平衡。中国始终坚持互利共赢的开放战略，欢迎各国搭乘中国发展的“顺风车”，一起实现共同发展。

习近平主席强调，中国的发展是世界的机遇，中国是经济全球化的受益者，更是贡献者。中国人民深知实现国家繁荣富强的艰辛，对各国人民取得的发展成就都点赞，都为他们祝福，都希望他们的日子越过越好，不会犯“红眼病”，不会抱怨他人从中国发展中得到了巨大机遇和丰厚回报。中国人民张开双臂欢迎各国人民搭乘中国发展的“快车”“便车”。

“中国号”“顺风车”正在全速行驶，打开车门，热情地欢迎五洲四海的朋友们上车！

【思政感悟】

相对于其他国家在思考着如何让搭便车的人付费时，中国提出让世界各国人民来搭中国的顺风车，这正是凸显了大国担当。在世界经济增长乏力的背景下，中国经济遇到一些困难和挑战，但经济增速仍然位居主要经济体前列，对世界经济增长的贡献率保持在 25% 以上。在这种局面下依然坚持欢迎各国搭乘中国发展“顺风车”，一起实现共同发展，正是中国大国责任、勇于担当的体现。

（资料来源：网络整理）

四、公共物品的解决措施

面对公共物品所导致的市场失灵，政府的干预首先要考虑是否需要由政府提供，其次需要提供多少。公共物品由政府提供并不等于全部的公共物品都由政府直接生产。有些可以由政府直接生产，有些则可以引入竞争机制，让私人部门参与生产。

（一）政府直接经营或者生产公共物品

这种方式主要针对纯公共物品和自然垄断性很高的准公共物品，如造币厂和中央银行由中央政府直接经营，电力、煤气、自来水、铁路、邮政服务等在一些国家也由政府直接经营。

（二）政府与私人厂商共同提供公共物品

对于基础设施和公共服务行业，政府通常采取公开招标的方式选择私人厂商，并借助投标者的竞争把价格控制在合理水平。政府通过与私人企业签订公共物品的生产合同，实现这类公共物品的共同提供，这也是发达国家普遍采用的方式。

在许多国家，政府允许私人投资建设基础设施，并通过若干年特许经营收回投资后，将基础设施转让给政府，即所谓的 BOT 模式。

（三）政府委托私人部门提供公共物品

政府通过授权许可经营的方式让一些私人厂商提供公共物品，所谓授权许可经营的方式是指政府将公共物品的经营权授予私人企业。这种方式使私人企业获得了一定的垄断地位，适用于外部性显著的公共物品，如自来水供应、电话、供电、电视广播、报刊、航海灯塔等。

（四）经济资助

经济资助是指政府给予私人部门补贴、优惠贷款、无偿赠予、减免税收等；鼓励其提供公共物品。这种方式适用于那些营利性不高或只有在未来才能盈利且风险大的公共物品如高精尖技术的基础研究、应用技术的超前研究、教育、博物馆等。

（五）政府参股

政府参股分为政府控股和政府入股。政府参股主要针对那些具有举足轻重地位的项目，这些项目在建设初期投入大、风险高，为鼓励私人厂商而向他们提供资本和分散私人投资风险，如发电站、机场、港口、高速公路、桥梁等。

从商务经济活动的角度来看，政府在一些领域提供公共物品，如基础设施、公共交通、公共教育等，这些公共物品的提供通常不以营利为目的，而是为了满足社会的公共需求。企业可以与政府合作，通过合同或特许经营等方式参与公共物品的供应，例如，私营企业可以提供公共交通服务、垃圾处理和环境保护等，这种合作方式可以充分利用私营企业的经营能力和市场机制，提高公共物品的效率和质量。

既有利于社会公共物品的提供，也能保证私人企业更多地在公共物品领域开展经营活动并从中营利。

任务四　信息不对称

一、信息不对称

信息不对称是指经济交易活动中的双方对相关信息的掌握程度的不一致性。简单来说就是，双方在对交易的信息数量和质量上所了解的不均衡。

完全竞争市场的假设所有市场参与者都拥有相同的信息，这是实现完全竞争的关键。但实际上，信息不对称是非常常见的现象。比如生产者肯定比消费者更清楚自己产品的质量和性能；投保人比保险公司更清楚自己的身体情况等。

产生信息不对称的原因是多样的，主要是：

首先，术业有专攻，每个人都只会对自己熟悉的行业和工作了解信息更多，不可能成为“百科全书”。

其次，信息获取成本的权衡。要获得更准确的信息需要付出更多的财力和物力代价，当所想要取得的信息并不能给自己带来足够多的利益时，消费者就需要去权衡信息获取的必要性。

最后，占有信息优势的一方会刻意隐藏信息。完全竞争市场中的信息完全对称既然做不到，那交易双方也必然会以各自拥有的信息多少来进行市场经济活动的博弈，因此在信息掌握有优势的一方会从自身利益出发而隐藏信息。

二、信息不对称与市场失灵

（一）逆向选择

逆向选择（Adverse Selection）是指在信息不对称的情况，拥有信息少的一方做出的不利于另一方的选择行为。在市场交易活动中买家都会重视产品质量，但因为信息不对称，真正清楚产品质量只有卖家，所以那些质量差的产品卖家就有动机“隐藏”有关产品质量的信息，从而造成市场失灵。

1970 年，美国经济学家阿克洛夫的旧车市场模型正是这一领域的研究开创。在旧车市场，有好车，也有坏车，面对信息不对称的买家，所有的卖家都会说自己的车好。买家自己无法判断究竟谁说的是真话，只能根据自己对整个市场的了解来决定支付的价格。那么在好车和坏车被同等对待时，坏车在成本上就具有优势，从而更容易被卖出。当买家发现购买回去的车并不如想象中的那么好，他们会进一步降低对整个市场旧车质量的平均估价，最终会让质量好的旧车因为成本高而被淘汰出市场。在信息不对称情况下，优胜劣汰没有得到体现，即好的产品在竞争中失败，而次品却容易成交，这就是因信息不对称产生的逆向选择。这类属于买家的信息不对称。

接下来，我们讲卖家信息的不对称造成的逆向选择。在保险市场上，保险公司根据社会平均的出险概率来确定保费，但无法确定具体哪些人的出险概率的大或小。那么买家是很清楚自己情况的，那些身体不好的人会积极买医疗保险，那些觉得自己财产容易遭受损失的人会积极购买财产保险。从而，保险客户的出险概率会普遍高于之前所预计的平均水平概率，保险公司的赔付增多后必然增加保费。这样最后的结果是把那些风险较小的好顾客逐出保险市场，出现了逆向选择。

思考

为什么现实生活中存在假冒伪劣产品并且屡禁不止？

（二）道德风险

道德风险（Moral Hazard）是指拥有信息多的一方用自己的信息优势来侵犯拥有信息少的一方的利益的行为。

例如前面的保险市场，信息不对称不仅让保险公司的行为产生扭曲，同样在信息不对称时投保人也会做出违背道德的行为。在投保人没有购买保险前，对潜在的风险会小心翼翼，随时随地采取规避风险的措施，尽可能减少风险的出现。但在购买了保险后，很多投保人会变得“粗心大意”，因为投保人清楚这时候的风险承担者不止他本人，保险公司会承担部分甚至全部，最终导致出险概率的增加。从保险公司的角度来看，投保人的这种“粗心大意”就是一种道德败坏。

学习二维码 6-2
2023 年 315
晚会曝光名单

生活中同样存在着道德风险。如在劳动力市场上，信息有优势的是员工，所以员工工作偷懒，对于老板来讲就是道德风险，再比如在家庭生活中，夫妻之间对自己的了解是更清楚的，那么在婚前有一方隐藏自己的性格缺点，而婚后就暴露出自己的本来性格，这对对方来说也是道德风险。

【思政小课堂】

315 曝光问题意义何在

3 月 15 日是国际消费者权益日，一年一度的 315 大会每年如期举行并曝光一批问题企业。

今年的 315 曝光了些什么企业。最为广受热议的就是调出来的“泰国”香米。这种“泰国”香米，是企业通过香精勾兑，将本地产的普通大米，调成了香米，并包装成泰国香米进行售卖。最可恶的是这种香精是人工合成的化学物质，对人体的伤害也是非常大的。

还有就是泥坑里的腐烂橄榄菜，一堆乱七八糟的腐烂菜叶被随意地堆在工业园的路边，不仅制作环境恶劣，原材料里也是夹杂着泥水、餐盒、烟头等，散发出一阵又一阵的恶臭。可就是这些腐烂变质的菜叶子，经过包装和腌制，摇身一变，变成了知名橄榄菜。

曾经让老百姓期待的每年 315 打假变得不再那么让人期待，同时老百姓也疑惑，为何有问题的企业都是在 315 这天曝光，那这天之后，消费者的权益又怎样来保护呢？这样的曝光有何意义呢？

【思政感悟】

3 月 15 日作为国际消费者权益日设立的目的就是向社会传达维护消费者权益、监督市场秩序、推动法律法规完善的信号。从消费者的立场来说，通过这一节日，或者说通过 315 晚会的举办，既有利于规范企业发展，也可以传达消费者对于维护自身权益，获得更好产品或服务的愿望。在 315 晚会的形式背后更多的是国家对消费者权益维护和强化市场秩序监管的决心。

三、信息不对称的解决措施

（一）利用市场机制传递和获得信息

1. 信号传递

发信号（Signaling）是指有信息的一方向没有信息的一方披露自己的私人信息

所采取的行为。

面对因买方市场信息缺乏而带来的问题，企业可以通过花钱做广告来向潜在的客户告知他们的有高品质商品的信息，让买方可以更客观地评价产品。在劳动力市场上，企业可以通过学历来作为员工初选的标准，后期学历不再是唯一标准，老板会通过平时的观察和考核来了解自己的员工，偷懒不认真的员工得不到重用，因为这时老板和员工信息已经对称了。

2. 信息甄别

信息甄别（Information Discrimination）是指处于信息劣势的一方先采取行动来获取和分析拥有私人信息一方的信息。

在无法确定员工工作效率时，采用不同的劳动报酬机制就是一种信息甄别方式。如一家工厂同时实行计件工资制和计时工资制，那结果会是工作效率高的会选择计件工资制，而工作效率低于平均水平的会选择计时工资制。

在保险市场上，保险公司可以针对不同的车主制定不同的保费方案，一种是费率较高的全额保险，另一种是费率较低的部分保险。那么开车技术不好的会选择第一种，而技术好的车主则会选择低费率保险。

（二）政府参与管制

面对企业的信息不公开、虚假信息等，政府可以运用其公共权力，整治虚假广告，打击假冒伪劣产品，强制企业落实产品质量保证等。同时政府也可以通过制定行政法规，强制要求企业向市场提供真实可靠信息，如违反则会依法处罚。

在劳动力市场上，政府会对从事危险工作行业的相关企业要求强制制定安全检查措施和规定，并经常开展安全督查，确保劳动者安全。

【思政小课堂】

全国 12315 消费投诉信息公示平台上线

为加快建设全国统一大市场，构建新发展格局，优化消费环境，市场监管总局近日印发《市场监督管理投诉信息公示暂行规则》，2023 年 10 月 21 日上线全国 12315 消费投诉信息公示平台，部署全国市场监管部门开展消费投诉公示。

信息不对称一直是制约居民消费扩大的痛点之一，消费者购物前都希望查一查商家以往被投诉和解决消费纠纷的情况。为此，市场监管部门主动公开处理消费者投诉的相关政府信息，让消费者明明白白消费，同时让经营者诚信守法经营。公示平台网址为 tsgs.12315.cn，小程序、公众号名称为“12315 投诉公示”，公众可以查询特定商家投诉情况，掌握投诉热点，浏览本地最新投诉等。

通过晒出消费者评价、汇聚实时大数据，可以一体实现法治监管、信用监管和智慧监管，以公开促公正、化压力为动力。去年 11 月以来，市场监管总局在吉林、上海、浙江、广东、四川、新疆 6 省区市开展了消费投诉信息公示的试点，试点地区的消费环境透明度、经营者诚信度、消费者满意度有所提升，从而更多消费纠纷被化解在源头和萌芽阶段。

同时，公示平台专门创设“企业服务”功能，为企业提供以往被投诉情况。通过 12315 数据赋能，帮助企业有针对性地改进经营行为、减轻合规成本，企业通过电子营业执照即可登录平台。

【思政感悟】

市场监管部门主动公开处理消费者投诉的相关政府信息，通过一个平台集中公示各地消费者对各类经营者的投诉，可以有效减少消费市场的信息不对称，保障消费者的知情权和选择权。

公示平台不仅对消费者有积极的影响，也让企业更加注重诚信守法经营。

对企业来说，可以督促企业更加诚信守法地去经营。如果产品质量不好，服务也不好，网上就会有很多投诉信息，消费者都看得到，这样对企业来说肯定有较大的影响。投诉信息的公示会倒逼企业更加注重对消费者权益的保护，更加注重自己产品质量和服务水平的提升。这样对市场的高质量发展、消费者的权益保护等，都会起到明显作用。

（资料来源：中国政府网）

任务五　外部性的困扰

一、外部性

外部性（externality）是指某人或者某些组织在生产或者消费过程中对无关的第三方产生了有益或者有害的影响。对于产生的有益影响，施加影响方无法获得相应的报酬，同样对于所产生的有害影响，施加影响的一方也不需要进行补偿。

外部性根据不同的分类标准可以主要分为以下几类：

从产生的结果来分，外部性可以分为正外部性和负外部性。如果某人或某个厂商的经济活动使得其他人或厂商福利增加，那么这就称之为正外部性，如你家院子种了很多花，对邻居来说也会有美的享受，邻居家刚好养蜂，蜜蜂能帮助你的花传播授粉，对你来说也产生了益处。但如果某人或某个厂商的经济活动使得其他人或厂商福利减少，这被称之为负外部性，最典型的就是公共场合吸烟的人让你被迫也吸进了二手烟，企业直接将有害物质从河流中排出而影响河下游人的用水。

从产生的领域来看，外部性可以分为生产的外部性和消费的外部性。生产外部性指某些厂商的生产活动使其他生产者增加或减少成本，却未补偿或者收费的情况，如企业直接将未经处理的污水排入河中，下游居民的日常用水被影响而不得不去找其他干净水源，这期间增加的成本并不会由这家排放污水的企业来承担。消费的外部性是指某些消费者的行为引起其他消费者利益的增加或者减少，如吸烟者会给身边的人带来身体健康的影响。

二、外部性与市场失灵

（一）负外部性对资源配置效率的影响

造纸厂在生产过程中会将一些污水排入河中，对下游的居民用水产生影响，这属于生产的负外部性。由于造纸厂没有经过排污处理，减少了其生产成本，这时造纸企业在生产过程中的社会成本是高于私人成本的。如图 4.2 所示，$MC_{社}$为生产纸张企业的社会边际成本线，$MC_{私}$是企业的私人边际成本，在负外部性下其 $MC_{社}$是高于 $MC_{私}$，两者之间的差额就是要开展治理污染的成本。MR 为造纸企业的边际收益曲线。

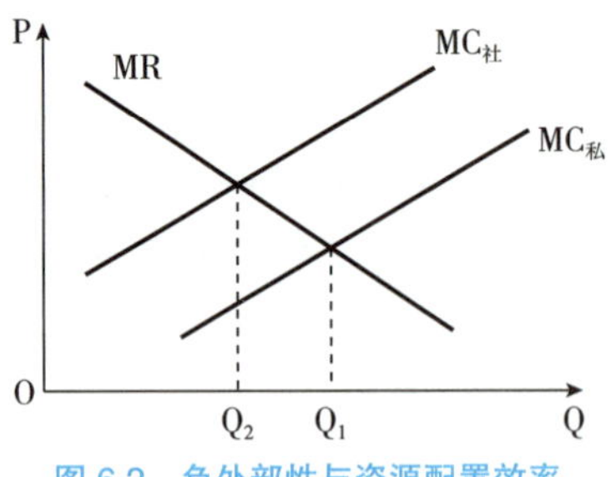

图 6.2　负外部性与资源配置效率

在利润最大化原则下，MR=MC，厂商会根据这一原则将产量定在 $MC_{私}$=MR 处，即产量为 Q_1 的位置，而对整个社会来讲最佳的产量应该为 Q_2。由图可知，私人最佳产量是高于社会最佳产量水平的，也就是说在社会成本大于私人成本时，即存在负外部效应时，私人活动的水平要高于社会所要求的水平。

（二）正外部性对资源配置效率的影响

以汽车排放尾气为例，因为排放尾气造成空气污染，个人消费者安装了汽车尾气排放处理装置，这样可以减少尾气排放带来的负效应。但个人安装该装置的成本完全是由自己来承担，而受益的却是全社会。因此从个人角度来看，安装尾气排放处理装置给私人带来的收益是小于给社会带来的收益的。

如图 4.3 所示，$MR_{私}$是个人安装汽车尾气排放处理装置的私人边际收益曲线，$MR_{社}$是个人安装汽车尾气排放处理装置的社会边际收益曲线，$MR_{社}$是高于 $MR_{私}$，代表个人安装汽车尾气排放处理装置的社会边际收益高于其私人边际收益的。两者之差为汽车尾气排放处理装置的安装成本。

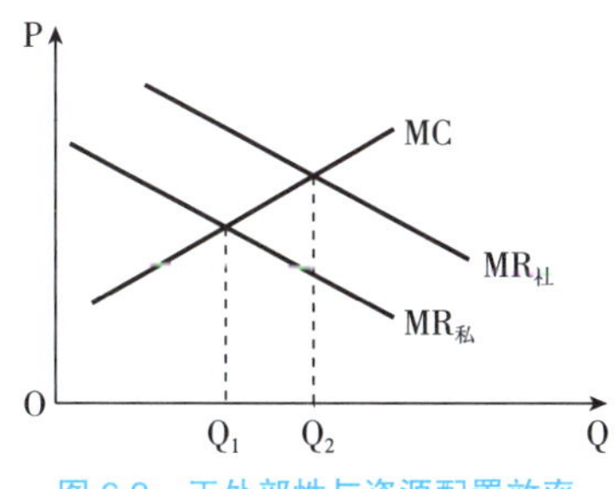

图 6.3　正外部性与资源配置效率

依据利润最大化时 MR=MC，个人对汽车尾气排放处理装置的消费数量是在私人边际收益和私人边际成本的相交处，即 Q_1 数量，而在社会边际效益到达最佳的数量在 Q_2，明显看出 Q_2 大于 Q_1。在私人最佳消费水平低于社会最佳水平，也就是社会边际收益大于私人边际收益时的情况下，即存在正外部效应时，私人消费的水平要低于社会所要求的最佳水平。

【案例阅读】

为什么鲸鱼濒临灭绝，鸡却没有繁衍之忧？

几乎每年环保主义者都会上街游行，谴责国际捕鱼业对许多大型海洋哺乳生物的生存造成了威胁。可据我所知，从来没有人上街抗议，号召大家拯救小鸡。这是为什么呢？

简单来说，鸡从来没当过濒危物种。但这就引出了另一个问题：为什么有的物种濒临灭绝，有的却没有？

鲸鱼的数量锐减，是因为没人拥有鲸鱼。它们在公海里巡游，而好几个国家拒绝遵守保护鲸鱼的国际条约。日本和挪威捕鲸人绝对清楚自己目前的做法会威胁到鲸鱼的生存，进而损害自身的生计。可每个捕鲸人也都知道，自己捕不着的鲸鱼，最终会被别人捕获。因此，捕鲸人无法从自我限制中获益。

反过来看，世界上大多数的鸡都是有主人的。如果你今天杀掉了自己的一只鸡，明天你就会少了一只鸡。如果养鸡是你的谋生手段，那么，你必然有着强烈的动机，要使送去市场卖的鸡和新养的鸡在数量上保持平衡。

鸡和鲸鱼都有经济价值。人们对鸡能享有可靠的所有权，但对鲸鱼却不能。这一事实解释了前者繁衍不息，后者濒于灭绝的原因。

（资料来源：罗伯特·弗兰克《牛奶可乐经济学》）

三、外部性的解决措施

（一）政府行为

1. 征税或收费

对于负的外部性一般做法是由政府向引起负外部性的生产者征税。政府通过向产生负外部性的企业收税或收费的方式，加大其成本，从而达到减少或制止负外部性的目的。

征税是把负的外部性内在化，即把引起负外部性的外部成本转嫁给引起负外部性的生产者。当制造污染或噪音的企业不愿意缴纳税款，那就需要企业自己去进行治理；如果企业自己不愿意去治理，那么就需要缴纳相应的税款，由政府用征收的税款来治理负的外部性。

不管是企业自己治理，还是通过缴纳税让政府治理，生产者成本必然会增加，收益减少，那么生产者也会自动减少生产甚至停止生产。如，政府向排污企业征收排污费，加大了企业生产的边际成本，从而促使企业减少产品生产，达到了减少污染的目的。

【思政小课堂】

我国环境保护税是覆盖面广又作用直接的环境保护税

环境保护税作为专门的绿色税种，它开征的主要目的不是为了增加财政收入，主要是为了让企业既算经济账又算环境账，使高污染、高排放企业加速绿色转型，让清洁生产的企业获得发展先机。

环境保护税对直接向环境排放污染物的行为征税，它覆盖了大气污染物、水污染物、固体废物和噪声四类主要污染物、100 多种主要污染因子。经查阅有关资料，我国目前的环境保护税是世界上既覆盖面广又作用直接的环境保护税，因为国外有些单行环境保护税没有覆盖我们这么多污染物，也没有这么多污染因子，有些是对碳排放征税，不是直接的。我们是对污染物征税，所以覆盖面广、作用最直接，这进一步树立了我们国家负责任的大国形象。在制度上，环境保护税主要是通过构建两个机制来更好地发挥税收的调节作用。

一是“多排多征、少排少征、不排不征”的正向减排激励机制。一方面，针对同一危害程度的污染因子，按照排放量来征税。另一方面，针对不同危害程度的污染因子，设置了差别化的污染当量值，实现对高危害污染因子多征税。

二是“中央定底线、地方可上浮”的动态税额调节机制。就是环境保护税法规定应税大气污染物、水污染税额标准的上限和下限，授权省一级人民政府可以根据本地区的环境承载容量和承载能力，在上下限之间提出具体的适用税额，报同级人大常委会来决定，并报全国人大常委会和国务院备案。

在政策上，我们通过实行差别化的税制设计来强化三个政策导向。

一是鼓励清洁生产。税法第 13 条设置的两档减税优惠政策，例如纳税人应税大气或水污染物排放浓度值低于规定标准 30% 的可以减按 75% 来征税；纳税人排放浓度值低于规定标准 50% 的减按 50% 来征税，鼓励更多的纳税人享受税收优惠，更好地发挥税收优惠的减排激励作用，这也是我们政策设计的初衷。

二是鼓励集中处理。税法第 4 条规定，企业事业单位和其他生产经营者向依法设立的污水集中处理、生活垃圾集中处理场所排放应税污染物的不缴纳环境保护税。第 12 条又规定，依法设立的城乡污水集中处理、生活垃圾集中处理场所排放相应的应税污染物不超过国家和地方规定排放标准的，暂予免征环境保护税，鼓励集中处理和达标排放。

三是鼓励循环利用。税法第 12 条规定，纳税人综合利用的固体废物，符合国家和地方环境保护标准的，暂予免征环境保护税。例如我们生活中常见的直接排放的固体废物，有煤矸石、尾矿、冶炼渣、粉煤灰等等。如果你将这些固体废物用来生产建筑材料，我们就不会征收相关税费，而且我们还有增值税减免政策。如果你直接向环境排放，我们就要征环境保护税。

【思政感悟】

“环保靠政府”的惯性思维难以持续。税收的一个重要特征是“羊毛出在羊身上”。环保税并非要增加企业税负，而是要建立一种有效机制。将环境保护税收法定化，有助于消除之前存在的排污收费上的地方政府“低价竞争”，改变中央政府环保财政转移支付不堪重负的现实；环保税收入归地方所有，也有助于明确地方的环保责任，发挥环保税收“双重红利”的功效。此外，还可以培育环境污染治理市场，发挥第三方治理污染的作用，以尽可能少地投入治理环境污染，改善环境质量。

征收环境保护税，可以减少污染物排放，保障保护生态环境的收益问题，改善我国环境质量，促使“绿水青山就是金山银山”尽快变成现实。

（资料来源：中国政府网　光明网）

2. 制定法规

对于负的外部性，政府可以通过立法的方式来直接限制引起外部性的行为。以环境污染为例，只要有生产活动，造成污染等就是难以避免。政府要尽可能消除这种负外部性，就可以通过制定有针对性的法律、法规，限制或控制这类企业的生产。

各国发展水平和技术水平的不一致，完全对污染企业采取关停措施是不现实的，并且执法成本也会很高。所以，政府要在现有技术水平下，确定企业最优污染量，并依次来制定排污标准。如果生产者超过这一标准，根据法律，它就会面临严重的经济处罚甚至刑事处罚。这种惩罚会迫使生产者遵守排污规定，安装降低污染的设备，从而保证污染符合社会最优标准。

许可证也是政府控制负外部性的另一种有效方式。例如美国实行可交易排污许可证的做法。政府根据实际情况确定排污标准，然后向污染企业发放（或拍卖）排污许可证。

3. 补贴或税收减免

采取补贴、减免税收等措施补偿私人收益低于社会收益的部分。补贴分为补贴消费者、补贴生产者，它是解决正外部性的方法。例如对购买新能源汽车的消费者给予税收减免或补贴。给予生产者的补贴是通过补贴减少生产者的成本，从而鼓励其增加生产，产生更多的正外部性。

【案例阅读】

从事污染防治的第三方企业可享所得税优惠

9 月 5 日，财政部、税务总局、国家发展改革委和生态环境部联合发布公告明确，对符合条件的从事污染防治的第三方企业减按 15% 的税率征收企业所得税，以鼓励污染防治企业的专业化、规模化发展，更好地支持生态文明建设。公告执行期限为 2024 年 1 月 1 日至 2027 年 12 月 31 日。

公告所称第三方防治企业是指受排污企业或政府委托，负责环境污染治理设施运营维护的企业。

按照公告，第三方防治企业应当同时符合以下条件：在中国境内（不包括港、澳、台地区）依法注册的居民企业；具有1年以上连续从事环境污染治理设施运营实践，且能够保证设施正常运行；具有至少5名从事本领域工作且具有环保相关专业中级及以上技术职称的技术人员，或者至少2名从事本领域工作且具有环保相关专业高级及以上技术职称的技术人员；从事环境保护设施运营服务的年度营业收入占总收入的比例不低于60%；具备检验能力，拥有自有实验室，仪器配置可满足运行服务范围内常规污染物指标的检测需求；保证其运营的环境保护设施正常运行，使污染物排放指标能够连续稳定达到国家或者地方规定的排放标准要求；具有良好的纳税信用，近三年内纳税信用等级未被评定为C级或D级。

公告规定，第三方防治企业，自行判断其是否符合上述条件，符合条件的可以申报享受税收优惠，相关资料留存备查。税务部门依法开展后续管理过程中，可转请生态环境部门进行核查，生态环境部门可以委托专业机构开展相关核查工作，具体办法由税务总局会同国家发展改革委、生态环境部制定。

（资料来源：经济日报2023年9月5日）

（二）实现外部性内部化

一个企业对另一个企业可能存在正外部性或负外部性，当两个企业合并后，在合并的一个企业内部核算成本与收益时，就能消除外部性的影响，即“内部化”了。

比如养蜂人和苹果园主，他们各自经营都给对方带来正外部性。但是，当苹果园主决定种多少苹果树和养蜂人决定养多少蜜蜂时，都未考虑正外部性。这样苹果园主种树的数量往往与养蜂人养蜂的数量之间不会达到最佳的配合量，使得正外部性不能让双方获得最佳产量。如果养蜂人买了苹果园，或苹果园主买了蜜蜂，使得外部性内在化，就可达到养蜂和种苹果双赢的效果。

（三）界定产权

学习二维码6-3
政府环保投入

界定产权是指国家依法划分财产所有权和经营权等产权归属，明确各类产权主体行使权力的财产范围及管理权限的一种法律行为。英国经济学家科斯提出，只要财产权明确，并且交易成本为零或者很小，有些外部影响就不会出现。

【案例阅读】

清晰产权界定：提高历史街区保护积极性

历史街区作为历史文化遗产的一种，对其保护具有很强的正外部效益。在具有极大稀缺性的城市土地资源中，应当做到“拆”与“保”的平衡，实现经济意义上的最优化选择。

当一个城市片区被划定为历史街区后，历史文化遗产保护的规划控制要求就对片区内房屋的产权形成了一种再界定，通过建筑风貌特征、高度体量的严格控制限制了房屋的部分发展空间。另一方面，历史街区中的房屋维护、修缮又是一种具有很高外部性的活动，实施主体的投入部分转化为对社会整体的贡献，而不完全使自己获益。这两个情况叠加在一起，如何通过产权界定补偿文化遗产保护对房屋产权人权权益的削弱和历史街区保护的外部性效应变得尤为重要。

从新制度经济学的角度看，历史街区既是公共物品，也是公共资源，对其房屋产权界定既可以通过产权私有化来避免“公地悲剧”，也可以在产权共有的条件下，通过加强公共治理来达成个人理性与集体理性的一致，激发本地居民“自下而上”参与历史街区保护积极性的关键。

其实对于历史街区中房屋所有权应当如何进行调整的问题并不是那么重要，无论是否对房屋的所有权进行调整，对产权具体内容的清晰界定才是提高历史街区保护积极性的前提和关键所在。

（资料来源：中国建材报《清晰产权界定 提高历史街区保护积极性》整理，2022 年 3 月 14 日）

学习二维码 6-4
本项目专升本
考核知识点

复习思考题

一、单选题

1. 市场失灵是指（　　）。

A. 在私人部门和公共部门之间资源配置不均

B. 不能产生任何有用成果的市场过程

C. 以市场为基础的对资源的低效率配置

D. 收入分配不平等

2. 公共物品不具备以下哪种特性（　　）。

A. 非排他性　　B. 非竞争性

C. 排他性　　D. 不可分割性

3. 针对垄断原因导致的市场失灵，政府干预的方式主要是（　　）。

A. 制定反垄断法　　B. 实行“内部化”政策

C. 界定产权　　D. 庇古税

4. 解决负外部性可采取以下哪种方法（　　）。

A. 通过征税的方法或补贴来使外部性内在化

B. 通过征税使原有外部不经济的产品减少需求

C. 通过补贴使原有外部经济产品增加供给

D. 通过补贴使原有外部经济的产品减少需求

5. 市场不能提供纯粹的公共物品，是因为（　　）。

A. 公共物品不具有排他性

B. 公共物品不具有竞争性

C. 消费者都想“免费搭车”

D 以上三种情况都是

二、判断题

1. 同国防、外交一样，有线电视属于纯公共物品。（　　）

2. 公共物品实际上就是公用物品。（　　）

3. 无论是正外部性或负外部性都会引起市场失灵。（　　）

4. 市场失灵就是要让政府取代市场机制。（　　）

5. 信息不对称就是买卖双方所拥有的信息数量和质量不同。（　　）

三、简答题

1. 导致市场失灵的因素主要有哪些？

2. 信息不对称何以导致市场失灵？

3. 当出现外部性导致市场失灵时，政府干预的手段有哪些?

实训项目

1. 以小组为单位，调查在学校中存在的“公共物品悲剧”现象，思考如何能有效地解决这类问题。

2. 以小组为单位，调查学校范围内存在哪些外部性现象，对于正外部性如何鼓励？对于负外部性应如何治理?

项目七 直面失业问题

知识目标

了解失业和通货膨胀的概念，理解失业的分类，理解奥肯定律，理解通货膨胀的原因，掌握失业与通货膨胀的关系，掌握通货膨胀的影响。

能力目标

能够解释失业现象，能够分析通胀的原因，能够提出应对失业和通胀的方案。

思政目标

具备初步分析问题的能力，树立竞争意识和守法意识，做出正确的就业选择和职业选择。

项目引例

委内瑞拉的恶性通货膨胀

2020 年 10 月，委内瑞拉通货膨胀率高达 830000%，这意味着去年同期一样物品花费 1 元，今年需要花 8300 元购买。在恶性通货膨胀下，委内瑞拉的人们很多都成了“百万富翁”，可此时一百万元的购买力却很有限。43岁的M是当地的一名护士，据英国媒体报道，她每月的最低工资只能勉强为家庭购买一千克肉。

请问：委内瑞拉的通货膨胀给人们的生活带来了什么影响？

通货膨胀是我们生活中常见的经济现象，表现为一般物价水平的持续上升，人们生活成本增加，货币购买力下降。严重的通货膨胀，会影响社会经济生活的持续发展，造成严重的社会问题。所以，政府应运用宏观经济政策，发挥宏观调控的作用，防止发生严重的通货膨胀。

任务一　失业理论

一、失业及其分类

失业是指在社会经济中劳动者处于无工作的状态。这些人年龄在规定范围内，有工作能力和工作意愿，而没有工作或正在寻找工作，均称为失业者。就业者和失业者之和就是社会劳动力总数。宏观经济学通常将失业分为三种类型，即摩擦性失业、结构性失业以及周期性失业。

摩擦性失业是指在生产过程中由于难以避免的摩擦而造成的短期、局部性失业。这种失业在性质上是过渡性或短期性的。它通常起源于劳动力的供给方，像人们换工作或找新的工作时，工作机会和寻找工作的人在经济中的匹配并不是百分百成功的，就存在一些人找不到工作。摩擦性失业被认为在任何时候都存在，但对任何个人或家庭来说，它是过渡性的。因此，摩擦性失业不被认为是严重的经济问题。

结构性失业是指劳动力的供给和需求不匹配所造成的失业，其特点是既有失业，又有职位空缺，失业者或者没有合适的技能，或者居住地点不当，因而无法填补现有的职位空缺。结构性失业在性质上是长期性的，而且通常起源于劳动力的需求方。结构性失业是由经济变化导致的，这些经济变化引起特定市场和区域中特定类型的劳动力的需求相对低于其供给。

周期性失业是指经济周期中的衰退或萧条时因需求下降而造成的失业，这种失业是由整个经济的支出和产出下降造成的。当经济中总需求的减少降低了总产出时，就会引起整个经济体系较普遍的失业。

除了上述三种失业类型外，在宏观经济学中还有一种关于失业的分类，即所谓的自愿失业和非自愿失业。前者指工人不愿接受现行工资水平而形成的失业。后者指愿意接受现行工资但仍找不到工作的失业。

【案例阅读】

《2023 大学生就业力调研报告》：大学生就业呈结构性矛盾

《2023 大学生就业力调研报告》发现，2023 届毕业生选择单位就业的比例从 2022 年的 50.4% 上升到了 57.6%，慢就业比例也从 15.9% 上升到 18.9%，选择自由职业的比例则从去年的 18.6% 下降到了 13.2%，而且专业与岗位需求匹配度出现了下降趋势，这在一定程度上说明当前大学生培养体系缺乏对劳动力市场变化的快速响应能力。由于高等教育体系改革步伐较慢，大学生专业结构缺乏弹性，而由市场力量所主导的需求充满竞争且需求结构灵活多变，导致大学毕业生的供给与需求不匹配。在此过程中，由于需求不足而引起的大学毕业生就业难问题，逐渐转变为供给侧无法适应需求结构转型的就业难问题，导致大学毕业生就业结构性矛盾日益突出。

（资料来源：http://web.app.workercn.cn/news.html?id=318131）

思考

大学生毕业不愿意找工作，是不是属于失业？

衡量一个社会失业程度的统计指标有两个，即失业人数和失业率。失业率是失业人数占劳动力总数的比率，计算公式如下：

失业率 = 失业人数 / 劳动力总数 = 失业人数 /（就业人数 + 失业人数）

对于劳动力，各国称谓不同，美国和日本叫劳动力，英国等一些国家叫工作人员，联合国及国际劳工局则叫经济活动人口。有些人口已达到一定年龄，但既非就业又非失业，这些人口称为非属劳动力人口，包括从事家务劳动、读书求学、患病等。联合国与英国、日本等多数国家以 15 岁为劳动力起始年龄，美国和俄罗斯等国以 16 岁为劳动力起始年龄，各国稍有差异。

思考　我国的劳动力起始年龄是多少岁？

二、自然失业率和自然就业率

由于摩擦性失业的普遍性和不可避免性，宏观经济学认为，经济社会在任何时期总存在一定比率的失业人口。为此，定义自然失业率为经济社会在正常情况下的失业率，它是劳动市场处于供求稳定状态时的失业率，这里的稳定状态被认为是，既不会造成通货膨胀也不会导致通货紧缩的状态。与自然失业率相联系的一个概念是自然就业率，其含义是与自然失业率相对应的就业率，即充分就业量除以劳动力总量所得到的比率。按照这一界定，显然，一个经济的自然失业率与自然就业率之和为 100%。这意味着知道两者中的一个，就可以推知另一个。从这个意义上说，自然失业率和自然就业率两者是一回事。在一些西方文献中，在不会产生混淆的情况下，就将它们统称为自然率。

自然失业率不仅在理解充分就业和潜在产量（或充分就业产量）方面发挥着作用，也在理解宏观经济学和宏观经济政策方面发挥着重要作用。

【案例阅读】

网络流行词：躺平和内卷

躺平，指无论对方做出什么反应，你内心都毫无波澜，对此不会有任何反应或者反抗，表示顺从心理。另外在部分语境中表示为：瘫倒在地，不再热血沸腾、渴求成功了。躺平看似是妥协、放弃，但其实是“向下突破天花板”，选择最无所作为的方式反叛裹挟。年轻人选择躺平，就是选择走向边缘，超脱于加班、升职、挣钱、买房的主流路径之外，用自己的方式消解外在环境对个体的规训。

内卷，原指一类文化模式达到了某种最终的形态以后，既没有办法稳定下来，也没有办法转变为新的形态，而只能不断地在内部变得更加复杂的现象。经网络流传，很多高等学校学生用其来指代非理性的内部竞争或“被自愿”竞争。现指同行间竞相付出更多努力以争夺有限资源，从而导致个体“收益努力比”下降的现象。可以看作是努力的“通货膨胀”。

（资料来源：https://baike.baidu.com/item/%E5%86%85%E5%8D%B7/54275161）

思考

躺平和内卷都处于极端的两种状态，作为大学生的我们，对于奋斗应该抱有什么样的态度呢？

三、失业的影响和奥肯定律

（一）失业的影响

1. 失业对社会的影响

失业对失业者及其家庭来说，失去了收入保障，生活陷入困境，自尊心受到伤害，可能造成家庭破裂，引发许多社会问题。失业的增加和长期存在会引起犯罪、自杀、离婚、吸毒等案件的增加，不利于社会的稳定。

2. 失业对经济的影响

失业会直接造成资源浪费。劳动力是重要的生产要素，劳动力的闲置本身就是资源的浪费，在劳动者失业的同时，生产设备及其他经济资源也常常会大量的闲置。失业的经济影响可以用机会成本的概念来理解。当失业率上升时，经济中本可由失业工人生产出来的商品和劳务就损失了。衰退期间的损失，就好像是将众多的汽车、房屋、衣物和其他物品都销毁掉了。

3. 失业对政治的影响

当失业率较低时，政府会得到公众的认同，执政者会得到更多人的信任和拥护；当失业率较高时，政府和执政者会受到公众的谴责，失去信任。

【案例阅读】

啃老族

啃老族，网络用语中指一些不升学、不就业、不进修或不参加就业辅导，终日无所事事，靠父母供养的年轻人。“啃老族”并非找不到工作，而是主动放弃了就业的机会，赋闲在家，不仅衣食住行全靠父母，而且花销往往不菲。“啃老族”年龄都在23—40岁之间，有谋生能力，但靠父母供养。社会学家称之为“新失业群体”。据中国媒体调查，“啃老族”主要有以下六类人：

一是大学毕业生，因就业挑剔而找不到满意的工作。

二是以工作太累太紧张、不适应为由，自动离岗离职的，他们觉得在家里很舒服。

三是“创业幻想型”青年，他们有强烈的创业愿望，却没有目标，缺乏真才实学，总是不成功，而又不愿“寄人篱下”当个打工者，约占 20 %。

四是频繁跳槽，最后找不到工作，靠父母养活。

五是下岗的年轻人，他们习惯于用过去轻松的工作与如今紧张繁忙的工作相比，越比越不如意，干脆就离职，约占 10%。

六是文化低、技能差，只能在中低端劳动力市场上工作，但因怕苦怕累索性躲在家中。

（资料来源：http://baike.baidu.com/item/ 啃老族 /1115699?fr=aladdin）

【课堂讨论】“啃老”人群算不算失业人群?

（二）奥肯定律

20 世纪 60 年代，美国经济学家阿瑟 · 奥肯根据美国的数据，提出了经济周期中失业变动与产出变动的经验关系，即奥肯定律。

奥肯定律的内容是，失业率每高于自然失业率 1 个百分点，实际 GDP 将低于潜在 GDP 2 个百分点。换一种方式说，相对于潜在 GDP，实际 GDP 每下降 2 个百分点，实际失业率就会比自然失业率上升 1 个百分点。

西方学者认为，奥肯定律揭示了产品市场和劳动市场之间极为重要的联系。它描述了实际 GDP 的短期变动与失业率变动的联系。根据奥肯定律，可以通过失业率的变动推测或估计 GDP 的变动，也可以通过 GDP 的变动预测失业率的变动。例如，如果实际失业率为 8%，高于 6% 的自然失业率 2 个百分点，则实际 GDP 就将比潜在 GDP 低 4% 左右。在宏观经济学中，GDP 偏离其潜在值的百分比被称为 GDP 缺口。奥肯定律可以用下面的公式来表示：

$$(y-y^*)/y^*=-\alpha(u-u^*)$$

式中，y 为实际产出，y^* 为潜在产出，u 为实际失业率，u^* 为自然失业率，α 为大于零的参数。

奥肯定律的一个重要结论是，实际 GDP 必须保持与潜在 GDP 同样快的增长，以防止失业率的上升。如果政府想让失业率下降，那么，该经济社会实际 GDP 的增长必须快于潜在 GDP 的增长。

【案例阅读】

国务院关于应对新冠肺炎疫情影响强化稳就业举措的实施意见

据中央广播电视总台中国之声《新闻和报纸摘要》报道，2020 年 3 月 18 日，国务院办公厅印发《关于应对新冠肺炎疫情影响强化稳就业举措的实施意见》（以下简称《意见》）。要求深入贯彻习近平总书记关于统筹推进疫情防控和经济社会发展工作的重要指示精神，加快恢复和稳定就业，在确保疫情防控到位的前提下，毫不放松抓紧抓实抓细抓稳就业各项工作。

《意见》从更好实施就业优先政策，引导农民工安全有序转移就业，拓宽高校毕业生就业渠道，加强困难人员兜底保障，完善职业培训和就业服务五个方面提出具体政策措施。

（资料来源：https://baijiahao.baidu.com/s?id=1661733918152265341&wfr=spider&for=pc）

【思政小课堂】

实现就业率“逆市上扬”，后疫情时代高职打响就业“保卫战”

2021年春招季，相较于同龄人的焦灼，陕西工业职业技术学院（以下简称“陕西工院”）机械制造与自动化专业2018级学生王楠早早地吃下“定心丸”——被顶岗实习单位西安航天发动机有限公司留用为装配钳工。全国大学生数学建模竞赛专科组陕西赛区一等奖、“海克斯康杯”机械产品检测与质量控制技术赛项二等奖……一沓沓奖状印刻着这名00后学生成长路上努力的脚步。也正是在比赛、实习的实践中，他慢慢养成了解决实操问题的能力，拾起进入职场的“敲门砖”。

“找到心仪的工作，心里的石头落了地。”和王楠一样，安徽商贸职业技术学院（以下简称“安徽商贸”）2021届会计专业学生朱静雯也在竞争中突围，就职于位于芜湖的三只松鼠股份有限公司财务部。从求职前的惴惴不安到入职后的满心憧憬，朱静雯将心态转变归功于学校多样化的就业指导。“压力和不确定性太大了。”朱静雯坦言，去年年初，疫情来袭，不少学生的就业部署被打乱，安心、准时、高质量就业成了“难事儿”。朱静雯几乎每天接到就业指导老师线上推送的就业指南，她也抢抓机遇，没错过每一次招聘会和锻炼机会，根据应聘岗位的不同，她优化修改了数次简历。

来自多所高职院校的数据显示，截至目前，2021届毕业生就业率接近85%，高于往年同期。后疫情时代，众多高职院校正在思考和探索如何能在就业“保卫战”中打出漂亮仗，实现就业率“逆市上扬”，并且教学安排和就业管理上探索出独特的育人之道，使学生求职更有底气与自信。

【思政感悟】

大学生就业工作是一项利国利民工程，受国际和国内形势的影响，大学生就业遇到了挑战，同时也是成长的机遇。为了找到心仪的工作，大学生应该树立正确的择业观和就业观。

首先，大学生应该树立自主择业的观念，把就业看成非常严肃的社会责任，通过学习、人才市场、网络等多种途径，主动了解高校生就业途径和形势，了解企业的需求，结合自身的兴趣和特长、专业，在满足社会的同时，实现个人的自我价值。

其次，自我分析、合理定位、明确就业目标，就业目标是一个长期的实现过程。在大学学习期间，面对激烈的竞争，摆正心态，认真学习专业知识的同时，积极参加社会实践活动，提升个人的竞争能力，把个人素质和社会需求统一起来，实现就业目标。

（资料来源：https://3w.huanqiu.com/a/df051c/42JS9QT40Li?p=1&agt=46）

任务二　通货膨胀理论

一、通货膨胀和通货膨胀率

当一个经济中的大多数商品和劳务的价格连续在一段时间内普遍上涨时，宏观经济学就称这个经济经历着通货膨胀。按照这一说明，如果仅有一种商品的价格上升，则这不是通货膨胀。只有大多数商品和劳务的价格持续上升才是通货膨胀。

通货膨胀的程度通常用通货膨胀率来衡量。通货膨胀率被定义为从一个时期到另一个时期价格水平变动的百分比。用公式表示就是：

通货膨胀率 = {（现期物价水平 – 基期物价水平）/ 基期物价水平 }× 100%

假设一个经济的物价指数从上年的 100 增加到今年的 118，那么今年的通货膨胀率就是 {（118–100）/100 }× 100%=18%

【案例阅读】

猪肉价格同比上涨 49.7%

国家统计局局长宁吉喆表示，猪肉价格 2020 年年初涨幅超过 100%，之前连续上涨 19 个月，经过大半年的努力，到了四季度，生猪存栏、出栏都得到明显改善，生猪存栏、能繁殖母猪存栏比上年末分别增长 31.0%、35.1%。到了 2020 年 10—12

月份，猪肉价格同比分别下降2.8%、12.5%、1.3%。整个食品价格也得到了有效控制，呈回落态势。

猪肉作为老百姓菜篮子里重要的农产品，其价格一直是关注的热点。但进入2020年12月，已经连续下跌两个月的猪肉价格再次进入上涨通道。据农业农村部“全国农产品批发市场价格信息系统”的监测数据显示，猪肉批发价格自2020年11月23日的39.41元/公斤持续上涨至2021年1月16日的47.58元/公斤，涨幅达20.73%。

（资料来源：http://baijiahao.baidu.com/s?id=1689222114015474650&wfr）

思考

2020年全国猪肉价格上涨，是不是属于通货膨胀？

二、通货膨胀的分类

对于通货膨胀，西方学者从不同角度进行了分类。

（一）按照价格上升的速度进行分类

学习二维码 7-1
消费者物价指数

按照价格上升的速度，西方学者认为存在着三种类型的通货膨胀：第一，温和的通货膨胀，指每年物价上升的比例在10%以内。目前，许多国家都存在着这种温和类型的通货膨胀。一些西方经济学家并不十分害怕温和的通货膨胀，甚至有些人还认为这种缓慢而逐步上升的价格对经济和收入的增长有积极的刺激作用。

奔腾的通货膨胀，指年通货膨胀率在10%—100%之间。这时，货币流通速度提高而货币购买力下降，并且均具有较快的速度。西方学者认为，在奔腾的通货膨胀发生以后，由于价格上涨率高，公众预期价格还会进一步上涨，因而会采取各种措施来保护自己，以免受通货膨胀之害，这使得通货膨胀更为加剧。

第三，超级通货膨胀，指通货膨胀率在100%以上。发生这种通货膨胀时，价格持续猛涨，人们都尽快地使货币脱手，从而大大加快了货币流通速度。其结果是，人们对货币完全失去信任，货币购买力猛降，各种正常的经济联系遭到破坏，致使货币体系和价格体系最后完全崩溃。在严重的情况下，还会出现社会动乱。

（二）按照对价格影响的差别分类

根据不同商品价格影响的大小，通货膨胀分为两种类型：第一种为平衡的通货膨胀，即每种商品的价格都按相同比例上升。这里所指的商品价格还包括生产要素的价格，如工资率、租金、利率等。第二种为非平衡的通货膨胀，即各种商品价格上升的比例并不完全相同。例如，甲商品价格的上涨幅度大于乙商品价格的上涨幅度，或者，利率上升的比例大于工资上升的比例。

（三）按照人们的预期程度加以区分

按照这种区分，有两种类型的通货膨胀：一种为未预期到的通货膨胀，即价格上升的速度超出人们的预料，或者人们根本没有想到价格会上涨。例如，国际市场原料价格的突然上涨所引起的国内价格的上升，或者在长时期中价格不变的情况下突然出现的价格上涨。另一种为预期到的通货膨胀。例如，当某一国家的物价水平年复一年地按 5% 的速度上升时，人们便会预计到，物价水平将以同一比例继续上升。既然物价按 5% 的比例增长成为意料之中的事，则该国居民在日常生活中进行经济核算时会把物价上升的比例考虑在内。例如，银行贷款的利息率肯定会高于 5%，因为 5% 的利率仅能起到补偿通货膨胀的作用。由于每个人都把 5% 的物价上涨考虑在内，所以每个人所要求的价格在每一时期中都要上升 5%。每种商品的价格都会上涨 5%，劳动者所要求的工资、厂商所要求的利率都会以相同的速度上涨。因此，预料之中的通货膨胀具有自我维持的特点，有点像物理学上的运动中物体的惯性。因此，预期到的通货膨胀有时又被称为惯性的通货膨胀。

【案例阅读】

美国通胀问题担忧加剧

2021 年以来，美国通胀水平屡创新高。据美国劳工部 4 月 12 日公布的数据，3 月美国的消费价格指数（CPI）同比增长 8.5%，同比涨幅创 1981 年 12 月以来最高纪录。其中，能源价格上涨了 32%，食品价格上涨了 8.8%。剔除食品与能源的核心 CPI 同比上涨 6.5%，为 1982 年 8 月以来的最大同比涨幅。

虽然目前很多国家都面临着通胀难题，但是美国的通胀发展速度尤其令人担忧。《纽约时报》4 月 26 日称，剔除自有住房消费成本对不同国家的 CPI 进行比较后发现，3 月美国 CPI 同比上涨 9.8%，远高于德国的 7.6% 和英国的 7%。

随着通货膨胀在美国愈演愈烈，美国民众的担忧与日俱增。CAPS/Harris Poll 的数据显示，60% 的受访者表示“通胀是一个非常严重的问题”，73% 的受访者称自己的生活受到了通胀影响。此次调查的联合负责人马克在接受《国会山报》采访时表示，“美国人已经有 50 年没有经历过如此严重的通货膨胀了，所以大多数人不知道该如何应对这个问题”，“通胀已经成为美国人最担忧的问题，其严重程度甚至超过了对核武器的恐惧”。

（资料来源：https://new.qq.com/omn/20220427/20220427A09E0R00.html）

三、通货膨胀的成因

学习二维码 7-2
生产者物价指数

经济学家认为，通货膨胀的成因可以归纳为需求拉动的通货膨胀、成本推动的通货膨胀、供求混合推动的通货膨胀和结构型通货膨胀。

（一）需求拉动的通货膨胀

需求拉动的通货膨胀，是指当市场上商品和劳务的总需求增加时，市场所能供给的商品和劳务不能满足市场的过度需求而引起的物价上涨。需求拉动的通货膨胀，是从总需求的角度来分析通货膨胀的原因，把通货膨胀归因于对社会资源的需求超过按现行价格所能得到的供给。由于总需求的过度增长，总供给相对不足，总需求超过总供给的能力，供不应求引起价格上升，从而导致通货膨胀。

（二）成本推动的通货膨胀

成本推动的通货膨胀，是指在资源尚未充分利用时因成本因素推动而引起的价格上涨。与需求拉动的通货膨胀从总需求的角度分析通货膨胀的原因不同的是，成本推动的通货膨胀是从总供给的角度分析通货膨胀的原因。它认为引起通货膨胀的原因在于成本的增加，成本的增加意味着只有在高于从前价格的水平时，才能达到与以前相同的产量水平（也就是说，由于成本的增加，厂商只有在高于从前的价格水平时，才愿意提供同样数量的产品），从而引起通货膨胀。成本推动的通货膨胀根据成本增加的具体原因，又主要分为三种类型：

1. 工资成本推动的通货膨胀

工资是企业生产成本的主要部分，工资的提高自然会使生产成本增加，从而引起产品价格水平上升，导致通货膨胀。

2. 利润成本推动的通货膨胀

在不完全竞争的市场上，利用提高产品价格的方式，使得产品价格的上升速度超过产品成本的增长速度，进而从中获利。这种方法同样提高了企业的生产成本，从而产生通货膨胀。

3. 原材料、能源等生产成本推动的通货膨胀

原材料、能源等都是数量有限的资源，随着经济的发展，这些资源在特定时期、特定地区会出现供不应求的情况，从而引起价格上涨，产生通货膨胀。

（三）供求混合推动的通货膨胀

供求混合推动的通货膨胀，是把总需求和总供给结合起来分析通货膨胀的原因，认为通货膨胀的根源不是单一的总需求或总供给，而是这两者共同作用的结果。如果通货膨胀是由需求拉动开始的，即过度需求的存在引起物价上升，这种物价上升又会使工资增加，从而供给成本的增加又引起了成本推动的通货膨胀。

（四）结构型通货膨胀

结构性通货膨胀，是指由于经济结构方面的因素而引起的通货膨胀。它是从社会各生产部门之间劳动生产率的差异、劳动市场的结构特征和各生产部门之间收入水平的赶超速度角度来分析引起通货膨胀的过程。从经济结构的角度看，即使整个社会经济的总需求和总供给处于均衡状态，但由于经济结构方面的因素发生变动，如社会经济部门发展的不平衡，也会引起一般物价水平的上涨，从而导致通货膨胀。

总之，以上从不同角度阐述了通货膨胀产生的原因，但通货膨胀往往不是单个原因造成的，而是由各种因素共同作用所引起的，只不过有时某种因素更加重要而已。

【案例阅读】

全球通胀的原因

英国广播公司网站2022年1月19日发表题为《通胀：全球各地生活成本上涨

的 7 个原因》的报道，分析了全球通胀飙升的 7 个原因。以下是导致这种情况出现的一些原因。

1. 能源和汽油价格上涨

疫情暴发之初，油价曾出现暴跌，但此后需求急剧反弹，本周达到七年来的最高点。在美国，汽油目前的平均价格为每加仑 3.31 美元，高于一年前的每加仑 2.385 美元。英国和欧盟的情况也差不多。天然气价格也在飙升，留给世界各地人们的是令人瞠目的集中供暖账单。

2. 商品短缺

疫情期间，许多日常消费品的价格大幅上涨。去年封锁期间被困在家中的消费者大肆购买家居用品和装修住宅，因为他们无法去餐馆或度假。此后，亚洲等地的制造商（其中许多因新冠防控规定而面临停工）一直难以满足需求。这导致塑料、混凝土和钢材等材料的短缺，从而推高了价格。2021 年，英国木材价格比往年高出 80%，美国木材价格则上涨了一倍多。由于供应链成本上升，美国主要零售商如 NIKE 和 COSTCO 都已上调了商品价格。汽车、计算机和其他家用产品使用的重要零部件微芯片也出现短缺现象。

3. 货运成本

目前，从亚洲向欧洲发送一个集装箱货柜的海运价格为 1.7 万美元，是去年同期的 10 倍多。去年同期的价格是 1500 美元。航空运费也同时上涨，雪上加霜的是欧洲一些国家还出现了卡车司机短缺的情况。去年 12 月，运输瓶颈似乎开始缓解，美国也着手解决其港口遭遇的前所未见的拥堵问题。

4. 工资上涨

疫情期间，许多人退出劳动大军或更换了工作。因此，企业很难招聘司机、食品加工者和餐厅服务员等员工。光辉国际咨询顾问公司对美国 50 家主要零售商进行调查后发现，94% 的零售商难以填补空缺的岗位。因此，企业不得不提高工资或以提供入职奖金的方式来吸引和挽留员工。麦当劳和亚马逊为员工提供从 200 美元到 1000 美元不等的入职奖金。这些给雇主增加的成本正再次被转嫁给消费者。

5. 气候的影响

世界许多地方的极端天气导致了通货膨胀。飓风“艾达”和“尼古拉斯”肆虐墨西哥湾并损坏了美国的石油基础设施，全球石油供应因此受到冲击。去年美国得克萨斯州遭遇猛烈的冬季风暴，导致主要工厂关闭，使得微芯片供不应求的问题进一步恶化。在全球最大咖啡生产国巴西遭遇近一个世纪以来最严重的干旱后，咖啡价格也大幅上涨。

6. 贸易壁垒

更加昂贵的进口产品也导致物价上涨。据估计，英国“脱欧”后实施的新贸易规则使英国从欧盟进口的商品在2021年上半年减少了约四分之一。而美国对中国商品征收的进口关税，几乎都以价格上涨的形式被转嫁给了美国消费者。

7. 政策性因素

世界各国政府正在取消帮助企业应对疫情影响的支持性措施。疫情期间，全世界的公共支出和借贷都在增加，这导致各国政府提高税收，在大多数人的工资保持不变之时，进而造成生活费用减少。许多发达经济体制定了无薪休假等保护工人的政策以及保护低收入者的福利政策。一些经济学家认为，随着支持性措施逐步取消，这些政策也可能推高通胀。

（资料来源：//baijiahao.baidu.com/s?id=1722634199107658904&wfr=spider&for）

【课堂讨论】 2020年初，国内防疫物资出现短暂的价格上涨，是哪种因素造成的？

四、通货膨胀的影响

通货膨胀对经济的影响是多方面的，这里主要从通货膨胀对收入分配的影响进行介绍。

（一）通货膨胀将有利于债务人而不利于债权人

债务契约是根据债权人、债务人双方签约时的通货膨胀率来确定名义利息率的。当发生了双方未预期到的通货膨胀（即比较严重的通货膨胀）以后，由于债务契约事先已经签订，无法更改，从而使实际利息率下降，因此债务人受益，而债权人则受损。

（二）通货膨胀将有利于企业而不利于工人

企业与工人间的工资关系从某种意义上说也是一种契约关系。工人为企业工作，企业支付工人工资。当发生了未预期到的通货膨胀（即比较严重的通货膨胀）以后，由于工人的工资不能迅速地根据通货膨胀率进行调整，从而在名义工资不变或仅是略有增长的情况下使实际工资下降。实际工资的下降明显对工人不利，但有利于企业。

（三）通货膨胀将有利于政府不利于公众

通货膨胀对政府与公众的不同影响体现在税收上。当发生了不可预测的通货膨胀（即比较严重的通货膨胀）以后，公众的名义工资会有所增加，随着名义工资的增加，达到纳税起征点的人增加了，而原来已达到纳税起征点的人则进入了更高的税率等级，这样，政府的税收总额增加了；相反，随着公众纳税数额的增加，公众的实际收入在减少。因此，通货膨胀对政府有利而对公众不利。

五、失业与通货膨胀的关系——菲利普斯曲线

失业与通货膨胀是短期宏观经济运行中的两个主要问题。如果经济决策者的目标是低通货膨胀和低失业，则他们会发现低通货膨胀和低失业目标往往是冲突的。利用总需求和总供给模型来理解，假设决策者想用货币政策或财政政策扩大总需求，在理论上，这种政策将使经济沿着短期总供给曲线变动到更高产出和更高物价水平的一点上。较高的产出意味着较低的失业，因为当企业生产更多时，它们需要更多的劳动力，而较高的物价水平则意味着较高的通货膨胀。因此，当决策者使经济沿着短期总供给曲线向上移动时，他们降低了失业率而提高了通货膨胀率。相反，当决策者紧缩总需求并使经济沿短期总供给曲线向下移动时，失业增加了而通货膨胀下降了。因此，有必要从理论上探讨失业和通货膨胀之间的关系，在宏观经济学中，失业和通货膨胀的关系主要是由菲利普斯曲线来说明的。

1958 年，在英国任教的新西兰籍经济学家菲利普斯在研究了 1861—1957 年英国的失业率和货币工资增长率的统计资料后，提出了一条用以表示失业率和货币工资增长率之间替换关系的曲线，在以横轴表示失业率、纵轴表示货币工资增长率的坐标系中，画出一条向右下方倾斜的曲线，这就是最初的菲利普斯曲线。该曲线表明：当失业率较低时，货币工资增长率较高；反之，当失业率较高时，货币工资增长率较低，甚至为负数。

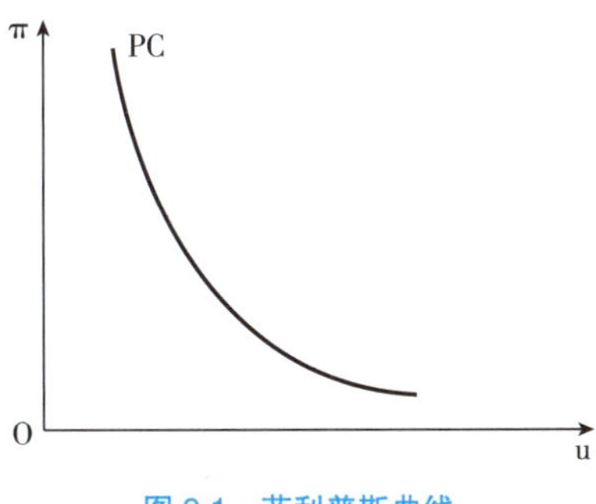

图 9.1　菲利普斯曲线

新古典综合派对最初的菲利普斯曲线加以改造的出发点在于如下所示的货币工资增长率、劳动生产率和通货膨胀率之间的关系：

通货膨胀率 = 货币工资增长率 – 劳动生产增长率

根据这一关系，若劳动生产增长率为零，则通货膨胀率就与货币工资增长率一致。因此，经改造的菲利普斯曲线就表示了失业率与通货膨胀率之间的替换关系，即失业率高，则通货膨胀率低；失业率低，则通货膨胀率高。菲利普斯曲线如上图所示。图中，横轴代表失业率 u，纵轴代表通货膨胀率 π，向右下方倾斜的曲线 PC 即为菲利普斯曲线。

【案例阅读】

花费 3 万亿才能乘坐的一次公交车

津巴布韦位于非洲东南部，是一个特殊的小国。它曾经是非洲一个富裕的农业国家。津巴布韦在 1980 年独立后，经济发展非常迅速。津巴布韦在 2000 年进行了土地改革，有一些不合理的改革措施给津巴布韦带来了比较严重的经济问题。经济瘫痪的津巴布韦国库很快就耗尽了资金，当时的政府通过大量印发钞票来筹集大量资金，有传言津巴布韦的印钞机是每天 24 小时运转。到 2004 年，津巴布韦的通货膨胀率已达到 624%。就算出去买两个卷心菜，津巴布韦的居民也不得不用三轮车拉钱。到 2008 年，该国的通货膨胀率达到了惊人的 2200000%。这一年，津巴布韦打破了超大面值货币的世界纪录。同年 12 月，1 亿面值的货币诞生。仅仅八天后，5 亿面值的钞票诞生了。一周后，该国推出了 100 亿面额的钞票。如果你在津巴布韦的主要市区乘坐公交车的话，你需要花费三万亿，折合人民币 3 元。在短短十几天内，它已经从 1 亿升到 100 亿。

（资料来源：https://www.163.com/dy/article/H1RVI7ET05530WWK.html）

【思政小课堂】

2023 年政府工作任务

今年发展主要预期目标是：国内生产总值增长 5% 左右；城镇新增就业 1200 万人左右，城镇调查失业率 5.5% 左右；居民消费价格涨幅 3% 左右；居民收入增长与经济增长基本同步；进出口促稳提质，国际收支基本平衡；粮食产量保持在 1.3 万亿斤以上；单位国内生产总值能耗和主要污染物排放量继续下降，重点控制化石能源消费，生态环境质量稳定改善。

学习二维码 7-3
本项目专升本
考核知识点

【思政感悟】

2023 年政府工作坚持稳字当头、稳中求进，面对战略机遇和风险挑战并存、不确定难预料因素增多，保持政策连续性稳定性针对性，加强各类政策协调配合，形成共促高质量发展合力。积极的财政政策要加力提效。赤字率拟按 3%。完善税费优惠政策，对现行减税降费、退税缓税等措施，该延续的延续，该优化的优化。做好基层“三保”工作。稳健的货币政策要精准有力。保持广义货币供应量和社会融资规模增速同名义经济增速基本匹配，支持实体经济发展。保持人民币汇率在合理均衡水平上的基本稳定。

（资料来源：https://baike.baidu.com/item/2023%E5%B9%B4%E5%9B%BD%E5%8A%A1%E9%99%A2%E6%94%BF%E5%BA%9C%E5%B7%A5%E4%BD%9C%E6%8A%A5%E5%91%8A/62736694?fr=ge_ala）

复习思考题

一、单选题

1. 需求拉动的通货膨胀（　　）。

A. 通常用于描述某种供给因素所引起的价格波动

B. 通常用于描述某种总需求的增长所引起的价格波动

C. 表示经济制度已调整过的预期通货膨胀率

D. 以上都不是

2. 由于经济萧条而形成的失业属于（　　）。

A. 摩擦性失业　　B. 结构性失业

C. 周期性失业　　D. 永久性失业

3. 下列人员不属于失业人员的是（　　）。

A. 调动工作的间隙在家休养者

B. 半日工

C. 季节工

D. 对薪水不满意待业在家的大学毕业生

4. 菲利普斯曲线说明（　　）。

A. 通货膨胀导致失业

B. 通货膨胀是由行业工会引起的

C. 通货膨胀与失业率之间呈负相关

D. 通货膨胀与失业率之间呈正相关

5. 最有可能从通货膨胀中受损的是（　　）。

A. 纳税人　　B. 债务人

C. 借款人　　D. 财产所有者

二、简答题

1. 通货膨胀的原因有哪些？

2. 失业可以分为哪几类？

3. 通货膨胀对经济的影响有哪些？

实训项目

1. 请调查我国的“啃老族”，利用本项目所学知识，说一说我国“啃老族”人数上升的原因。

2. 以小组为单位，收集资料，了解我国从 1949 年至今发生的严重物价上升的阶段，并写一份《影响物价上升的主要因素》报告。

项目八

熟知宏观经济政策

知识目标

深入理解宏观经济政策的基本概念；掌握财政政策、货币政策工具的使用。

能力目标

能运用宏观经济政策原理，解释生活中的经济问题；能根据经济形势，初步判断国家的经济政策走向。

思政目标

具备初步分析问题的能力，培养长远看问题的思维，树立终身学习的观念，学会用全局观、大局观分析问题和解决问题。

项目引例

2023 年经济社会发展总体要求和政策取向

做好 2023 年经济工作，要在以习近平同志为核心的党中央坚强领导下，以习近平新时代中国特色社会主义思想为指导，全面贯彻落实党的二十大精神，按照中央经济工作会议部署，扎实推进中国式现代化，坚持稳中求进工作总基调，完整、准确、全面贯彻新发展理念，加快构建新发展格局，着力推动高质量发展，更好统筹国内国际两个大局，更好统筹疫情防控和经济社会发展，更好统筹发展和安全，全面深化改革开放，大力提振市场信心，把实施扩大内需战略同深化供给侧结构性改革有机结合起来，突出做好稳增长、稳就业、稳物价工作，有效防范化解重大风险，推动经济运行整体好转，实现质的有效提升和量的合理增长，持续改善民生，保持社会大局稳定，为全面建设社会主义现代化国家开好局起好步。

（资料来源：http://www.china-cer.com.cn/guwen/2023030623551.html）

请问：国家进行宏观调控的原因是什么？

宏观调控是政府的一项工作职能。通过宏观调控，实现经济社会的稳定发展，避免因经济过度膨胀或萎缩造成的经济波动，影响社会稳定。2023年，我国继续实施积极的财政政策和稳健的货币政策，是和我国目前的经济形势相适应的。

任务一　政府宏观调控的目标

一、宏观经济政策的含义

宏观经济政策是指国家或政府为了增进社会经济福利而制定的解决经济问题的指导原则和措施，它是政府为了达到一定目的在经济事务中有意识的活动。任何一项经济政策的制定都以一定的经济目标为指针，以一定的理论为指导，以某些工具为手段。

学习二维码 8-1
六保六稳

二、宏观经济政策的目标

一般说来，政府制定宏观经济政策追求的目标主要有四个：

充分就业、物价稳定、经济增长和国际收支平衡。在每一个特定时期，政府的政策目标有所侧重，但也要顾及总体目标的实现。宏观经济政策则是围绕着特定目标制定的一系列政策措施。

（一）充分就业

充分就业是指包含劳动在内的一切生产要素都能以愿意接受的价格参与生产活动的状态。但由于测量各种经济资源参与经济活动的程度非常困难，因此西方经济学家通常以劳动的就业和失业状况作为衡量充分就业的尺度。

充分就业不是指所有劳动者都能就业的状态，在充分就业状态下可能存在失业。没有就业但正在寻找工作的人就处于失业状态。按照西方统计，失业一般分为三类：摩擦性失业、结构性失业和周期性失业。因此，政府的宏观经济政策的充分就业目标也就是围绕着降低周期性失业来制定的。

根据上述分析，充分就业目标并不意味着100%就业，并不排除像摩擦性、结构性等方面的失业。在目前，大多数西方经济学家认为存在4%—6%的失业率是正常的，此时社会经济处于充分就业状态。

【课堂讨论】充分就业，就是每个人都有工作吗？

（二）物价稳定

物价稳定是指价格总水平的稳定。由于经济中各种商品价格变化程度不一，通常采用价格指数来表示一般价格水平的变化。价格指数是以一定时期为基年表示的若干商品价格水平上升的幅度。为了控制通货膨胀对经济的冲击，政府把价格稳定作为宏观经济政策的一个目标。同样，价格稳定不是指每种商品的价格固定不变，也不是指价格总水平保持不变，而是指价格指数相对稳定，即不出现较严重的通货膨胀。价格稳定目标允许轻微的通货膨胀存在。

【案例阅读】

稳物价就是稳民生

物价关系经济运行，影响百姓生活。2023年，政府工作报告将全年居民消费价格涨幅定在3%左右，这一预期目标充分考虑影响物价的各种潜在因素，留有一定余地，有利于稳定市场预期，有利于增进做好保供稳价工作的决心和信心。

相对于全球高通胀的形势，物价涨幅定为3%左右，尤为难得。物价涨幅长期控制在相对稳定的水平，为宏观政策调控留足空间，可以有效支撑经济运行保持在合理区间。去年以来，我国精准把握政策保供稳价力度，物价始终运行在合理区间，为稳住经济大盘发挥了重要作用。今年 1 月份，国内物价保持平稳运行，CPI 同比上涨 2.1%，大幅低于美国 6.4%、英国 10.1% 的涨幅，继续成为全球物价的重要“稳定器”。

（资料来源：https://new.qq.com/omn/20220406/20220406A08V1C00.html）

（三）经济增长

经济增长是指一定时期内经济的持续均衡增长，即在一个时期内经济社会所生产的人均产量或者人均收入的增长。通常用一定时期内实际国内生产总值年均增长率来衡量。经济增长往往与就业相互关联。通常认为，经济增长与就业目标是相互一致的。关于经济增长，实际上存在两个互相联系、不可或缺的内容，一是促使经济基础快速增长，二是保持宏观经济增长的可持续性。

（四）国际收支平衡

随着国际经济交往的密切，国际收支平衡也成为宏观经济政策的重要目标之一。国际收支是指一国净出口与净资本流出相等而形成的平衡。一国的国际收支状况不仅反映了这个国家的对外经济交往情况，还反映出该国经济的稳定程度。在开放经济条件下，一国国际收支出现失衡，通过汇率的变动，会对国内经济形成冲击，从而影响该国国内就业水平、价格水平及经济增长。

以上提到的宏观经济政策的四大目标并不是相互一致的，它们相互之间既存在互补关系，也有交替关系。互补关系是指一个目标的实现对另一个目标的实现有促进作用。例如，为了实现充分就业水平，就要维护必要的经济增长。交替关系是指一个目标的实现对另一个有排斥作用，如物价稳定与充分就业之间就存在两难选择。

为了实现充分就业，必须刺激总需求，扩大就业量，这一般要实施扩张性的财政和货币政策，由此就会引起物价水平的上升；而为了抑制通货膨胀，就必须紧缩财政和货币，由此又会引起失业率的上升。例如，经济增长与物价稳定之间也存在着相互排斥的关系。因为在经济增长过程中，通货膨胀是难以避免的。再如，国内均衡与国际均衡之间存在着交替关系。这里的国内均衡是指充分就业和物价稳定，而国际均衡是指国际收支平衡。为了实现国内均衡，就可能降低本国产品在国际市场上的竞争力，从而不利于国际收支平衡；为了实现国际收支平衡，又可能不利于实现充分就业和稳定物价的目标。

由此可见，政府并不总能同时实现以上所有的目标。在制定经济政策时，必须对经济政策目标进行价值判断，权衡轻重缓急和利弊得失，确定目标的实现顺序和目标指数高低，同时使各个目标能有最佳的匹配组合，使所选择和确定的目标体系成为一个和谐的、有机的整体。例如，凯恩斯主义经济学家比较注重充分就业和经济增长，而货币主义则较注重物价稳定。此外，不同时期政府的目标也有不同的偏重。例如，美国在 20 世纪 50 年代侧重于充分就业与物价稳定。

【思政小课堂】

终身学习创造无限可能

近日，在北京大学第二届“争做数一数二的保安员”评选会上，曾因掌握了15000 多个英语词汇量走红的北大保安许文龙再次登上热搜。许文龙在工作之余完成所有本科课程，写出两万多字的毕业论文，通过答辩即将拿到北京林业大学继续教育学院风景园林专业本科文凭。

许文龙等人的经历昭示这是一个“融合”的时代，不仅媒体已经融合，各种职业也在融合之中，主业和副业、职业和兼职，以至于无法分清是谁融合谁。身处融合时代，做一个积极、主动的融合者，必须活到老学到老。广西大学新闻与传播学院几名学生对北大保安的走红保持了一种理性。他们看到，坚持学习，必有所得。这个“得”不仅是来自社会的嘉许或物质的鼓励，更重要的是个人心灵的滋润、人生的升华。

北大保安许文龙，在现有的职位上并没有选择安逸，而是通过自学考试完成本科学习，每天坚持背英语单词，甚至还有攻读硕士研究生的计划，他的这种终身学习的态度值得敬佩。

【思政感悟】

终身学习可以帮助我们更好地应对工作和生活。就像北大保安许文龙一样，在工作期间，当遇到需要帮助的留学生，他能够以一口流利的英语和对方进行交流，提供有效及时的帮助，备受赞许。机会总是青睐坚持学习的人，因为居安思危，不断给自己“充电”，突如其来的“危”也随时变成前进的“机”。

（资料来源：https://baijiahao.baidu.com/s?id=1719171488189928352&wfr=spider&for=pc）

任务二　财政政策

一、财政政策的含义

财政政策是政府为了实现宏观经济政策目标而对政府支出、税收和借债水平所进行的选择，或对政府财政收入和财政支出水平所做出的决策。财政政策是国家干预和调节经济活动的重要手段之一，国家对经济活动的影响主要通过财政制度发挥作用。

二、财政政策的工具

（一）财政收入

学习二维码 8-2
乘数效应

国家可以在生产、流通和分配领域取得财政收入。在生产领域，国家通过占有部分土地、森林和矿山等资源而直接获得要素收入作为财政收入的一部分。在流通和分配领域，国家主要通过税收制度获得收入。此外，政府也通过向公众借债而取得财政收入。

1. 税收

税收是地方财政收入最主要的来源。在西方国家中，税收制度较为复杂，税种繁多。依照税收对象的不同，税收可分为所得税、财产税和货物税。所得税是对个人收入和公司利润征收的税种，在税收中占有较大的比重。依照纳税方式的不同，税收包括直接税和间接税。所得税和财产税等属于直接税，而消费税和营业税等属于间接税。依照税率的变动划分，税收又分为累进税和比例税。所得税往往采取累进的税率征收，而营业税、财产税等则采取固定的税率征收。

2. 公债

公债是政府财政收入的另一个重要来源。公债按照偿还期的长短不同，可以区分为短期债券、中期债券、长期债券。在西方国家，由于公债可以在货币市场上转化，因而公债数量不仅影响财政收入，而且对货币的供给也产生影响。

一般说来，政府制定宏观经济政策追求的目标主要有四个：充分就业、物价稳定、经济增长和国际收支平衡。在每一个特定时期，政府的政策目标有所侧重，但也要顾及总体目标的实现。宏观经济政策则是围绕着特定目标制定的一系列政策措施。

【案例阅读】

支持稳住经济大盘，财政部门明确八方面发力

2022 年 5 月 30 日，财政部部长刘昆在全国财政支持稳住经济大盘工作视频会议上表示，各级财政部门要坚定信心、迎难而上，把稳增长放在更加突出位置，着力保市场主体以保就业保民生，努力确保二季度经济实现合理增长和失业率尽快下降。

为稳住经济大盘，党中央、国务院多次做出部署，出台了一系列针对性强、有力有效的区间调控举措。日前召开的国务院常务会议进一步部署稳经济一揽子措施，包括 6 方面 33 项措施。

“33 项举措中，有 24 项直接涉及财政部门的职责，涵盖税收、专项债券、政府采购、支出政策、民生社保等。”刘昆说，各级财政部门要切实扛起责任，主动担当作为，不辱使命、不负重托，高效统筹疫情防控和经济社会发展。

为确保党中央、国务院各项决策部署落到实处，当日召开的全国财政支持稳住经济大盘工作视频会议从八方面作出部署：

——进一步加大增值税留抵退税政策力度，雪中送炭帮企业渡难关；

——加快财政支出进度，尽早发挥资金和政策效益；

——加快地方政府专项债券发行使用并扩大支持范围，着力促进稳增长、稳投资；

——全力以赴稳住市场主体，支持中小微企业纾困解难健康发展；

——有效扩大投资和消费，释放内需潜力；

——坚持居安思危，确保粮食能源安全；

——支持保产业链供应链稳定，推动畅通经济循环；

——完善政策措施，切实保障基本民生。

（资料来源：新华网）

学习二维码 8-3
凯恩斯主义

（二）财政支出

财政支出主要是各级政府的支出，包括政府用于国防及安全方面的支出、社会福利支出、公共卫生、教育、环保、运输、农业及公债利息等方面的支出。一般来说，国防及安全方面的支出是财政支出的最重要部分，主要用于军队、警察、法院、消防等部门；社会福利是财政支出的另一大部分，主要用于社会保险与社会救济。第二次世界大战后，西方国家用于社会福利方面的财政支出呈上升的趋势。此外，政府对到期公债的偿还也构成了政府财政支出的一部分。

按照支出的补偿性区分，财政支出可以分为政府购买和政府的转移支付。政府购买是指政府对商品和劳务的购买，主要包括军火、办公用品和公务员薪金等支出。政府的转移支付主要是社会保险、救济及各种补贴。由于政府购买对产品直接构成需求，并且必须以产品作为交换，而转移支付不需要以产品作为交换，只是一种货币性支出，因此从经济政策的角度来看，政府的购买性支出对经济运行产生的影响最大。

三、财政政策的分类

（一）自动稳定的财政政策和相机抉择的财政政策

根据调节经济周期的作用来划分，财政政策分为自动稳定的财政政策和相机抉择的财政政策。自动稳定的财政政策是指某些能够根据经济波动情况自动发生稳定作用的政策，它无须借助外力就可产生调控效果。相机抉择的财政政策是指某些财政政策本身没有自动稳定作用，需要借助外力才能对经济产生调节作用。一般来说，这种政策是政府根据当时经济形势相机抉择的财政政策采取的财政措施，以消除通货膨胀或通货紧缩，是政府利用国家财力有意识干预经济运行的行为。

（二）扩张性财政政策、紧缩性财政政策和中性财政政策

根据财政政策在调节国民经济总量方面的不同功能，财政政策可区分为扩张性财政政策、紧缩性财政政策和中性财政政策。

扩张性财政政策是指通过财政分配活动来增加和刺激社会总需求，主要通过减税、增支进而扩大赤字的方式实现。紧缩性财政政策是指通过财政分配活动来减少和抑制总需求，主要通过增税、减支进而压缩赤字或增加盈余的方式实现。中性财政政策是指财政的分配活动对社会总需求的影响保持中性，财政的收支活动既不会产生扩张效应，也不会产生紧缩效应，实践中这种政策是很少存在的。

四、财政制度的自动稳定器作用

自动稳定器亦称内在稳定器，是指经济系统本身存在的一种会减少各种干扰对国民收入冲击的机制，能够在经济繁荣时期自动抑制膨胀，在经济衰退时期自动减轻萧条，无须政府采取任何行动。西方经济学者认为，现代西方财政制度本身就具有自动稳定经济的功能。当经济发生波动时，财政制度的内在稳定器就会自动发挥作用，调节社会总需求水平，减轻以至消除经济波动。其作用表现为：当国民收入下降时，它会自动引起政府支出的增加和税收的减少，从而阻止国民收入的进一步下降；当国民收入增加时，它会自动引起政府支出的减少和税收的增加，从而避免经济的过度膨胀。

所谓自动稳定器主要有以下三种。

（一）累进税制度

学习二维码 8-4
薇娅逃税案

在经济扩张阶段，随着生产扩大，就业增加，国民收入水平上升，个人收入和公司利润都增加，所缴纳的税额就会增加，从而抑制消费和投资需求的增加，具有遏制总需求扩张和经济过热的作用，有助于减轻由于总需求过旺而引起的通货膨胀。另外，收入增加，政府税收相应增加，特别是实行累进税率的情况下，税收的增长率可能会超过国民收入的增长率。在经济衰退时实行累进税，使纳税人的收入自动进入低纳税档次，政府税收下降的幅度会超过收入下降的幅度，从而在一定程度上抑制经济衰退。当经济繁荣时，使纳税人的收入自动进入较高的纳税档次，政府税收上升会超过收入上升的幅度，从而起到抑制通货膨胀的作用。由此，税收这种因经济变动而自动发生变化的内在机动性和伸缩性是一种有助于减轻经济波动的自动稳定因素。可见，在税率既定的情况下，税收随经济周期自动地同方向变化，起着抑制经济过热或缓解经济紧缩的作用。

【课堂讨论】 为什么明星要逃税？累进税的作用是什么？

（二）政府支出的自动变化

政府支出的自动变化主要是指政府的转移支付，它包括政府的失业救济和其他社会福利支出。在经济繁荣阶段，失业率下降，失业人数减少，失业救济金和其他福利的支出会随之自动下降，从而抑制可支配收入和消费需求增长，有助于减轻由于需求拉动而引起的通货膨胀；反之，在经济萧条阶段，失业率上升，失业人数增加，失业救济金和其他福利的支出会随之自动上升，从而抵消可支配收入和消费需求下降，有助于减轻经济萧条的程度。

（三）农产品价格维持制度

这实际上是以政府财政补贴这一政府转移支付形式，保证农民和农场主的可支配收入不低于一定水平。在经济繁荣阶段，对农产品的需求增加，农产品价格上升，政府根据农产品价格维持方案，抛售库存的农产品，吸收货币，平抑农产品价格，以减少农民和农场主的可支配收入；而在经济萧条阶段，对农产品的需求减少，农产品价格下降，政府根据农产品价格维持方案，增加政府采购农产品的数量，向农民和农场主支付货币或价格补贴，增加他们的可支配收入。

总之，政府税收和转移支付的自动变化、农产品价格维持制度对宏观经济活动都能起到稳定作用。它们都是财政制度的内在稳定器和对经济波动的第一道防线。财政制度中稳定要素越多，稳定制度规范越健全，自发稳定作用就越大。它们的作用越健全，经济运行越不需要政府干预。但在现实经济生活中，这类“自动稳定器”只能缓和经济衰退或抑制通货膨胀的程度，而不能根本扭转经济衰退与通货膨胀的趋势，不能从根本上解决经济活动中存在的问题，因而应该采取更为积极的财政政策，即相机抉择的财政政策。财政制度并不是被动的，财政收支平衡并不是目的，并且人为地保持财政收支平衡不仅不能稳定经济，甚至还可能造成负面影响。这是因为，在经济繁荣时期，就业较为充分，人们的收入水平提高，这一方面使得政府用于失业救济等方面的支出减少，而另一方面又使得政府税收增加。在这种情况下，人为地保持收支平衡，就必然增加政府支出或减少税收，其结果是进一步使得经济扩张。反之，经济萧条时期人为地保持财政收支的平衡，则使得萧条程度加深。因此，政府应当采取更为积极的财政政策——相机抉择的财政政策，逆经济风向行事，最终平抑经济波动。

【案例阅读】

积极保供稳价，适时投放政府储备

商务部新闻发言人束珏婷在例行新闻发布会上表示，受降温降雨天气等多重因素影响，近期部分食用农产品特别是蔬菜和一些生产资料价格持续上涨。据商务部介绍，按照党中央、国务院部署，商务部积极开展保供稳价工作，每日跟踪蔬菜、肉类、粮油等生活必需品市场运行情况，密切关注全国及疫情散发地区的市场供求、价格变化。“在强化监测预警的基础上，部署地方做好今冬明春生活必需品市场保供稳价，建立健全联保联供机制，适时投放政府储备，督促商贸流通企业加强产销衔接，增加重点时段备货数量，及时解决可能出现的问题。”

同时，商务部还指出，将加强信息引导，通过商务部网站、商务预报平台，及时发布重点生活必需品和生产资料市场数据及分析预测，服务居民消费，引导企业生产，促进供需匹配。

资料来源：https://baijiahao.baidu.com/s?id=1714855154818744683&wfr=spider&for=pc）

五、相机抉择的财政政策

相机抉择的财政政策又称为能动的财政政策，是指政府根据经济运行的状况逆经济风向采取的变动财政收入水平的政策。具体来说，当经济处于繁荣状态时，总支出大于总收入，就业增加，通货膨胀率过高，此时政府应采取紧缩性的财政政策，压缩财政支出，增加财政收入，从而抑制总需求；相反，当经济处于萧条状态时，失业增加，价格水平下降，政府则应采取扩张性的财政政策，扩大政府支出，减少税收收入，从而刺激总需求，增加就业。以此方式对经济交替地进行微调，以实现宏观经济政策目标。

政府调整财政收支的手段主要有以下三种手段。

（一）改变政府购买水平

改变政府购买水平是政府执行相机抉择的财政政策经常使用的手段。在经济萧条、总支出不足时，政府要扩大对商品和劳务的购买，如增加军费开支、修筑高等级公路、建立新的福利设施等，以创造更多就业机会。相反，在经济繁荣、总支出过大时，政府则减少对商品和劳务的购买数量，如推迟某些军事科研，压缩或缓建一批公共工程的建设，以压缩总需求，缓解通货膨胀的压力。

（二）改变政府的转移支付

政府运用的第二个财政政策手段是改变政府的转移支付。改变政府的转移支付也是逆经济风向的。当经济萧条时，政府可以提高对退伍军人、失业人员和退休人员的各类补助，或者增加对农产品的补贴，以便扩大财政支出，刺激私人消费水平的提高，从而扩大总需求。相反，在经济繁荣时，政府则压缩用于福利、补贴等方面的支出，或者延长补贴支付的时间，以减少总需求，降低通货膨胀率。

（三）调整税率

调整税率是政府执行相机抉择的财政政策的第三大手段。税收，特别是所得税，对个人可支配收入影响很大，人均可支配收入的变动直接影响消费。此外，人们对未来收入的预期同样会受到政府税收政策的影响，从而影响人们的投资。因此，政府调整税率可以对总支出水平起到调节作用。政府对税率的调节也是逆经济风向的。在经济萧条时期，政府应减少税种或降低税率，以刺激需求。反之，在经济过热时，则可以暂时提高税率，或增加一些临时特别税种。

上述三种手段不仅可以单独对经济运行产生影响，也可以共同发挥作用，实践中三种手段往往搭配使用。

六、功能财政

功能财政是指政府采取的积极财政政策措施，主要是为实现无通货膨胀的充分就业水平，为实现这一目标，预算可以盈余，也可以为赤字，而不能以预算平衡为目的。功能财政思想是凯恩斯主义者的财政思想。他们认为，不能机械地用财政预算收支平衡的观点来对待财政赤字和财政盈余，而应从反经济周期的需要来利用预算赤字和预算平衡。

当国民收入低于充分就业的收入水平（存在通货膨胀紧缩缺口）时，政府有义务实行扩张性的财政政策，增加政府支出和减少税收，以实现充分就业。如果起初存在财政盈余，政府有责任减少盈余甚至不惜出现更大赤字，坚定地实行扩张政策。反之，当存在通货膨胀缺口时，政府有责任减少政府支出，增加税收。如果起初存在财政预算赤字，就应该通过紧缩减少赤字，甚至出现盈余。

总之，功能财政思想认为，在一个功能存在周期性缺口的经济中，政府不能以平衡预算为目标来对待预算盈余和赤字，而应从反经济周期的需要来利用预算赤字和盈余，否则就无法在总需求不足时避免衰退，或消除过度支出引起的物价水平上涨。按照功能财政的思想，第二次世界大战后西方国家普遍实行了干预经济的、积极的财政政策。这种政策从理论上说是逆经济风向行事的“相机抉择”，但是事实上多数是搞扩张性财政政策，结果是财政赤字的上升和国家债务的积累。财政赤字是预算开支超过收入的结果。

弥补赤字的途径有：借债和出售政府资产。政府借债又可以分为向中央银行借债和向国内公众借债。公债作为政府取得收入的一种形式可以为预算赤字融资，使赤字得到弥补。然而，政府发行了公债要还本付息，一年年末清偿的债务会逐渐积累成巨大的债务净存量，这些债务净存量所要支付的利息又构成政府预算中一笔十分庞大的支出。

【课堂讨论】 财政赤字为0就能代表财政政策最有效吗?

七、财政政策的局限性

需要指出的是，财政政策对收入产生的效应受到各种因素的制约。制约财政政策发挥作用的因素主要来自以下三个方面。

（一）相机抉择的财政政策会遇到政策滞后问题

所谓政策滞后，是对经济运行采取的政策发挥作用的时间对这一运行状态的滞后。产生政策滞后的原因主要有以下几个方面：对经济形势的判断需要时间，研究和制定对策需要时间，政策实施需要时间，政策发挥作用又需要时间。由于这种时滞的存在，针对某一经济形势制定的经济政策措施发挥作用时，经济形势已经改变，甚至相反，因而限制了财政政策的效果。

（二）相机抉择的财政政策会遇到“挤出效应”问题

挤出效应是指增加政府投资对私人投资产生的挤占效应。由于增加政府投资可能导致财政赤字，如果用发行公债的方式弥补赤字，结果可能因公众将投资转向公债而减少私人投资，所以增加政府投资所增加的国民收入可能因为私人投资减少而被全部或部分地抵消。此外，政府购买或者税收乘数是在利息率不变的条件下得到的，如果利息率随着这些因素的变动而变动，则乘数不可能达到理论分析的程度。

（三）相机抉择的财政政策也会遇到政治上的阻力

例如，政府减少政府购买和转移支付会遭到公众的反对，而增税则更会引起社会的不满，这些阻力可能使得政府不得不顾及政治目标。尽管运用宏观财政政策的效应不像理论分析的那样强大，但作为需求管理的措施，调节财政收入和财政支出在实践中仍不失为最直接、最有效的手段之一。

【案例阅读】

陕西组合式财政政策助企纾困稳岗保就业

为支持企业应对疫情影响，尽快恢复发展，陕西省打出系列组合拳，原有阶段性降低失业、工伤保险费率政策在2022年6月30日到期后，再延长1年执行至2023年6月30日，预计将减轻企业负担32亿元；对不裁员或少裁员的企业，顶格执行国家规定返还标准，按其上年度实际缴纳失业保险费的一定比例进行返还，其中大型企业为30%，中小微企业的返还比例由60%提高至90%，预计全年惠及企业1.5万户、职工96万多人；一季度面临暂时性生产经营困难、无力足额缴纳社会保险费的企业，可缓缴失业保险和工伤保险费，缓缴期限最长6个月，同时对餐饮、零售、旅游等重点服务业可延长其缓缴期限，将缓缴政策扩至民航、公路水路铁路运输等特困行业，缓缴期限最长不超过1年，确保企业负担实质性降低。

陕西省财政厅积极出台相应政策，支持高校毕业生就业创业。给予高校毕业生一次性吸纳就业补贴，2022年中小微企业招录毕业年度高校毕业生并符合条件的，按规定给予一次性吸纳就业补贴，同时落实社会保险补贴、技能培训补贴等扶持政策。鼓励高校毕业生创业，对毕业学年高校毕业生参加创业培训的，纳入职业培训补贴范围，加强高校毕业生自主创业扶持政策，按规定提供一次性创业补贴、普惠金融、税费减免等政策。实施就业见习补贴提前发放政策，对见习期未满与见习人员签订1年以上劳动合同并有缴纳城镇企业职工养老保险记录的单位，给予剩余期限见习生活补贴。

（资料来源：https://baijiahao.baidu.com/s?id=1730678538043743044&wfr=spider&for=pc）

【思政小课堂】

大众创业，万众创新

2015年2月10日，李克强邀请60余名外国专家举行座谈。关注中国“大众创业、万众创新”的诺贝尔经济学奖得主埃德蒙德·菲尔普斯提到，中国经济新引擎将带来的“非物质性好处”。他说：“如果大多数中国人，因为从事挑战性工作和创新事业获得成就感，而不是通过消费得到满足的话，结果一定会非常美好。”

李克强总理提出“大众创业、万众创新”，以简政放权的改革为市场主体释放更大空间，让国人在创造物质财富的过程中同时实现精神追求，这是本届政府一直努力的方向。

为贯彻落实《国务院关于大力推进大众创业万众创新若干政策措施的意见》有关精神，共同推进大众创业万众创新蓬勃发展，国务院同意建立由发展改革委牵头的推进大众创业万众创新部际联席会议制度。

【思政感悟】

“大众创业，万众创新”的目的是推动经济良性发展。李克强总理说：“打造大众创业、万众创新和增加公共产品、公共服务双引擎，推动发展调速不减势、量增质更优，实现中国经济提质增效升级。”一方面，只有通过万众创新，才能创造出更多的新技术、新产品和新市场，也就才能提高经济发展的质量和效益；另一方面，只有通过大众创业，才能增加更多的市场主体，才能增加市场的动力、活力和竞争力，从而成为经济发展的内在原动力引擎。

“大众创业”与“万众创新”是相互支撑和相互促动的关系。一方面，只有“大众”勇敢的创业才能激发、带动和促动“万众”关注创新、思考创新和实践创新，也只有“大众”创业的市场主体才能创造更多的创新欲求、创新投入和创新探索；另一方面，只有在“万众”创新的基础上才可能有“大众”愿意创业、能够创业、创得成业，从某种意义上讲，只有包含“创新”的创业才算真正的“创业”，或者说这种创业才有潜力和希望。

（资料来源：http://www.yjbys.com/chuangye/zhengce/553169.html）

任务三　货币政策

一、西方银行体系的构成

货币政策是政府根据既定的政策目标，通过中央银行对货币的供给进行管理，从而影响经济运行的宏观政策。与财政政策一样，政府的货币政策是通过银行制度来实现的。

西方银行体系主要由中央银行和商业银行构成。

（一）中央银行

中央银行是国家的货币权力当局，是制定和执行货币政策的最高主管机构。中央银行的经营目的不是为了赚取利润，而是为了公共利益，特别是要保证完成法律规定的任务。中央银行主要有三大职能：发行银行、银行的银行和国家的银行。作为发行银行，中央银行负责发行货币。作为银行的银行，中央银行是商业银行的最终贷款人。作为国家的银行，中央银行代理国库，向政府提供所需资金，对外代表国家，对内监督、管理全国金融市场活动，并依法执行货币政策。

中央银行的负债项目主要有纸币发行准备金、商业银行及政府在中央银行的存款等。在负债项目中，准备金是最大的项目，它是中央银行发行的纸币。资产项目主要有黄金券、政府债券及向商业银行等发放的贷款、贴现和预付等。在资产项目中，政府债券是其中最大的项目，它受中央银行公开市场业务的调节；贷款、贴现和预付是中央银行贷给商业银行作为准备的金额，它受中央银行信贷、贴现政策的调节。资产数额与负债数额之间的差额就是中央银行的资本项目，主要包括中央银行的办公设备、房产、汽车等。

（二）商业银行

商业银行是面向厂商及个人经营存贷款业务的金融组织，其主要目的是通过存贷款利息差额，赚取最大的利润。商业银行除了为厂商提供短期贷款外，也向消费者发放消费信贷、抵押借款及中长期或短期贷款，同时商业银行也接受家庭和厂商的活期存款和定期存款。

商业银行的资产项目主要有准备金、持有的各种证券和发放的贷款。在资产项目中，商业银行的准备金是为了防止存款人提款而存放起来的款项；证券是商业银行的重要资产，包括商业银行购买的各级政府和企业发行的债券及其他债券；贷款是商业银行的最大资产，包括商业银行发放给工商业、农业及消费者的各类型式的贷款。商业银行的负债项目主要是家庭和厂商的各类存款。在负债项目中，活期存款可以随时支取或转移给第三者，利息率很低；定期存款需要事先通知银行方能支取，利息率较高。此外，商业银行的负债还包括各种形式的储蓄存款，如建房存款等。

商业银行的上述资产及负债业务的范围及数量受到中央银行的控制和管理，正是这种控制和管理使得中央银行可以调节货币的供给量，进而影响整个宏观经济运行。

【案例阅读】

货币乘数论

乘数（亦称倍数）这个概念最早是由英国经济学家卡恩在1931年提出的。凯恩斯发挥了乘数原理，在1936年《通论》中提出了著名投资乘数论，成为有效需求原理的重要组成部分，此后新古典综合派又把乘数理论引申到货币金融领域，提出了货币乘数论。

所谓货币乘数就是指基础货币扩张或收缩的倍数。他们认为，在狭义的货币定义下（即M1，现金加活期存款），货币供应量的决定因素有两个：一个是基础货币（用B表示），又称高能货币或强力货币，由现金与银行存款准备金组成，它是货币供应量（用Ms表示）变动的基础；另一个就是货币乘数（用m表示），这样货币供应量的基本公式可以表示为：Ms=Bm

二、货币政策主要工具及应用

学习二维码8-5
贴现

货币政策的目的在于通过控制货币供给，影响利率，从而影响投资，并最终影响国民收入。由于在货币供给中占最大比例的是存款，所以中央银行主要通过控制和影响商业银行的存款来达到控制货币数量的目的。

和财政政策一样，货币政策也是相机抉择，逆经济风向行事的。在经济萧条时期，总需求不足，失业增加，此时中央银行采取扩张性的货币政策，扩大货币供给量，增加商业银行的存款数额，促使利息率下降，从而扩大商业银行的贷款规模；在经济过热时期，总需求过剩，价格持续上升，此时中央银行则采取紧缩的货币政策，减少货币供给量，减少商业银行的存款数量，促使提高利率，使投资者较难得到信贷，从而对投资产生抑制作用，达到消除通货膨胀的目的。

中央银行调节货币供给量的目的主要通过调整法定准备金率、变更再贴现率和公开市场业务三大手段来实现。

（一）法定存款准备金率

银行制度中规定，商业银行应将其吸收的存款总额按一定比例以现金的方式保留起来以作为储户提取存款的准备金。准备金占存款总额的比例就是准备金率。由于准备金率通常依法规定，因而上述准备金制度也被称为法定准备金制度，其中的准备金率被称为法定准备金率。

各国的银行法对于不同存款的种类及数量规定了严格的法定存款准备金率，同时也赋予了中央银行货币当局在一定范围内调整准备金率的权力。法定存款准备金率制度既可以防止银行因无力支付存户存款而倒闭，从而引起金融混乱，导致社会不安定；又使得中央银行有能力通过调整准备金率达到控制货币总量的目的。

中央银行可以通过改变商业银行的法定存款准备金率来控制货币供给。中央银行调整法定存款准备金率是逆经济风向行事的。当经济萧条时，为了降低利率，增加总需求，中央银行在法律允许的范围内降低法定存款准备金率。商业银行为了获取最大利润，则尽可能地按最低要求留足准备金，因而在同样数额的存款条件下，商业银行可以发放贷款的数量增加。反之，当经济过热时，为了降低通货膨胀率，减少总需求，中央银行在法律规定的上限以下提高法定存款准备金率。由于商业银行必须依法留足准备金，因而在存款数量既定的条件下，商业银行的贷款量减少。

调整准备金率对整个银行体系对货币供给数量产生很大的影响。

（二）再贴现率

银行制度规定商业银行可以将持有的中央银行认为合格的债券向中央银行实行再贴现或进行抵押贷款，其中贴现是相对于商业银行对个人的贴现或抵押贷款而言的。贴现或抵押贷款是商业银行的重要经营业务。商业银行可以将个人手中持有的未到期的合格债券以某一个贴现率兑换成现金，即在对债券做出一定的扣除之后，将个人手中的债券变为现金。同时，商业银行为了取得现金，也可以将自身持有的债券向中央银行贴现，这就是再贴现。中央银行再贴现率的高低或对贴现债券的规定直接影响商业银行取得现金的数额，从而影响商业银行的信贷规模，这就为中央银行管理商业银行提供了可能。

变更再贴现率是中央银行执行货币政策的重要手段。根据银行制度的有关规定，中央银行可以利用变更再贴现率手段影响商业银行的贷款数量，并最终控制货币供给量。中央银行实施变更再贴现率手段也是逆经济风向的。当经济萧条时，中央银行降低再贴现率，以商业银行将手中持有的债券向中央银行贴现，从而增加商业准备金，以鼓励商业银行发放贷款，刺激消费和投资；当经济过热时，中央银行为了控制货币数量和商业银行的放款规模提高贴现率，增加商业银行的贴现成本，从而减少商业银行的贷款数量。

（三）公开市场业务

公开市场业务是指中央银行在金融市场上公开买卖政府债券以影响货币供给量的货币政策手段。依照银行法的有关规定，中央银行可以根据宏观经济政策目标，在公开的金融市场上买卖政府的债券等有价证券。中央银行的公开市场业务也是相机抉择、逆经济风向行事的。当经济不景气时，为了刺激总需求，中央银行便在公开市场上买进商业银行持有的政府债券。因为中央银行出价往往较高，所以商业银行愿意出售。当商业银行出售债券后，就可以利用得到的现金向消费者和厂商发放贷款，从而增加消费和投资，扩大总需求。当经济过热，货币数量过多，经济中常常会出现持续的通货膨胀，中央银行便在市场上卖出政府债券。由于政府债券相对利息率较高，风险较小，因而商业银行争相购买。商业银行购买债券后，可以贷出的货币减少，从而中央银行达到了控制货币、控制投资，进而影响经济运行的目的。

上述三大手段是中央银行执行货币政策的最重要的手段，它们不仅可以单独使用，也可以配合使用。一般来说，由于调整法定存款准备金率对整个经济的影响程度很大，因而在实践中较少使用。变更再贴现率可以间接地控制商业银行的准备金，因而在实践中较为常用。公开市场业务不仅便于操作，而且很容易进行数量控制，因而在实践中最为常用。

【案例阅读】

2022 年央行将主动推出有利于经济稳定的货币政策

中国人民银行货币政策司司长孙国峰在《中国金融》2022 年第 3 期发表署名文章，对我国货币政策进行回顾与展望。文章表示，2022 年，人民银行将主动推出有利于经济稳定的货币政策。在谈到稳健货币政策灵活适度的内涵时，孙国峰指出，要量价适度，既要防止经济下行和信贷总量收缩共振，也不能“大水漫灌”大幅冲高，保持货币信贷总量稳步增加。

文章提到，具体来看，货币政策将重点围绕以下几方面开展工作：一是保持货币信贷总量稳定增长。综合运用多种货币政策工具适时适度投放流动性，及时熨平流动性短期波动，做好流动性跨周期调节，保持流动性合理充裕，促进货币市场利率平稳运行。二是引导信贷结构稳步优化。结构性货币政策工具积极做好“加法”，精准发力加大对重点领域和薄弱环节的信贷支持力度。三是促进降低企业综合融资成本。2022 年 1 月 17 日，人民银行加大流动性投放力度，引导公开市场 7 天逆回购操作和 1 年期中期借贷便利中标利率各下降 10 个基点，并带动 1 年期和 5 年期以上 LPR 分别下行 10 个基点和 5 个基点，有利于提振市场信心，推动降低实际贷款利率，促进债券利率下行，推动企业综合融资成本稳中有降，也有助于激发市场主体融资需求，增强信贷总量增长稳定性，支持国债和地方债发行，稳定经济大盘。四是保持人民币汇率在合理均衡水平基本稳定。让市场供求在汇率形成中发挥决定性作用，增强人民币汇率弹性，发挥汇率调节宏观经济和国际收支自动稳定器功能。

（资料来源：https://baijiahao.baidu.com/s?id=1723182655856272908&wfr=spider&for=pc）

（四）货币政策的其他工具

除了上述三大手段之外，中央银行还可以利用其独有的货币管理和政策制定方面的特权，运用其他方式对商业银行的信贷规模进行控制。主要手段有以下几种。

1. 道义劝说

道义劝说是指中央银行以口头或书面谈话的方式劝说商业银行在放款、投资等方面自行放宽或压缩信贷规模，以便商业银行能与中央银行在货币政策方面相互配合。尽管中央银行的道义劝说不具有行政约束力，但由于中央银行所具有的信息和地位的优势，商业银行往往很重视这些劝说，因而该手段在实践中仍能达到一定的效果。

2. 严格或放宽信贷条件

中央银行可以通过对商业银行的监管来实现货币政策目标。例如：中央银行可以严格或者放宽抵押贷款中抵押物的种类，获得贷款的数量，在消费贷款管理中可以增加或者降低首付款的数额等。在执行扩张性货币政策时，中央银行可以放宽抵押物的品种，提高抵押贷款的数量等；在执行紧缩性货币政策时，则严格抵押物的种类，降低获得贷款的数量。

3. 贴现配额

中央银行也可以规定商业银行再贴现的种类和数额。例如：中央银行可以规定所有行业发行的债券均可以到中央银行贴现，也可以规定只有某些行业甚至某些企业发行的债券才能进行贴现，同时中央银行也可以规定某个商业银行贴现的上限。此类手段也采取逆经济风向行事，与贴现率政策一起间接控制商业银行的准备金。

三、货币政策效应的局限性

货币政策是政府宏观干预的重要手段之一，它通过影响货币供给量影响 LM 曲线而对利息率产生影响，并影响投资，最终影响收入。但是，在实际应用中，货币政策对收入的影响会受到下列因素的制约。

（一）流动性偏好陷阱

依照凯恩斯理论，当经济萧条时，利息率较低，则流动性偏好很大。当利息率降低到一定程度时，流动性偏好引起的货币需求趋向于无穷，即人们处于流动性偏好陷阱。此时，无论货币供给量增加多少，其降低利息率自律的作用都非常小。这表明，当经济处于流动性偏好陷阱状态时，货币政策通过降低利率来刺激投资的作用是有限的。

（二）时滞的影响

与财政政策一样，货币政策的效果也受到时滞的影响。从中央银行对经济形势做出判断、分析、制定政策到实施，都会产生滞后。这些滞后制约着货币政策准确有效地发挥作用。

（三）货币政策手段本身的局限性

当采取扩张性的货币政策时，效果不明显；相反，紧缩性的货币政策比扩张性的货币政策更加有效。这是因为，扩张性的货币政策要得到经济基础主体尤其是商业银行的配合，其中变更再贴现率是中央银行间接控制商业银行准备金的重要手段，但这种手段的实施效果受到商业银行行为的制约。当中央银行采用扩张性货币政策的时候，一般是经济衰退的过程，此时商业银行出于自身利益的考虑一般不愿意提供贷款。而在经济衰退的过程中，一些经营状况好的企业又选择稳健的不扩张的经营策略，所以，以增加货币供给量为特征的货币政策效果就会大打折扣。例如：当中央银行降低再贴现率时，商业银行未必增加贴现，至少不一定按照中央银行的意图增加再贴现数量。相反，紧缩性的货币政策由于不需要任何经济基础主体的配合，反而显得更有效。

以上原因使得货币政策在实践中的作用受到某些限制。普遍认为，货币政策是调节宏观经济运行的间接手段，它对通货膨胀的影响程度要大于对收入的影响。

财政政策与货币政策在经济实践中往往要配合使用。财政政策和货币政策的配合，是政府将财政政策和货币政策按某种形式搭配组合起来，以调节总需求，最终实现宏观经济的内外平衡。

【案例阅读】

央行降准

为支持实体经济发展，促进综合融资成本稳中有降，中国人民银行决定于2022年4月25日下调金融机构存款准备金率0.25个百分点（不含已执行5%存款准备金率的金融机构）。为加大对小微企业和“三农”的支持力度，对没有跨省经营的城商行和存款准备金率高于5%的农商行，在下调存款准备金率0.25个百分点的基础上，再额外多降0.25个百分点。本次下调后，金融机构加权平均存款准备金率为8.1%。

（资料来源：https://mp.weixin.qq.com/s/YJDdQCqGwIjsWjQF7iKtRQ）

【思政小课堂】

“中国飞人”苏炳添：梦想的实现，浸透着奋斗的汗水

在第三十二届夏季奥林匹克运动会男子100米半决赛中，中国短跑运动员苏炳添创造了9秒83的个人最好成绩，刷新亚洲纪录，成为第一个站上奥运会男子百米决赛跑道的中国运动员。在陕西全运会男子百米决赛中，苏炳添以9秒95的成绩夺得冠军，这也是他职业生涯第十次跑进10秒。前不久，苏炳添入选“感动中国2021年度人物”。

梦想的实现，浸透着奋斗的汗水。百米跑道上，运动员每快0.001秒，都需要付出艰辛的努力。每一次自我超越，都离不开对梦想的执着和日复一日地坚持。每次站上赛场，苏炳添拿着卷尺测量起跑器距离的细节已经广为人知。而很多人看不到的是，训练场上他一遍又一遍地蹬踏起跑器，一次又一次地回看录像。压低身体向前，起身，冲出跑道，再回到起点，蹲身，冲出跑道……每个动作都全神贯注、精益求精，每场训练都全力以赴、力求突破。成千上万次的锤炼，最终成就了赛道上的成绩突破。

【思政感悟】

反复淬火才能百炼成钢，竞技场上没有一蹴而就的胜利，苏炳添也不例外。在重大赛事中因为抢跑被罚下赛场，他把照片存进手机，提醒自己从失败中汲取教训。25岁时，苏炳添萌生了更换起跑脚的想法，他要与自己长期训练中形成的习惯对抗，也要与可能出现的一连串不理想成绩对抗。30岁时，腰伤和骨裂的困扰一度令他消沉，但最终苏炳添凭借顽强的意志走出低谷。不因困难屈服，不向挫折低头，苏炳添用自强不息的拼劲和自我超越的勇气为体育精神写下生动注脚。

从首度突破10秒大关到10次跑进10秒，从追平亚洲纪录到将亚洲纪录大幅提升0.08秒……人们从未停止对苏炳添的期待，他也从未停止前进的步伐。如今除了短跑运动员的身份，苏炳添同时也是一名老师。课堂上除了耐心指导动作外，他也乐于和同学们分享运动生涯中的奋进故事，在更多人心中种下拼搏的种子，注入前行的力量。

学习二维码 8-6
本项目专升本考核知识点

拼搏，不只在运动赛场。坚持付出，终有收获，那些超越自我、顽强拼搏的故事，必将激励我们以奋斗成就梦想，朝着更美好的生活努力进发。

（资料来源：https://m.gmw.cn/baijia/2022-03/31/1302875515.html）

复习思考题

一、单选题

1. 宏观经济政策目标是（　　）。
   A. 充分就业和经济增长　　B. 物价稳定
   C. 国际收支平衡　　D. 以上皆是
2. 政府的财政政策通过（　　）对国民收入产生影响。
   A. 私人投资支出　　B. 政府购买
   C. 个人消费支出　　D. 进出口
3. 中央银行在公开市场上卖出政府债券目的是（　　）。
   A. 收集一笔资金帮助政府弥补财政赤字
   B. 减少商业银行在中央银行的存款
   C. 减少流通中基础货币以紧缩货币供给
   D. 通过买卖债券获取差价利益
4. 属于内在稳定器的是（　　）。
   A. 政府购买　　B. 税收
   C. 政府转移支付　　D. 政府公共工程支出
5. 经济中存在失业时，应采取的财政政策工具是（　　）。
   A. 增加政府支出　　B. 提高个人所得税
   C. 提高企业所得税　　D. 增加货币发行量

二、简答题

1. 宏观经济政策的目标是什么?

2. 财政政策的自动稳定器有哪几种?

3. 中央银行调节货币供给量的工具有哪些?

实训项目

1. 收集资料，综合分析——改革开放以来我国宏观经济调控的实践。

2. 收集关于我国银行资料，整理出我国银行体系。

项目九

直面国际贸易

知识目标

了解国际贸易的基本概念、原则和规则；理解国际贸易中的主要参与方角色和功能；掌握国际贸易中的贸易方式；熟悉国际贸易的基本流程；了解国际贸易中的关税制度和贸易壁垒等。

能力目标

具备一定国际市场调研和分析的能力；能够运用国际贸易知识，制定基本的贸易策略和计划；具备一定国际业务谈判和合作能力，了解国际贸易的风险；具备跨文化交流和团队合作能力，能够适应不同国家和地区的文化差异和商务礼仪。

思政目标

培养积极向上、国际视野开阔的思维意识，增强对世界多元文化的尊重和理解；强调社会责任感和可持续发展意识，加强对国际贸易发展趋势和全球经济格局的深入了解，为国家经济发展和国际合作做出贡献。

项目引例

国际贸易的起源

国际贸易的起源可以追溯到几千年前的古代文明。人类从远古时期开始就进行跨越地理界限的商品交换，但随着社会的进步和交流的增加，国际贸易逐渐成为一个重要的经济活动。

最早的国际贸易可以追溯到古代的丝绸之路。大约在公元前 2 世纪至公元 14 世纪的时期，中国的丝绸和其他东方商品通过陆上和海上贸易网络传到了亚洲、欧洲和非洲各地。这条贸易路线不仅为货物的交换提供了机会，也促进了文化和知识的交流。

丝绸之路和一带一路有着紧密的关系。事实上，“一带一路”倡议可以看作是对古代丝绸之路的一种现代化演绎和延续。在 2013 年，中国国家主席习近平提出了“一带一路”倡议，旨在加强沿线国家之间的经济合作和共同发展。“一带一路”倡议包括“陆上丝绸之路经济带”和“21 世纪海上丝绸之路”，涵盖了亚洲、欧洲和非洲等地区，其中沿途的一些地区正是古代丝绸之路经过的地方。

通过“一带一路”倡议，中国希望通过基础设施建设、贸易便利化、投资合作等方式，促进相关国家之间的互联互通和经济合作。这种合作有助于加强亚欧大陆的联系和交流，推动贸易和投资的发展，促进经济繁荣与互利共赢。

在这种意义上，“一带一路”倡议可以被视为对古代丝绸之路的延续和现代化的再创造。它强调了国际合作、互联互通和共同发展的理念，旨在重建和加强亚欧大陆以及其他参与国的经济联系，推动全球的开放合作。

请问：国际贸易最早可以追溯到什么时候？古丝绸之路和“一带一路”有什么联系？

随着时间的推移，技术的进步如航海技术、运输和通信的改善，以及贸易协定和国际组织的建立，国际贸易变得更加复杂和全球化。今天，国际贸易已经成为世界各国经济发展的重要驱动力，促进了商品的交换和资源的优化配置。国际贸易在商务经济环境中扮演着重要的角色，企业需要了解国际贸易政策和市场特点，同时也需要关注国际经济形势和趋势的变化。通过有效管理国际贸易，企业可以实现持续业务增长和发展。

任务一　国际贸易概述

一、国际贸易的概念

国际贸易（International Trade）是指世界各个国家（或地区）在商品和服务等方面进行的交换活动。它是各国（或地区）在国际分工的基础上相互联系的主要形式，反映了世界各国（或地区）在经济上的相互依赖关系，是由各国对外贸易的总和构成的。

国际贸易一般由进口贸易（Import Trade）和出口贸易（Export Trade）所组成，当一个国家或地区的出口额大于进口额时称之为贸易顺差，贸易逆差则意味着该国家或地区的进口额大于出口额。

一个国家或地区在其经济活动中对外贸的依赖程度被称之为外贸依存度（Trade Dependency），它通常以一国进、出口贸易总额与其在国内生产总值（GDP）中所占比例来衡量。外贸依存度的高低取决于国家或地区的经济结构、产业特点和贸易政策等因素。一个高度依赖外贸的国家或地区，在其经济活动中出口和进口的比重相对较高，国内市场对外贸的依赖程度较大。

学习二维码 9-1
案例：荷兰“郁金香泡沫”给了你什么启示？

二、国际贸易的条件

国际贸易的条件是指影响和促进国际贸易发展的一系列因素和要素。这些条件在不同的角度和层面起到了关键作用。国际贸易的进行需要满足一定的条件，其中主要包括以下几个方面：

（一）利益互补

不同国家或地区拥有不同的资源、技术和产业优势。国际贸易的条件之一是双方之间存在利益的互补性，即各方可以通过贸易从对方获得补充和提升自身无法生产或生产低成本产品的资源和商品。

（二）开放市场和自由贸易

国际贸易需要基于开放市场和自由贸易原则进行。各国应相互尊重市场经济和贸易自由化的原则，消除不必要的贸易壁垒，实现货物、服务、资本和技术的自由流动。

（三）透明、稳定的贸易规则

国际贸易需要在透明、稳定的贸易规则下进行，以保障各方的权益并提供可预测性。国际贸易体系依赖于多边和双边的贸易协定和条约，例如世界贸易组织（WTO）下的规则。

（四）政府支持和政策环境

各国政府对国际贸易的发展应提供必要的支持和良好的政策环境，包括建立透明、稳定的法律框架，制定公平的贸易政策，提供基础设施和服务以及促进贸易便利化等。

（五）交流和合作

学习二维码 9-2 第三届“一带一路”国际合作高峰论坛给我国带来哪些国际贸易条件?

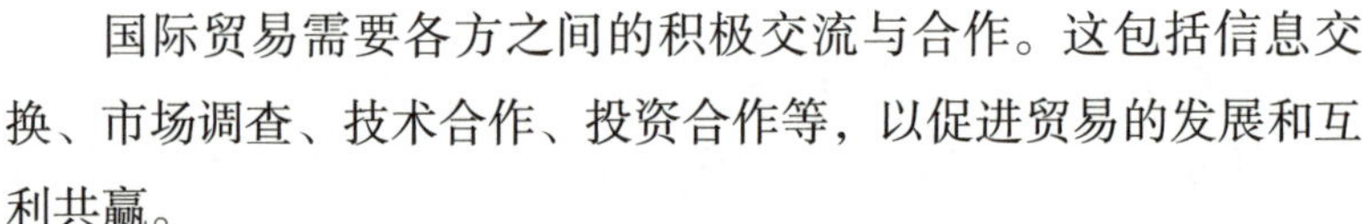

国际贸易需要各方之间的积极交流与合作。这包括信息交换、市场调查、技术合作、投资合作等，以促进贸易的发展和互利共赢。

国际贸易的条件综合影响着国际贸易的规模和结构。各国政府、企业和国际组织在制定政策和开展合作时需要考虑和应对这些条件，以促进和支持可持续、公平和互利的国际贸易发展。

【课堂讨论】

1. 跨境电子商务属于国际贸易吗？影响和促进其发展的国际贸易条件有哪些？

2. 你认为我国有哪些有利的贸易条件？

三、国际贸易的特点

国际贸易的特点反映了国际贸易活动的本质和特性。研究国际贸易特点可以帮助发现和把握新的商业机会和市场潜力。了解不同国家和地区的消费需求、产业结构和贸易趋势，可以为企业在全球市场上寻找适合的定位和战略方向提供指导。国际贸易的特点通常主要有以下表现：

（一）跨国性

国际贸易是不同国家之间的贸易，既可以是发达国家之间的贸易，也可以是发展中国家之间的贸易。它跨越了国家边界，涉及不同国家的经济体系和法律规定。

（二）国际分工

国际贸易可以促进各国按照其比较优势进行专业分工和合作。国际贸易基于比较优势理论，即各国依靠其相对较低的机会成本和生产效率在特定领域内具备竞争优势。通过相互贸易，各国可以专注于自身优势产业，并实现资源的有效配置和利用。

（三）进口和出口

国际贸易涉及进口和出口两个方面。进口是指国内企业从国外购买商品和服务，出口是指国内企业将商品和服务销售到国外市场。进口和出口的比例会影响国家的贸易平衡。

（四）风险和不确定性

国际贸易面临着风险和不确定性。国际贸易受到政治、经济、环境等多种因素的影响，这些因素可能导致贸易政策的变化、市场需求的波动和货币汇率的波动等。

（五）贸易壁垒

国际贸易存在着各种贸易壁垒，如关税、配额、非关税壁垒等。这些壁垒会限制商品和服务的自由流动，对贸易造成一定的阻碍。

（六）贸易规则

国际贸易需要遵守国际贸易规则。国际贸易组织如世界贸易组织（WTO）制定了一系列的规则和协议，用于规范国际贸易行为，保护贸易自由和公平竞争。

（七）贸易影响

国际贸易对经济和社会有着深远影响。它可以促进经济增长、扩大就业、技术创新和人力资源的流动。同时，它也可能导致资源不平衡、产业结构调整和贫富差距的扩大。

这些特点表明，国际贸易是一个复杂而多样化的活动，需要各国共同努力推动贸易自由化，促进贸易便利化，并解决不平等和发展差距的问题。通过持续的合作和合理的规制，国际贸易有潜力为全球经济增长和繁荣做出重要贡献。

【案例阅读】

贸易条件是“创造”出来的

新加坡被视为全球最开放和便利化的经济体之一。它通过减少贸易壁垒、提供完善的物流和金融体系、鼓励外国直接投资等措施，创造了一个对外国企业有利的贸易环境。作为亚洲区域贸易中心，新加坡成为世界各地企业进行跨国贸易和投资的枢纽。

瑞士以其稳定的政治和经济环境、高品质的产品和服务而闻名。该国通过签订自由贸易协定、不断改善商业环境、发展金融和物流服务等，为国际贸易提供了优越的条件。同时，政府和私营部门之间的合作也为瑞士打造了一个贸易友好的环境。

韩国作为亚洲四小龙之一，韩国通过积极的工业政策和出口导向战略，实现了迅速的经济发展。该国实行开放的贸易政策，不断降低关税、扩大自由贸易区，并推出贸易促进措施，吸引了许多外国企业进行贸易和投资。

阿联酋以其优越的地理位置成为一个重要的国际贸易中心。它通过建设世界一流的港口、自由贸易区和特殊经济区、提供税收优惠和便捷的商业环境等措施，吸引了大量的跨国公司和贸易商到该国进行贸易活动。

这些经典案例展示了不同国家如何通过减少贸易壁垒、改善商业环境、提供便利的金融和物流服务，以及制定积极的贸易政策等来创造有利于国际贸易的条件。这些国家通过创造友好的贸易环境，有效利用自身资源和优势，成为国际贸易的重要参与者和受益者。

（资料来源：网络整理）

【思政小课堂】

中国和英国之间的自由贸易协定

2021 年 12 月 31 日，中国和英国正式签署了自由贸易协定（FTA），这是中国与欧洲国家首次签署的全面高水平自由贸易协定。该协定将有效降低商品贸易壁垒，促进双边贸易便利化，并提供了更多商业机会和市场准入。

根据该自由贸易协定，中国和英国将互相降低关税、扩大市场准入和投资便利化，涵盖了广泛的领域，包括农产品、制造业、服务业等。双方还加强了知识产权保护、电子商务、竞争政策等方面的合作。

这一自由贸易协定对于中英两国经济都具有重要意义。对中国来说，英国是中国在欧洲最重要的贸易伙伴之一，此次协定将进一步拓展中英贸易和投资合作，促进双方企业的发展和经济增长。对英国来说，该协定为其在“脱欧”后寻求更多贸易机会，加强与亚洲市场的联系提供了重要的平台。

这一案例体现了国际贸易的重要性和对经济增长的推动作用。通过加强贸易合作和贸易自由化，各国可以实现资源优化配置，促进产业升级和就业增长。同时，该案例也呼吁各国继续加强多边贸易体系，并推动全球贸易合作，共同应对挑战和推动可持续发展。

（资料来源：网络整理）

【思政感悟】

从经济角度看，贸易条件的形成确实是通过各国之间的协商、合作和制定政策来推动的。不同国家根据自身经济、政治和法律等因素，通过与其他国家的谈判和协商，制定或修改贸易规则，减少贸易壁垒，建立优惠条件等，为贸易的开展创造了有利的环境和条件。这些因素需要国家领导层的决策和行动，通过良好的国内政策和外交关系等方面的努力，共同合作创造有利的贸易条件。

对个人而言，我们应意识到，不只是贸易条件，任何事物的形成和实现都需要我们的努力和付出。无论是在工作、学习还是其他领域，只有通过积极主动参与、不断追求进步，才能够创造更好的条件和机会，实现个人的目标和幸福。

总之，贸易条件的创造需要国家和社会各方的共同努力，也需要每个个体发挥自己的作用和责任。只有积极参与、勇于奋斗，我们才能够为创造更好的贸易条件、实现个人的目标和社会的繁荣做出贡献。

（资料来源：网络整理）

任务二 国际贸易理论

国际贸易理论是研究国家之间通过买卖商品和服务进行的跨国交流和贸易活动的学科领域。它涉及了国际贸易的原因、效应、模式、政策等方面的研究。国际贸易理论的主要目标是解释和分析国际贸易的现象，并提供政策建议和经济预测。

一、古典自由贸易理论

古典自由贸易理论（Classical Free Trade Theory）是一种经济学思想流派，起源于18世纪。它被认为是现代自由贸易理论的基础，对国际贸易的主张和原则产生了深远影响。古典自由贸易理论的主张对于推动自由贸易政策和促进经济合作具有重要指导意义。它强调经济资源的最优配置，个体和国家通过专业化和分工合作可以实现福利的最大化。古典自由贸易理论为现代经济学和国际贸易政策提供了基础和启示。

（一）绝对优势理论

绝对优势理论（Absolute advantage theory）是由亚当·斯密在他的著作《国富论》中提出的一个经济理论。该理论认为，当一个国家在生产某种商品上相对于其他国家更加高效时，它就具有绝对优势。根据绝对优势理论，各个国家应该专注于生产自己拥有绝对优势的商品，并将其出口到其他国家。通过这种专业化的生产和贸易，每个国家都可以从自己的优势领域中获得更多的产量和效益。同时，通过贸易，每个国家可以从其他国家进口那些它所不擅长生产的商品和服务，满足本国需求。

学习二维码 9-3
亚当·斯密
300 年

表 9.1　　绝对优势理论举例

产品	A 国	B 国
麦子	1（劳动成本）	3（劳动成本）
牛奶	1（劳动成本）	2（劳动成本）
棉花	4（劳动成本）	1（劳动成本）

假设国家 A 生产麦子和牛奶的成本比国家 B 低，而国家 B 生产棉花的成本比国家 A 低。根据绝对优势理论，国家 A 应该专注于生产麦子和牛奶，国家 B 应该专注于生产棉花。然后，两国可以通过贸易交换产品，使双方的福利最大化。

绝对优势理论强调了国际贸易中的专业化和分工合作的重要性。它主张通过充分发挥各国特殊的资源和技能优势，在全球范围内实现资源的最优配置和效率提升。这样可以促进经济增长和福利的提高。然而，绝对优势理论存在一定的局限性。它假设生产成本是唯一的决定因素，在现实中可能被其他因素（如技术、市场规模等）所影响。此外，它忽视了贸易中的其他影响因素，例如比较优势、竞争力等。因此，绝对优势理论在现代经济学中已经被比较优势理论等更为合理和综合的理论所取代。

（二）比较优势理论

比较优势理论（Theory of Comparative Advantage）是由大卫·李嘉图在他的著作《政治经济学与税务原理》中提出的一个经济理论。该理论认为，即使一个国家在所有产品的生产上都比其他国家高效，它仍然可以从贸易中获得益处，只要它在某种商品的生产上拥有较低的机会成本（相对于其他国家）即可。

学习二维码 9-4
大卫·李嘉图：古典政治经济学的巅峰

据比较优势理论，各个国家应该根据其相对机会成本来分工合作。也就是说，每个国家应该专注于生产自己在某种商品上有比较优势的商品，并通过贸易交换这些商品。通过分工和专业化，各个国家可以在贸易中实现资源的最优配置和效率提升，同时获得更多的产量和效益。

比较优势理论强调一个国家在生产某种商品时的机会成本相对较低，即它可以用更少的资源和努力来生产更多的商品。这种相对的成本差异是国际贸易的基础。根据比较优势理论，各个国家应根据自身的相对机会成本来分工合作。每个国家专注于生产自己在某种商品上有比较优势的商品，然后通过贸易交换商品以满足本国需求。比较优势理论认为，国际贸易是一种互利的活动。通过分工合作和贸易，各个国家可以在资源利用和产品供应方面实现最优化，提高福利水平和经济效益。

思考　如何发现自己的比较优势并将个人的比较优势运用到学习工作之中？

（三）相互需求理论

相互需求理论（Mutual Demand Theory）是国际贸易理论的一个重要分支，它强调了国际贸易的彼此依赖和相互需求关系。该理论认为，在国际贸易中，各个国家之间的相互需求是促使贸易发生的关键因素。

学习二维码 9-5
要素禀赋说
（H-O 理论）

根据相互需求理论，不同国家之间存在着不同的要素禀赋、技术水平、消费偏好和市场规模等差异。这些差异导致了每个国家在一些产品或服务上的供给和需求不平衡。因此，国际贸易的目的是通过互补的供求关系，满足各国的需求，实现资源优化配置和福利提高。

相互需求理论与比较优势理论有所不同，比较优势理论注重国家之间的成本差异，而相互需求理论更注重国家之间的需求差异。相互需求理论认为，即使一个国家在某个商品的生产上没有明显的相对优势，但如果它有相对较高的需求，其他国家可以通过满足这种需求而获得贸易利益。

例如，假设国家 A 生产汽车、国家 B 生产玩具、国家 C 生产石油。国家 A 和国家 B 之间存在着相互的需求关系，因为国家 A 需要玩具来满足其市场需求，而国家 B 需要汽车来满足其市场需求。尽管国家 A 和国家 B 可能都可以自己生产这些商品，但通过相互贸易和满足彼此的需求，双方可以获得更多的商品选择和更高的福利水平。

相互需求理论强调了国际贸易的互利性和合作性。它指出，国际贸易不仅仅是基于比较优势或绝对优势，还是基于各国之间的相互需求和互补性。通过满足彼此的需求，国际贸易可以实现资源的最优配置、扩大市场规模和提升经济效益。相互需求理论为国际贸易政策制定和贸易伙伴选择提供了重要的参考。它提醒国家应该认识到彼此之间的依赖关系，注重寻找互补的贸易伙伴，以实现双方的共同利益和经济发展。

【案例阅读】

“里昂惕夫之谜”（Leontief Paradox）

20世纪的50年代，美国经济学家里昂惕夫对赫克歇尔—俄林理论进行统计验证，他考察了美国对外贸易商品结构方面的经验数据后，得出了与赫克歇尔—俄林理论完全相反的结论，故称为里昂惕夫悖论。

里昂惕夫根据美国1947年和1951年200个产业部门的出口产品与进口替代产品的统计资料编制了美国投入—产出表，用以比较美国对外贸易商品结构中出口商品的资本—劳动比率与进口替代产品的资本—劳动比率，里昂惕夫得出如下结果：在50年代，在美国的对外贸易商品结构中，出口品主要是劳动密集型商品，而进口品主要是资本密集型商品。美国是一个资本丰裕而劳动力缺乏的国家，根据赫克歇尔一俄林理论，美国的外贸商品结构应当是出口资本密集型商品，而进口劳动密集型商品，而里昂惕夫的研究结果与此完全相反。

里昂惕夫本人认为，由于美国工人的受教育水平、技术水平都高于其他国家，美国工人的劳动效率也高于其他国家，可以认为是其他国家水平的3倍，真正的美国劳动力数量就应当是实际工人人数乘以3，而美国实际上是一个劳动力较为丰富、资本较为稀缺的国家，因此美国的贸易格局并没有违背赫克歇尔—俄林原理。

在不同的国家，同一种商品是可以以不同的要素密集度来生产的，由于劳动要素在美国的价格较高，在技术允许的条件下，美国企业家愿意以资本要素代替劳动要素，从而在别的国家是劳动密集型的产品而在美国则为资本密集型产品，形成了要素密集度逆转现象。里昂惕夫正是采用进口替代品的资料进行验证的，而不是进口品资料。

商品生产要素除资本和劳动外，还包括自然资源。美国需要出口丰裕的自然资源，进口稀缺的自然资源产品，其中，出口的自然资源产品通常也是劳动密集度较高的产品，而进口的自然资源产品则是资本密集型产品。自然资源的论点解开了美国与加拿大等国贸易结构中的里昂惕夫之谜。贸易壁垒的存在也是产生里昂惕夫之谜的重要原因。

20世纪40年代末50年代初，美国的关税体制对劳动密集型产品的保护水平就很高，阻碍了美国对劳动密集型产品的进口，提高了进口品的资本一劳动比率，产生了里昂惕夫之谜。如果实行自由贸易，美国进口劳动密集型产品的比重会有所提高。

（资料来源：郭万超，辛向阳．轻松学经济——300 个核心经济术语趣解［M］．对外经济贸易大学出版社，2005 年 1 月北京第 1 版，第 182-183 页）

二、保护贸易理论

保护贸易理论（Protected trade theory）主张通过采取保护主义政策来限制国际贸易，以保护本国产业和就业机会。它认为贸易保护措施对国内产业和就业的保护具有重要意义，并可以促进国家经济的发展。

（一）重商主义

重商主义（Mercantilism theory）是 17 世纪至 18 世纪初期盛行的一种经济思想流派，它强调国家财富的积累和强大，在国际贸易中以保护主义政策为主导，旨在促进贸易顺差和金银的积累。重商主义的主要观点包括：

学习二维码 9-6
重商主义思想的演变与英国工业革命的初兴

1. 外贸和贸易顺差

重商主义者认为，贸易顺差是国家财富增长和国力强大的关键。他们主张通过促进出口、限制进口和保护本国工业来实现贸易顺差。

2. 重视金银积累。重商主义者认为金银的积累是国家财富的重要标志，因为金银在当时被视为货币和国家财富的基础。他们主张通过贸易顺差来增加国家的金银储备。

3. 关税和贸易限制。重商主义者支持征收高关税和实施其他贸易限制措施，以保护本国产业免受外国竞争的冲击，并促进本国出口。

4. 国家干预和经济政策。重商主义者主张国家积极干预经济并制定相关政策，以促进经济发展和贸易优势的建立。他们认为国家应该通过补贴、禁止离开和控制市场等手段来支持本国产业。

重商主义在当时广泛流行，影响了欧洲各国的经济政策和贸易做法。随着时间的推移，重商主义被更为现代化的国际贸易理论所取代，如比较优势理论、新贸易理论和国际价值链理论等。现代经济学更加重视贸易的互利和合作，强调开放和自由的国际贸易体系的重要性。

思考　重商主义产生的历史背景是什么，如何评价重商主义？

（二）保护幼稚工业理论

学习二维码 9-7 保护与发展：李斯特经济思想的当代光辉

幼稚产业保护论（Infant Industry Theory）最初由汉密尔顿提出，经过李斯特全面发展而成为最早、最重要的贸易保护理论，其核心概念是国家在发展阶段应当通过实施贸易保护政策来保护本国的幼稚产业。该理论认为，在起步阶段，本国产业可能相对脆弱和不成熟，需要得到保护垄断市场的机会，以便有足够的时间和条件进行规模扩大、技术创新和成本降低。保护幼稚工业理论的主要观点包括：

1. 贸易保护。保护幼稚工业理论主张通过关税和其他贸易限制措施，如进口配额、进口许可证等，限制或阻碍进口竞争，以保护本国幼稚产业免受外国竞争的冲击。

2. 市场垄断。保护幼稚工业理论主张建立一个国内市场垄断的环境，通过限制进入市场的条件或设置高门槛，以确保本国幼稚产业能够获得足够的市场份额和利润，从而有利于它们的发展。

3. 经济发展。保护幼稚工业理论认为，通过保护本国幼稚产业能够实现国内产业的发展和多样化。这对于促进经济增长、产业升级和技术创新等方面具有重要意义。

总的来说，随着经济理论和国际贸易实践的发展，保护幼稚工业理论的重要性已经减弱。现代经济学更加重视自由贸易与开放市场，强调合作促进经济增长和全球福利。然而，对于一些发展中国家来说，在某些情况下临时实施一定的保护政策，以支持本国产业的发展仍然具有一定的合理性和可行性。

【案例阅读】

"幼稚产业保护理论"在亚洲的实战经验

1961年，朴正熙通过"5·16兵变"掌握了国家政权，并于1963年底当选总统。就任后的他任用经济专家，进行大规模工业投资，开启产业改革进程，并提出"贸易立国"的口号。不过，朴正熙的"贸易立国"远不是自由贸易，而是采取了对幼稚产业的保护，这一点在汽车制造业领域尤为明显。实际上，早在朴正熙当选总统之前，韩国政府就已经在1962年制定了《汽车工业保护法》，先后成立新国、新进、亚细亚和现代四大汽车公司。上述几家公司的运作模式基本上都是与外资企业联合设立合资工厂，共同建设合资品牌。然而，朴正熙政府并未止步于此、让四大汽车制造商止步不前，而是推动韩国汽车公司独立设计、研发和生产国产化汽车，最终拥有了属于自己的核心技术，这种势头一直保持至今。根据2021年的最新数据显示，韩国现代起亚集团的汽车全球销量高达667万辆，跃升成为仅次于日本丰田和德国大众的全球第三大汽车集团。其中，80%以上的销量都在海外，韩国本土销量仅占20%。

同样是利用李斯特的理论保护汽车制造业发展，马来西亚却没有像韩国一样取得成功。1981年，马哈蒂尔出任马来西亚联邦总理，实施了旨在保护本国工业尤其是汽车制造业的"幼稚产业保护"政策，一度使该国跃居"亚洲四小虎"，可与韩国并驾齐驱。其中，最让马哈蒂尔引以为傲的便是打造了"宝腾汽车"作为国民品牌，蜚声海外。

然而，马来西亚汽车制造业的繁荣，完全是建立在提高关税和政府巨额补贴的基础之上。随着2003年，马来西亚政府的经济政策发生变化，对汽车行业的扶植力度下降，导致一度风生水起的制造业陷入连年亏损的局面。诚然，造成这一局面的原因是多方面的，但其中一条重要原因是：汽车制造业巨头们并不了解"幼稚产业保护理论"的真谛在于暂时性、动态性，并非一以贯之。企业应该抓住政策环境的倾斜期，着力提高自身的科技水平，拥有自己的核心竞争力。韩国和马来西亚均在汽车制造业领域实践李斯特的"幼稚产业保护理论"，却取得截然相反的结果，各种原因值得各国深思。

（资料来源：http://www.huanqiucaijing.cn/343807.html）

【思政小课堂】

"幼稚产业保护理论"——工业的保护与发展

汽水饮料的制作在我国有着近百年的历史，早在1920年的沈阳就诞生了"八王寺”汽水饮料，继而又出现了武汉的“大桥”汽水、上海的“正广和”汽水、重庆的“天府可乐”、天津的“山海关”汽水、西安“冰峰”汽水、广州的“亚洲沙士”等八大汽水厂商，最著名的当属北京的“北冰洋”汽水；20世纪80年代，北冰洋汽水的日产量达到84万瓶，仍供不应求。

因此，1985年8月，北冰洋食品公司通过中国轻工业机械总公司从日本引进了生产线，利用新技术提高产量，逐渐达到了全盛时期。以北冰洋为代表的国产汽水生产行业，能在80年代取得如此辉煌的成就，应该说是得益于当时国家的保护政策。尽管可口可乐公司在1981年就已经抢滩中国市场，但起初其生产的碳酸饮料受到严格限制，绝大多数只能用于外销；后期尽管有所松动，可八大国产汽水仍占据大部分市场份额。

至90年代招商引资浪潮兴起，情况为之一变：可口可乐、百事可乐两大国际碳酸饮料巨擘采取合资手段，与北冰洋、八王寺、山海关等汽水厂家合作，不仅打开了市场，更成了控股方。达到目的之后，两大巨头迅速对旗下的国产汽水品牌进行减产、边缘化直至停产，唯有上海的“正广和”保持着独立地位，这便是我国汽水行业在90年代遭遇的“水淹七军”商业案例。

【思政感悟】

在21世纪新的历史条件下，重新审视李斯特提出的兼具有限自由贸易、保护本国工业的“幼稚产业保护理论”，将自由、开放与限制、保护有效结合在一起，在二者之中寻求一个平衡点，给包括中国在内的亚太诸国经济发展带来了几点启示：一方面，对于已经发展成熟、具有市场竞争力的产业，应确保其公平参与国际竞争。同时，在新的市场竞争中，各大企业应该迅速提高核心技术开发能力，加快以名牌企业为重心的社会存量资本重组，以集团化的优势增强竞争力，在国际竞争中牢牢把握住市场份额；另一方面，对于尚不具备国际竞争能力、但发展潜力巨大的幼稚产业，国家应在一个时期内给予政策倾斜或资金支持，果断采取“进口替代战略”，充分运用关税的作用在部分领域限制工业品的输入，以促进本国工业品的生产，并逐渐以国产替代进口产品，为我国工业发展创造有利条件，实现工业化，扶植幼稚产业成长。

（资料来源：http://www.huanqiucaijing.cn/343807.html）

（三）超保护贸易理论

超保护贸易理论（Policy of Super-protection）是在20世纪30年代提出的凯恩斯主义的国际贸易理论，它试图把对外贸易和就业理论联系起来。在这个阶段，资本

学习二维码 9-8
凯恩斯与哈耶克：对二十世纪影响最大，却被误读最多的两大经济学家

主义经济具有以下特点：垄断代替了自由竞争，国际经济制度发生了巨大变化，1929—1933 年经济大危机。之后，各国相继放弃了自由贸易政策，改变为奉行保护政策，强化了国家政权对经济的干预作用。

超保护贸易理论认为经济大萧条时期，自由贸易理论“充分就业”的前提已不存在，贸易顺差能增加国民收入，扩大就业；贸易逆差则会减少国民收入，加大失业。解决失业问题的最好办法是，国家积极干预经济生活，制定一系列的政策来刺激“有效需求”。主张国家干预对外贸易，重新实施重商主义的各项措施，运用政府对财政与货币两大部门的宏观控制，进一步有效地推行保护贸易政策。在进口方面，用提高海关税率、增加课税种类、设置各项非关税壁垒等保护主义措施，禁止或限制外国商品进口。在出口方面，采用退税、补贴、低息贷款、出口担保等刺激手段予以鼓励和支持。

思考

超保护贸易政策同保护幼稚工业理论在保护对象上有什么区别？

（四）新贸易保护主义

新贸易保护主义（New Trade Protectionism）是指以技术壁垒、知识产权保护、反倾销、绿色壁垒等非关税壁垒为主要手段，以规避多边贸易制度的约束、规避国际市场竞争为主要目的的经济政策，新贸易保护主义具有以下典型特点。

1. 关税和配额的提高。新贸易保护主义倾向于采取更高的关税和配额限制来限制进口商品的流入。这种做法旨在提高本国产品的竞争力，并减少对外国产品的需求。

学习二维码 9-9
竞争性贬值成全球货币主旋律，迎战“贬幅侠”

2. 技术壁垒和非关税措施的增加。这些国家也趋向于采取更多的技术壁垒和非关税措施，如技术标准、认证要求、反倾销调查等，以限制进口商品的市场准入。

3. 货币操纵和竞争性贬值。一些新贸易保护主义国家可能会通过货币操纵和竞争性贬值来降低本国货币的汇率，从而使本国产品更有竞争力。

4. 强化本国产业竞争力。新贸易保护主义国家倾向于采取各种手段来支持和保护本国产业，包括提供补贴、减税、政府采购偏向本国产品等。

5. 单边主义和双边贸易协定。新贸易保护主义国家可能更倾向于通过双边贸易协定或单边措施来追求自身利益，而不愿意参加多边贸易谈判或遵守国际规则和机构。

新贸易保护主义常常会打着保护环境、维护民族利益等旗帜，表面上看起来更加“合情合理”；同时其目的已不再仅仅是保护国内幼稚产业发展，更主要是为了保护本国就业，维持其在国际分工与国际交换中的支配地位。

【案例阅读】

新贸易保护主义产生的原因

在全球化时代，市场经济制度逐步演化为世界经济发展的主流制度，而竞争是市场经济最主要的特征之一，而逐步演变成为主权国家和企业生存与发展的核心动机，成为实现国家利益和企业利益的重要手段。

市场竞争逐步演变成为主权国家和企业生存与发展的核心动机，成为实现国家利益和企业利益的重要手段。各国政府不仅在国际竞争中保护自身的产业与贸易利益，而且直接介入本国企业与外国企业之间的竞争国家的经济发展面临挑战。一些国家的政治环境变化或民粹主义情绪上升促使新贸易保护主义的兴起。政客或政治团体为了争取选民支持，可能会利用贸易保护主义的政策主张和措施来满足选民的诉求。在国际关系紧张和贸易摩擦加剧的情况下，一些国家可能会采取措施限制对特定国家的贸易活动，地缘政治的变化和紧张局势也可能促使国家采取新的保护主义措施。

随着全球经济格局的演变，以中国、墨西哥、马来西亚、印度等国家为代表的发展中大国出口规模迅速扩大，并逐步成为世界制成品市场的重要供应者。特别在中低端工业品市场上，这些国家已经形成了一定的出口竞争力，并逐步取代发达国家原有的市场份额。一些传统经济强国可能感觉到自身地位受到了挑战，因此可能采取保护主义措施以维护本国利益。

然而需要注意的是，贸易保护主义措施可能会引发贸易战，限制全球贸易增长，并且给全球经济稳定和可持续发展带来挑战。

三、现代贸易理论

（一）产品生命周期理论

产品生命周期理论（product life cycle）是由美国学者弗农（Raymond Vernon）在20世纪60年代提出的。该理论认为典型的产品生命周期一般可分为四个阶段，即引入期、成长期、成熟期和衰退期。在不同阶段，产品的生产地点和贸易模式也会发生变化。

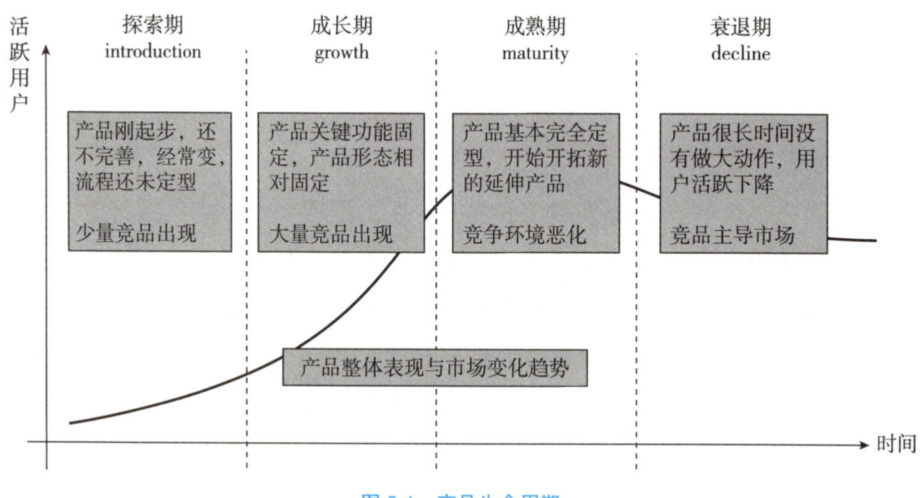

图9.1 产品生命周期

根据产品生命周期理论，产品的创新阶段通常发生在发达国家，这是因为发达国家拥有先进的技术、知识和资本，能够进行研发和创新。在这个阶段，由于新产品的独特性和创新性，它们通常具有较高的价格和利润率。随着时间的推移，产品逐渐进入成熟阶段。在这个阶段，由于技术的普及和竞争的加剧，产品的价格逐渐下降，并出现了更多的生产商。发达国家的优势逐渐减弱，新兴经济体开始涌现并成为生产和出口的重要力量。最后，产品进入衰退阶段，需求逐渐下降。在这个阶段，产品的生产和出口可能转移到低成本的发展中国家，以降低成本并延长产品的生命周期。

产品生命周期理论认为，国际贸易模式和方向随着产品生命周期的不同阶段而发生变化。创新阶段主要由发达国家进行创新和出口，成熟阶段涌现了新兴经济体的生产和出口，衰退阶段则可能转移到低成本国家进行生产。这种转移促使国际贸易的变化和重新配置资源的过程。

【案例阅读】

用产品生命周期看可口可乐

可口可乐是美国佐治亚州潘伯顿医生于1885年发明的，在引入期，可口可乐开始是定位为戒酒饮料，同时可乐本身含有一定量的可可碱，使得可口可乐在初期上市之后受到了很多医生和报界人士的大肆批评，很多消费者也不断抱怨和抗议可乐的药品形象。在这样的环境下，可口可乐开始了新的开发，把可可碱的数量减少到原有含量的1/10。然后他们又寻找到最佳配方，使得口味更加符合大众的需求。这个配方当成了绝密，也奠定了它在饮料届的巨无霸地位。

在成长期，可口可乐公司的利润迅速增长，公司改善产品质量并增加新的产品的特色和式样，进入新的细分市场。公司营销上启用了瓶装革命，把可口可乐装入瓶中，从而打开了遥远的乡村市场。可口可乐的销量直线上升。

可口可乐的巅峰期始于二战时期，日军偷袭珍珠港后，美国对日本宣战，被派往前线的美国大兵源源不断。就在这时，可口可乐公司突然意识到想要实现“让全世界喝可口可乐”，参战的美军就是最好的消费者和推销员。可口可乐的大老板洛普当机立断公开发表声明：“为了支持祖国的正义战争，不论我们的将士走到哪里，本公司将不惜成本，保证每位战士只花5美分就能喝到一瓶家乡的可口可乐。”可口可乐公司本想把装瓶的可口可乐直接出口，但是，尽管他们有特权，却还是没有办法享受军事船运的优先权。于是他们出了另一套计划：仿照美军使用脱水食物的方式，把可口可乐浓缩液装瓶输出，并设法在驻区设立装瓶厂。可口可乐公司一共派遣了248人随军到国外，这些人甚至有军职，被称为“可口可乐上校”，可以和修理飞机坦克的军人相提并论。随后，这批人随军辗转，从新几内亚丛林到法国里维拉的军官俱乐部，一共卖了100亿瓶可口可乐。除了南北极以外，可口可乐在战时总共建立了64家装瓶厂。

二战后，可口可乐也进入了成熟期。不过可口可乐还没有进入衰退期，全球化使得它还在不断走向世界。

（二）规模经济贸易理论

规模经济贸易理论（Economies of Scale and Trade Theory）主要基于规模经济的概念，即产量规模的扩大可以降低单位产品成本。根据规模经济贸易理论，不同国家之间的特化和贸易往往是由规模经济所推动的。具体来说，一个国家如果能够在某个产业中实现较大的规模经济，其生产成本将更低，并具有更强的竞争力。这就促使该国出口相关商品，并从其他国家进口效率较高的商品。

规模经济可以通过生产效率的提高、分工与专业化的实现、技术进步和学习效应等方式实现。因此，在某个产业中实现规模经济的国家将有更好的竞争力，倾向于在该产业中进行专业化生产并出口。同时，规模经济理论也解释了贸易的某些模式，如垂直贸易（vertical trade）和水平贸易（horizontal trade）。垂直贸易指的是在产品生产过程中，各个阶段的分工和合作；水平贸易指的是各个国家在同一阶段进行相似产品的贸易。

规模经济贸易理论对国际贸易的解释提供了重要的框架，并强调了不同国家的特化和相互依存性。然而，需要指出的是，规模经济并不是唯一的贸易驱动力，其他因素如资源禀赋、技术差异、政策环境等也会影响国际贸易的模式和方向。因此，在实际分析中需要综合考虑多种因素来全面理解国际贸易的复杂性。

【案例阅读】

身边规模经济的例子

超市：超市经营的商品种类很多，但是它们都放在一个地方，让消费者能够一站式购物。同时，超市可以通过批量采购和减少物流成本来获得规模经济。

电影院可以通过在同一场次放映多场电影来降低成本。此外，电影院可以通过合作营销和节约人力成本来获得规模经济。

快递公司可以通过批量运输、集中分拣和标准化服务来获得规模经济。这使得快递公司能够在保证质量的同时，提供更为优惠的价格。

互联网公司通过技术和算法的标准化和优化来获得规模经济。例如，互联网公司可以通过云计算和共享资源来降低成本。

银行可以通过扩大规模来获得规模经济。银行可以通过大量的存款和贷款来提高自己的信用，从而获得更为优惠的资金成本。同时，银行可以通过标准化服务来降低人力成本。

这些例子表明，规模经济是企业获得竞争优势的重要手段之一。企业可以通过扩大规模、降低成本来提高自己的市场份额和盈利能力。

【课堂讨论】

1. 在我们身边还有哪些规模经济的例子?

2. 当规模经济发展到一定程度时，它有什么影响?

（三）产业内贸易理论

产业内贸易理论（Inter-industry Trade）旨在解释同一行业内发生的商品贸易现象。按照传统的国际贸易理论，贸易往往在不同行业之间进行，即不同国家专门生产并出口各自拥有相对禀赋优势的产品。然而，现实世界中存在大量的同一行业的商品贸易，即同一行业内部的互相贸易。产业内贸易理论试图解释这种现象，该理论的核心观点包括：

1. 不同国家之间存在产品差异。尽管归属于同一行业，不同国家生产的产品会存在某种程度上的差异，包括品牌、设计、质量、功能等。这些差异导致了需求的多样化，刺激了产业内贸易的发生。

2. 规模经济和经济规模。同一行业的企业常常受益于规模经济效应和经济规模，扩大产量和市场份额可以降低单位成本并提高竞争力。因此，企业倾向于通过扩大生产和流通规模来满足不同国家市场的需求，从而促成产业内贸易。

3. 产品不对称需求。不同国家消费者对于不同特色和品质的产品有差异化的偏好。产业内贸易可以通过满足这种不对称需求，实现需求细分和差异化供应。

产业内贸易理论提供了解释同一行业内贸易的一个重要框架，强调了产品差异、规模经济和差异化需求等因素在国际贸易中的作用。它有助于更全面地理解国际贸易的复杂性，并为政策制定者提供指导，如鼓励创新、技术升级和产品差异化。

然而，需要指出的是，产业内贸易理论仍然存在一些限制，包括如何确切定义产业内贸易、数据可行性和度量方法等方面的挑战。因此，在实践中需要结合其他理论和具体情况进行综合研究，以更好地理解和分析产业内贸易的动态和效应。

【案例阅读】

产业内贸易实例：1964 年《北美汽车贸易协定》

20 世纪 60 年代后半期，美国和加拿大之间汽车贸易协定的发展是一个特别明显的产业内贸易的例子，它清晰地展现了规模经济在促进国际贸易中的作用。1965 年以前，加拿大和美国的关税保护使得加拿大成为一个汽车基本自给自足的国家，进口不多，出口也少得可怜。且加拿大的汽车工业被美国汽车工业的几个大厂商所控制。为了绕过关税壁垒，美国厂商在加拿大建立了分散的生产体系（进行直接投资）。

但是美国厂商在加拿大的子公司发现了小规模带来的种种不利。一部分原因是，在加拿大的分厂比其在美国的分厂要小，但更重要的原因是美国的工厂更加专一（集中精力生产单一车型的汽车或配件）；而加拿大的工厂不得不生产各种各样的产品，以至于工厂不得不经常停产以实现从一个产品项目到另一个产品项目的转换，不得不保持较多的库存，不得不少采用专业化的机器设备……结果，加拿大汽车工业的劳动生产率比美国低30%。

为了解决这些问题，美国和加拿大政府经过努力，于1964年建立了一个汽车自由贸易区。这一举措使得汽车厂商得以重组：美国厂商在加拿大各子公司大幅削减产品种类。例如，通用汽车削减了其在加拿大生产的汽车车型的一半以上。加拿大一方面从美国进口自己不在生产的汽车车型，另一方面向美国出口加拿大仍在生产的车型。1962年，加拿大向美国出口了价值1600万美元的汽车产品，从美国进口了价值5.19亿美元的汽车产品。但是到了1968年，这两个数字分别为24亿美元和29亿美元。换言之，加拿大的汽车进口和出口均大幅度增长。

（资料来源：保罗·R. 克鲁格曼和茅瑞斯·奥伯斯法尔德:《国际经济学理论与政策（上册国际贸易部分）》，第八版，中国人民大学出版社，第127页。）

（四）需求偏好相似理论

根据需求偏好相似理论（Theory of Preference Similarity），一些相似的国家倾向于进行商品贸易，是因为它们的消费者对于具有相似需求和偏好的产品有着共同的追求。这种相似的需求偏好可以是由于相似的文化、生活方式、社会习惯等因素所导致的。需求偏好相似理论的核心观点包括：

当消费者对于某种特定产品具有共同的需求和偏好时，这种需求偏好相似性会驱使国家之间进行商品交流。比如，对于某种类型的食品、服装或娱乐产品，具有相似的口味、时尚潮流或审美标准的国家可能会进行贸易。

相似的需求偏好推动了特定产品的生产专业化和供应链的建立。相似国家通过专门生产和出口符合相似需求的产品，实现资源的优化配置和效率提高。

需求偏好相似性促进了消费者多样性的满足和扩大市场规模的效应。通过国际贸易，消费者可以获得更多种类和更高品质的产品选择，同时生产企业也能够在扩大市场规模的同时降低单位成本。

需求偏好相似理论提供了一种解释国际贸易中为何一些相似的国家之间会进行商品交流的观点。这种共同需求和偏好也可以推动国际标准化、文化交流和合作的形成。

【思政小课堂】

需求偏好相似理论和贸易创造效应

在工业生产初期，主要是为了满足国内市场的需要；一旦国内市场大到可以使工业得到规模经济和竞争的单位成本时，该工业在国际市场上就具有了竞争能力，可以出口。由于该产品是为满足国内市场喜好和收入水平而生产的，故该产品较多的是出口到那些收入水平、喜好相类似的国家。这些国家需求偏好越相似，则它们之间的贸易可能性也越大。

贸易创造效应是否与FTA伙伴国相似性有关？如果有，这种相似性又是如何发挥作用的？研究表明，天然贸易伙伴之间的贸易协定更容易产生贸易创造效应，研究发现经济规模和地理位置相近的FTA成员即便其资本—劳动比差异比较大，签署FTA也会带来贸易流量增加的效果。自由贸易区的最终效果取决于成员的特征，包括其贸易的兼容性、既有的关税结构以及地理位置的相近程度。由此看来，贸易伙伴越相似，签署自由贸易协定产生的贸易创造效应就越大。一方面，签署自由贸易协定使得国际贸易的交易费用大大降低，促使企业从国内市场转向需求更高的国外市场；另一方面，相似的贸易伙伴具有相似的消费者偏好，关税下降可以为双边贸易提供更多样的选择，从而带来更大的贸易创造效应。

【思政感悟】

需求偏好相似理论对贸易创造效应的影响至关重要，因此公司在选择贸易合作对象时，可以从贸易伙伴相似性角度着手，充分开展关于贸易伙伴之间利益冲突、规则谈判和操作实务的评估与分析，充分利用需求偏好发掘与贸易伙伴之间的贸易创造效应，推进彼此之间高质量的贸易发展水平。

任务三　国际贸易发展

一、国际分工

国际分工（International Division of labour）是指不同国家或地区根据其比较优势和资源禀赋，在全球范围内进行生产和贸易活动以实现资源合理配置和经济增长的一种经济组织形式。按参与国际分工国家发展水平的不同划分为以下三个类型。

（一）垂直型国际分工

垂直型国际分工（vertical international labor division）是指经济发展水平相差悬殊的国家之间的分工。这类分工主要表现为发达国家与发展中国家之间的分工。这种国际分工模式下，国家或地区之间的经济活动主要集中在特定领域，形成了垂直的产业链。

在垂直型国际分工中，一些国家或地区倾向于专注于某个产业的垂直细分环节，例如生产原材料、零件或组装成品。这种专业化分工可以有效利用各个国家的资源、技术和劳动力条件，实现效率和竞争力的提升。

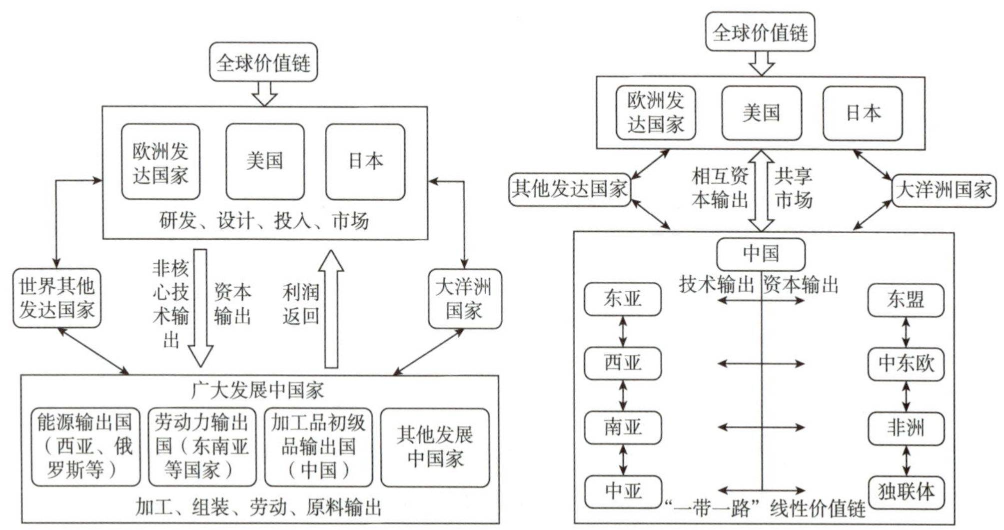

图 9.2 垂直型国际分工

垂直型国际分工有助于提高全球经济效率，促进资源的更有效配置。不同环节的生产者分散在全球范围内，通过跨国合作和供应链管理，形成了高度复杂的产业网络。这样的安排使得各个经济体可以在其专业领域中发挥优势，同时也扩大了市场规模和产业的规模经济效应。

（二）水平型国际分工

水平型国际分工（horizontal international labor division）主要是指经济发展水平相同或接近的国家（如发达国家以及一部分新兴工业化国家）之间在工业制成品生产上的国际分工。

在水平型国际分工中，不同国家或地区的经济活动在同一产业中形成了相互助益的合作关系。各个国家或地区可能在同一产业链的不同环节或部分中承担不同角色，一个典型的水平型国际分工案例是汽车制造业，例如，德国在汽车设计和研发方面具有出色的能力和声誉。德国汽车制造商如奥迪、宝马和梅赛德斯—奔驰等在汽车设计和工程技术方面处于国际领先地位。这些德国企业在全球范围内负责设计创新、技术开发和高端车型制造，并拥有世界上一流的汽车研发中心。

日本、韩国和中国等亚洲国家在汽车生产和组装领域表现出色，这些国家拥有庞大的汽车制造基础设施和成熟的生产体系，能够以较低的成本和高效率进行汽车组装生产。它们在全球汽车供应链中负责大规模的汽车组装，为德国等国家的整车厂提供零部件和组装服务。通过这种水平型的国际分工安排，不同国家在汽车制造业中形成了相互依存和协作的关系，实现了资源和优势的最优配置。同时，这也使得汽车制造业能够在全球范围内实现规模经济效应和竞争力的提升。

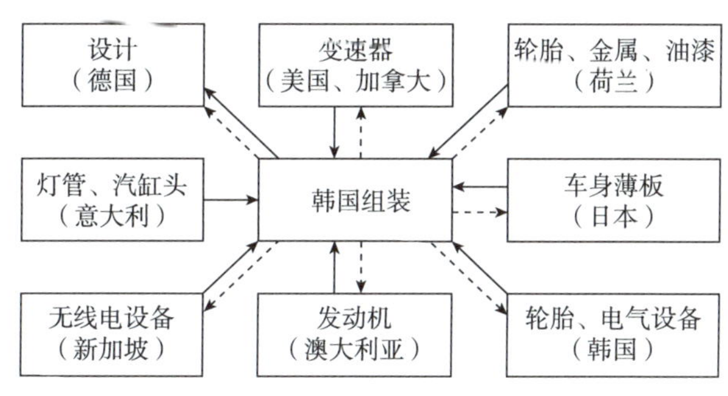

图 9.3 水平型国际分工

为了确保水平型国际分工的可持续发展和公平性，需要国际社会采取合适的政策和措施，促进各国间的合作与均衡发展。这包括技术转移、知识共享、贸易便利化、人力资源开发和经济结构升级等方面的支持与引导。

（三）混合型国际分工

混合型国际分工（mixed international labor division）是指在国际进行分工任务时，不仅各国在特定领域内专业化分工，同时也出现了相互补充和混合的情况。这种分工模式能够充分利用各国的优势，提高全球资源配置的效率。

在混合型国际分工中，每个国家可以根据自身的资源禀赋、技术水平和市场规模等条件，通过产业结构调整和创新发展，找到最适合自身发展的产业领域，在国际分工中发挥其独特优势。这样，不同国家之间不再完全依赖单一产业，而是通过合作、贸易以及技术转移等方式实现经济互补，并推动全球经济增长。

混合型国际分工有助于促进国际贸易和投资的发展，加强各国间的合作与交流。在全球化的背景下，国际分工的深入发展可以实现资源优化配置，提高全球生产效率，促进各国之间的共同发展。在这个过程中，国家之间应根据各自的国家利益和实际情况，推动公平、合理的国际经济合作，并确保所有参与者从中获得共同利益。

总体而言，混合型国际分工是一种有益的经济合作模式，可以促进全球经济的增长和发展，为各国带来更多的机遇和福利。同时，在推动这一模式的发展过程中，需要注重平衡各国利益，加强国际规则的建设，以及实现可持续发展目标的结合。

【案例阅读】

国际分工中越南经济的腾飞

当我们在各电商平台上搜索越南的商品时，包装轻简的越南河粉是从页面跳出来最多的品类。透明的越南春卷皮，各种香型、瓶子形状似越南女孩子传统裙装的香水也会不断推送到你眼前。越南是亚洲乃至全球经济增长速度较快的国家之一，这并不仅仅始于今年才火热起来的关注度，嗅觉灵敏的资本早已布局，才有了这个国家多年来高位增长的经济增速和外贸数据。

受新冠疫情的影响，越南在2020年和2021年的GDP增速分别只有2.91%和2.58%。2022年前9个月越南GDP增速为8.83%，其中第三季度GDP增长率达到13.6%，为2011年以来的最高水平，在度过疫情严重影响的两年后开始了经济复苏。被外界所关注的贸易数据情况是：2022年上半年出口额同比增长17.3%，达到1859.4亿美元；进口同比增长15.5%，达1852.3亿美元。其中一季度越南货物出口额885.8亿美元，同比增长12.9%。当人们用一季度越南公布的经济数据与同一时期正遭遇新冠疫情影响的中国某些城市相比时，越南一下子成为人们关注的焦点。

越南的发展与国际产业转移和分工密切相关，中国是越南重要的贸易伙伴，越南已经成为中国制造企业转移部分产业链到东南亚的首选之地。其实，把范围再进一步扩大，从全球范围来看，制造业产业链向东南亚转移也早已开始。中国部分产业链早已向泰国、柬埔寨和缅甸进行转移，这几个国家在中国制造业产业链向东南亚转移的过程中比较具有代表性。越南、泰国、柬埔寨、缅甸在不同领域吸纳全球产业链转移方面有各自的优势，而且中国一向重视与东南亚国家的融合发展，通过FDI、贸易、移民、业务出海、海外创业等多个维度，在东南亚经济发展中也发挥着重要作用。

（资料来源：第一财经《似曾相识：全球产业链向东南亚转移情况分析报告》整理）

二、世界市场

世界市场（World Market）是指全球范围内的商品，服务和资本交易的总体。它涵盖了各个国家和地区之间的经济活动，包括贸易、投资、金融交易等。世界市场是一个相互连接的网络，通过供应链和价值链将不同国家和地区的生产和消费者联系起来。世界市场是一个全球范围内的经济交流平台，促进了贸易、投资和金融活动的发展。它也为国家和企业提供了更广阔的发展机遇，但同时也需要考虑到全球共享、可持续性和公平性等问题，以实现全球经济的平衡和可持续发展。

（一）世界市场发展过程

世界市场的发展是一个逐步演变的过程，经历了多个阶段。以下是世界市场发展的一般过程：

1. 初始阶段。在人类历史的早期，世界市场的规模和范围较为有限。贸易主要局限于附近的地区，商人通过陆路、海路或河流进行商品交换。这些交易通常是基于物物交换的形式，即直接交换货物，而没有涉及货币的使用。

2. 市场扩展与探索阶段。随着技术进步和航海技术的发展，世界市场开始扩展和探索新的贸易领域。其中一个重要的推动力是欧洲大航海时代，即15世纪至17世纪的时期。欧洲国家，特别是葡萄牙、西班牙、荷兰和英国等国家，通过探险和殖民活动开辟了新的贸易路线和市场，导致了全球贸易的迅速增长。

3. 工业革命与全球化。18世纪和19世纪的工业革命对世界市场产生了深远影响。这一时期的工业化和技术创新推动了生产力的提升，加快了商品的生产和分配速度。随着铁路、蒸汽船等运输工具的发展，商品和人员能够更方便地跨越国家边界。这进一步促进了国际贸易的增长，加强了国家之间的经济联系。

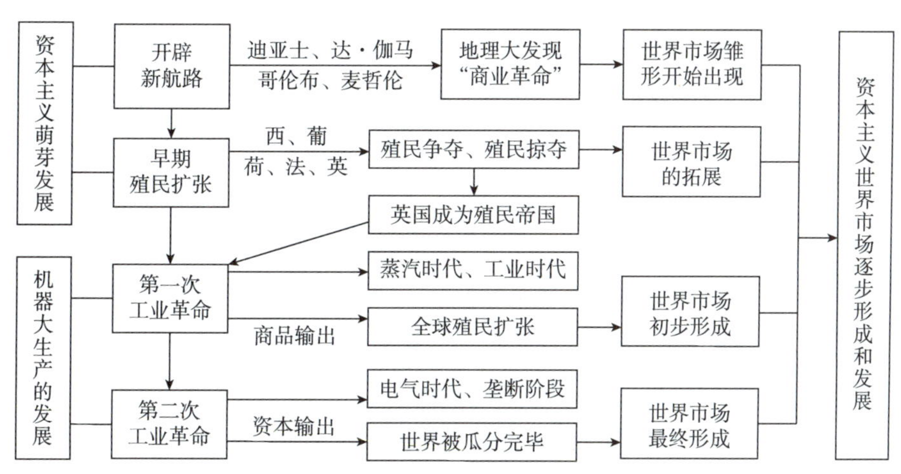

图9.4　世界市场发展过程

4. 全球经济一体化。20 世纪以来，全球经济一体化进一步加深。贸易自由化、国际金融体系和信息技术的快速发展，极大地推动了世界市场的发展。各国之间开展的贸易和投资活动更加频繁和复杂，形成了一个高度互联的全球供应链网络。此外，跨国公司、国际组织和贸易协定的建立也为促进全球贸易和合作提供了重要平台。

学习二维码 9-10
如何评价世界市场的发展?

世界市场经历了漫长的发展过程，从最早的物物交换到现代的高度互联的全球市场。这一过程是技术进步、经济发展、政策推动和国际合作等多个因素的综合结果。今天，世界市场继续不断发展和演变，为各国提供了广泛的机遇和挑战。

（二）区域经济一体化

区域经济一体化（regional economic integration）是指多个国家或地区在经济领域通过减少贸易壁垒、加强合作、促进投资和资源流动等方式，实现经济互联互通的进程。该过程旨在通过深化经济联系，形成一个相对较大的区域市场，从而实现经济增长、提高竞争力和促进可持续发展。区域经济一体化的主要形式：

1. 自由贸易区（Free Trade Area，FTA）是成员国之间取消或减少彼此关税和非关税壁垒的区域。在自由贸易区中，成员国可以自由地进行商品和服务的贸易，但每个成员国仍然保持其对非成员国的关税政策独立。

2. 关税联盟（Customs Union）是在自由贸易区基础上进一步深化合作的形式。成员国不仅取消彼此之间的关税和非关税壁垒，还协调制定统一的对非成员国的关税政策。这意味着成员国以团体的形式与其他国家进行贸易，形成一个统一的关税区。

3. 共同市场（Common Market）是在关税联盟的基础上进一步发展的形式。在共同市场中，成员国除了实现自由贸易和关税联盟的目标外，还确保在劳动力、资本和服务的自由流动上没有限制。成员国之间实现了更深层次的经济整合，形成一个较大的市场，提高了资源配置的效率。

4. 货币联盟（Monetary Union）是成员国之间共享同一货币和货币政策的一种形式。这通常需要成员国放弃独立的货币政策，采用共同的货币，并通过一个中央银行来管理联盟内的货币政策。

5. 经济联盟（Economic Union）是在共同市场基础上进一步深化一体化的形式。除了实现自由贸易、关税联盟和共同市场的目标外，经济联盟还涉及深度的政策协调和合作，如金融一体化、货币联盟、统一的竞争政策和制度等。

6. 完全经济一体化（Complete Economic Integration）又称为经济联合国家或经济联邦，是区域经济一体化的最高层次，旨在实现成员国之间的经济一体化程度最深，几乎没有或极少的经济壁垒和限制。欧洲联盟（EU）是实现了一定程度的完全经济一体化的例子，在其内部形成了欧洲共同市场和欧元区。

区域经济一体化的主要组织：

1. 欧洲联盟（European Union，EU）是最具影响力的区域经济一体化组织之一。成立于 1957 年，目标是实现欧洲国家的经济一体化和政治合作。欧洲联盟通过建立欧洲共同市场，实施货币联盟（欧元区）和推动政策协调，促进成员国间的贸易自由化、资本流动、劳动力自由移动等。

2. 亚洲—太平洋经济合作组织（Asia-Pacific Economic Cooperation，APEC）成立于 1989 年，是一个由 21 个行政区域组成的国际经济论坛。APEC 的目标是促进成员国间的贸易自由化和经济合作，通过降低关税和非关税壁垒，推动贸易和投资自由化，促进技术合作等措施，推动亚太地区的经济一体化。

3. 北美自由贸易协定（North American Free Trade Agreement，NAFTA）是加拿大、墨西哥和美国三个国家之间的贸易协定。该协定于 1994 年生效，旨在消除成员国之间的关税壁垒，促进贸易自由化和投资自由化。2018 年，NAFTA 被美国、加拿大和墨西哥签署的美洲自由贸易协定（USMCA）取代。

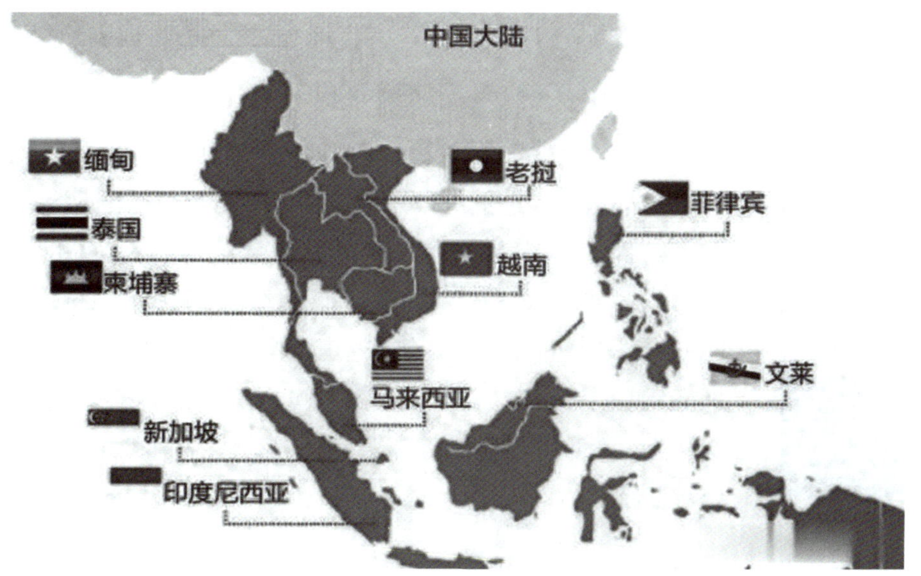

图 9.5　东盟经济共同体国家

4. 东盟经济共同体（ASEAN Economic Community，AEC）于2015年成立，旨在促进成员国间的经济一体化。AEC的目标是建立一个具有竞争力和可持续发展的产业基地，促进国内市场的整合和贸易自由化，推动资金、劳动力和服务的自由流动。

5. 南部共同市场（Common Market for Eastern and Southern Africa，COMESA）是由21个东部和南部非洲国家组成的区域经济共同体。COMESA的目标是推动成员国间的经济一体化，促进贸易自由化和投资自由化，促进区域内的经济增长和发展。

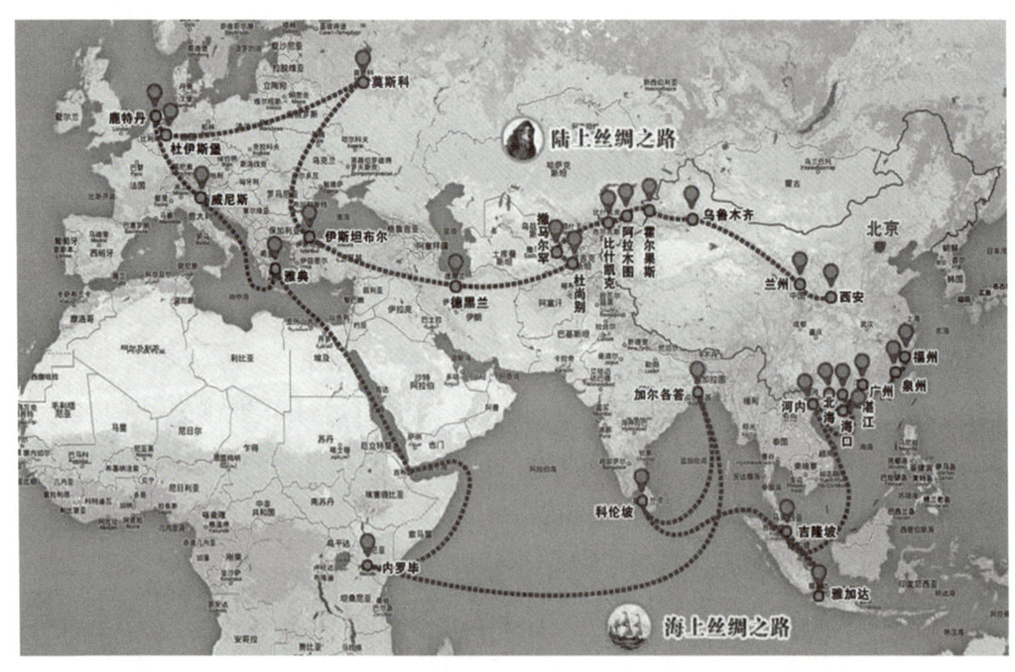

图9.6 “一带一路”倡议

6. “一带一路”倡议（The Belt and Road Initiative）是中国提出的重大国际合作和经济发展倡议。一带一路倡议由两个部分组成：陆上丝绸之路经济带和21世纪海上丝绸之路。陆上经济带连接东亚、中亚、西亚和欧洲；海上丝绸之路则通过东南亚、南亚、非洲和欧洲等地区的海上通道，构建了一个广泛的经济合作网络。该倡议旨在促进沿线国家之间的互联互通、经济合作和人文交流，推动共同发展并构建开放、普惠、平衡和可持续的全球经济格局。

学习二维码9–11
雅万高铁：一趟属于印尼人民的“幸福列车”

【案例阅读】

中国和英国之间的自由贸易协定

2021 年 12 月 31 日，中国和英国正式签署了自由贸易协定（FTA），这是中国与欧洲国家首次签署的全面高水平自由贸易协定。该协定有效降低了商品贸易壁垒，促进双边贸易便利化，并提供了更多商业机会和市场准入。

根据该自由贸易协定，中国和英国将互相降低关税、扩大市场准入和投资便利化，涵盖了广泛的领域，包括农产品、制造业、服务业等。双方还加强了知识产权保护、电子商务、竞争政策等方面的合作。

这一自由贸易协定对于中英两国经济都具有重要意义。对中国来说，英国是中国在欧洲最重要的贸易伙伴之一，此次协定将进一步拓展中英贸易和投资合作，促进双方企业的发展和经济增长。对英国来说，该协定为其在“脱欧”后寻求更多贸易机会，加强与亚洲市场的联系提供了重要的平台。

这一案例体现了国际贸易的重要性和对经济增长的推动作用。通过加强贸易合作和贸易自由化，各国可以实现资源优化配置，促进产业升级和就业增长。同时，该案例也呼吁各国继续加强多边贸易体系，并推动全球贸易合作，共同应对挑战和推动可持续发展。

三、国际贸易的类型

（一）按商品移动的方向，国际贸易可以划分为：出口贸易、进口贸易、过境贸易

出口贸易（Export Trade）是指一个国家或地区将本国制造的商品或提供的服务销售到其他国家或地区。这种贸易模式使国家能够利用自身的资源和技术优势，通过出口商品或服务，获取外汇收入，促进经济增长和就业。

进口贸易（Import Trade）是指一个国家或地区从其他国家或地区购买商品或接受服务。这种贸易形式允许国家从其他国家或地区获得需要的商品或服务，以满足国内需求，补充国内生产的不足，丰富本国市场的多样性。

过境贸易（Transit Trade）是指商品在经过一个国家或地区时的贸易活动。在过境贸易中，商品并不是进入该国或地区市场进行消费或加工，而是通过该国或地区作为中转点，继续运输到目的地国家或地区进行最终的销售或加工。过境贸易通常涉及跨国运输和跨境物流。这种贸易形式在国际贸易中非常常见，特别是对于那

些地理位置优越、具有交通和物流优势的国家或地区，如港口城市、跨境物流中心等。

转口贸易（Intermediary Trade）：这种交易方式隶属于过境交易，不同的是货物需要在第三国停留，或卸货、转运，或储存、重组等，然后才转运到进口国。

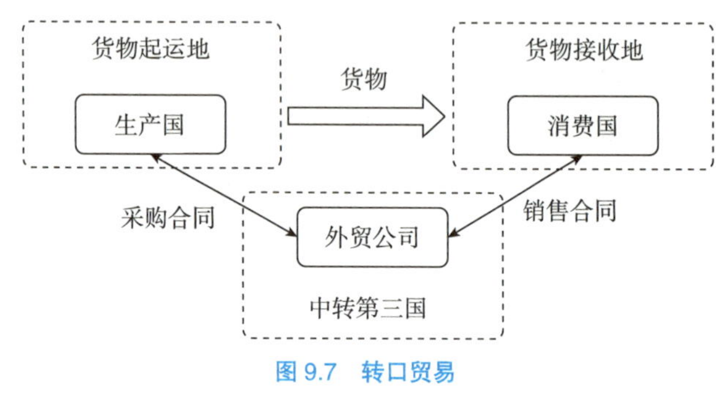

图 9.7　转口贸易

【课堂讨论】

1. 转口贸易的应用场景有哪些？

2. 采用转口贸易有什么好处？

（二）按商品的形态，国际贸易可以划分：有形贸易和无形贸易

有形贸易（Visible Trade）也称为货物贸易，是指实物商品的买卖活动。这些商品可以是农产品、矿产品、制成品、消费品等各个领域的产品。有形贸易涉及物理产品的生产、运输、销售和消费等环节。国际有形贸易涉及不同国家之间的进口和出口活动，促进了各国之间的经济合作与发展。

无形贸易（Invisible Trade）也称为非物质贸易或跨国服务贸易，是指国际贸易中涉及无形资产或服务的交流和交易。无形贸易不涉及实物的运输和交换，而是通过跨国界提供各种服务或无形资产的交流。无形贸易包括各种服务领域，如金融服务、法律咨询、咨询服务、旅游与文化服务、教育服务、信息技术服务等。

（三）按贸易参加国的数量，国际贸易可分为以下三种类型：

双边贸易（Bilateral Trade）是指两个国家之间直接进行的贸易活动。在双边贸易中，只有两个国家参与，彼此直接进行商品或服务的买卖交易。

多边贸易（Multilateral Trade）是指三个或更多个国家之间进行的贸易活动。在多边贸易中，多个国家通过建立贸易网络和合作关系，在贸易过程中相互参与、交换商品和服务。

区域贸易（Regional Trade）是指特定地区内多个国家或地区之间的贸易活动。通常，这些国家或地区会签订贸易协议以促进更紧密的经济合作，降低贸易壁垒，并创建一个共同市场。

学习二维码 9-12 中国是 120 多个国家和地区的最大贸易伙伴

四、国际贸易的影响

国际贸易对一个国家的影响是多方面的。它可以促进经济增长和发展，扩大市场，提高生产效率，并加强国际合作。国际贸易也可以带来新技术、资本和人才，提升一个国家的竞争力。国际贸易的影响还包括以下几个方面：

（一）经济增长

国际贸易可以促进经济增长，通过出口和进口扩大市场规模，吸引外来投资，提高资本和技术的流动性，从而刺激经济活动和创造就业机会。

（二）扩大市场

通过参与国际贸易，企业有机会将产品和服务销售到其他国家，扩大市场规模，增加销售额和利润。这可以提供更多的商业机会，并帮助企业实现规模经济。

（三）提高生产效率

国际贸易能够让不同国家根据其比较优势生产特定产品，然后进行互相交换。这种分工合作可以提高全球资源配置效率，降低生产成本，提高质量，增加消费者福利。

（四）加强国际合作

通过贸易合作，各国之间建立起经济联系和相互依赖。这有助于加强国际政治关系，促进和平与稳定。

国际贸易也会面临一些挑战和风险。例如，贸易壁垒、不公平贸易行为和贸易纠纷可能对国际贸易体系造成阻碍。此外，国际贸易也可能对环境和社会产生一定的影响。因此，国家需要制定有效的政策和措施来确保贸易的公平性、可持续性和共赢性。

学习二维码 9-13 湖南外贸 跑进“千亿美元俱乐部”

【案例阅读】

国际贸易大通道——中欧班列

中欧班列是指连接中国与欧洲之间的一组铁路货运线路，通过陆路运输方式将货物从中国内陆城市运送至欧洲各地。这一运输模式通常会经过中亚国家、俄罗斯等地区，最终到达欧洲的目的地。

中欧班列铺划了西中东3条通道中欧班列运行线：西部通道由国家中西部经阿拉山口（霍尔果斯）出境，中部通道由国家华北地区经二连浩特出境，东部通道由中国东北地区经满洲里（绥芬河）出境。中欧班列的推出和发展源于中国政府提出的“一带一路”倡议，旨在加强中国与欧洲之间的贸易和经济合作。它为中国企业提供了新的出口渠道，并为欧洲市场提供了更多中国商品供应。

中欧班列由于运输速度相对较快且相对便宜，因此越来越受到中欧企业的青睐。相对于传统的海运方式，中欧班列能够大大缩短货物的运输时间，通常只需要10–20天。此外，中欧班列还能够避免航空运输的高额费用，并减少海运方式中潜在的货物损失。

中欧班列的运营网络已经逐渐扩大，2023年上半年，中欧班列累计开行8641列发送货物93.6万标箱。目前已经连通中国的很多城市，如重庆、成都、郑州、杭州等与欧洲的主要城市，如莱比锡、汉堡、鹿特丹、马拉多纳等。此外，还有一些支线班列连接其他欧洲国家和中国的省会城市。

中欧班列作为一种快速、可靠和经济效益较高的运输方式，为中国与欧洲之间的贸易合作提供了新的选择，并推动了两个地区之间的经济联系和合作。

【思政小课堂】

小义乌何以为“大”

在新中国的城市发展史上，有一座浙中小城留下了浓墨重彩的一笔，这就是义乌。说到义乌，人们可能会想到这些词：滴水成河、聚沙成塔、蚂蚁雄兵、世界市场、自贸试验区……与一些块头大的县级市相比，总面积仅为1105平方公里的义乌算是一座小城，却连续32年雄踞全国专业市场榜首，从一个区域性市场成长为全球性市场。

有人说，“天下事，义乌知”。这话有着一定道理，特别是在有了大数据的支撑之后，义乌的商贸动态可以为经济决策等提供参考。比如，凭借发往世界230多个国家和地区的210万种商品，义乌小商品的出货动向能够让很多人敏锐地感知国际局势和世界经济的风吹草动。再如，2022年卡塔尔世界杯上，各国周边产品出货量

"义乌指数"，成为人们预测冠军的重要线索。

"小商品，大市场"是义乌引以为豪的世界名片，但也有许多人疑惑，小商品门槛低、附加值低，是专业市场竞争的红海。形形色色的市场起起落落、大浪淘沙，为何唯独义乌勇立潮头，成为全国改革开放的一面旗帜，乃至向世界展现中国市场魅力的一扇窗口？为何每逢转型节点，义乌总能成功"闯关"，做出正确选择？

世上没有平白无故的成功，义乌的光环是偶然之中存在必然。缺乏自然资源，缺乏工业基础，缺乏外资推动，缺乏优惠政策的义乌，其发展看似"莫名"，其实有"其妙"。义乌是吃改革饭长大的。一路走来，义乌持续深化国际贸易综合改革、商事制度改革、营商环境改革等，打破体制机制束缚，释放经济社会发展活力，义乌便在"无中生有"的路上"一往无前"：无中生有形成了进口出口、线上线下、境内境外融合的大市场，无中生有打造了"世界光明之都"、绿色动力小镇的大产业，创造了从"一无所有"到"无中生有"再到"无所不有"的新奇迹。

改革从来不等人，机会来了必须牢牢抓住。只有通过量体裁衣的持续改革，给成长快的孩子不断换上合身的"大衣服"，才能使其跑得更快、跳得更高、看得更远。

（资料来源：浙江宣传）

【思政感悟】

义乌充分利用改革开放带来的机遇，积极拥抱市场经济，注重培育企业家精神和市场意识。通过提供良好的发展环境，鼓励创新创业和引进外资等政策，吸引了大量的企业和投资，推动了经济的快速发展。义乌在小商品批发领域形成了独特的"义乌模式"，以灵活的供应链和高效的物流为基础，满足国内外客户的需求。义乌积极引导企业重视品牌建设和价值创造，通过提升产品质量、加强研发创新等方式，培育和推广知名品牌。这有助于提高产品附加值和市场竞争力，增强企业的可持续发展能力。义乌在经济发展中始终保持务实创新的精神，注重市场机制的发挥和市场需求的满足，不断提高市场竞争力和核心竞争力，从而取得了显著的成就。

任务四　国际贸易实施

一、国际贸易基本流程

国际贸易的基本流程可以分为以下几个步骤：

（一）准备阶段

在进行国际贸易之前，参与方需要进行一些准备工作。这可能包括市场调研、产品定位，寻找潜在的进口或出口伙伴，了解贸易政策和法规等。

（二）订立贸易合同

一旦确定了贸易伙伴和交易条件，双方将订立贸易合同。这个合同描述了交易的细节，包括货物的规格、数量、价格、付款方式、交货地点和时间等。

（三）出口准备

如果是出口贸易，贸易方在交货之前需要进行出口准备。这可能包括货物的生产、包装、标签、检验、质量控制等。

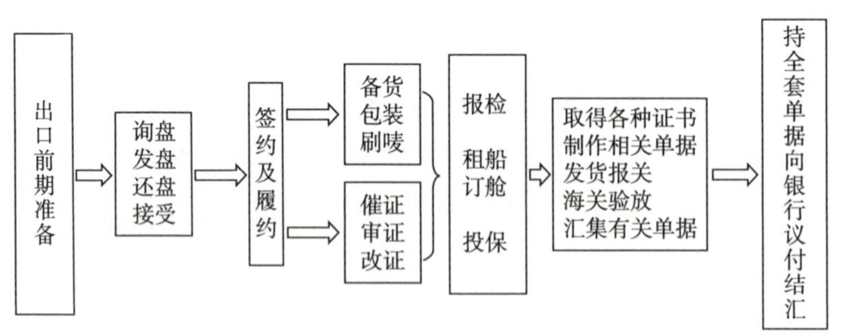

图 9.8　国际贸易出口流程

（四）运输和物流

货物从出口国运送到进口国，需要进行一些物流安排。这包括选择适当的运输方式（如海运、空运或陆运），订购运输工具（如船舶、飞机或卡车），办理报关手续等。

（五）报关与清关

货物到达目的地国家后，会经过报关和清关手续。这些手续包括向海关提供必要的文件和信息，缴纳关税和其他税款，经过安全检查等。

（六）付款和结算

在贸易完成之前，买卖双方需要进行付款和结算。常见的支付方式包括电汇、信用证和托收等。买卖双方根据合同约定的条件完成支付和结算程序。

（七）交货与验收

当货物到达目的地并通过清关后，卖方将把货物交付给买方。买方会进行验收，确保货物符合合同要求，并接收货物的所有权。

（八）售后服务和客户满意度

贸易完成后，买卖双方可能会有售后服务和客户满意度跟进。这包括提供技术支持、解决问题和处理投诉等，以确保客户对交易结果满意。

这是一个基本的国际贸易流程概述，实际操作可能因具体情况而有所不同。此外，国际贸易还面临着一系列挑战和风险，如货物损失、支付风险、贸易壁垒和法规限制等。因此，在进行国际贸易时，参与方需要充分了解相关规定和风险，并进行适当的管理和风险控制措施。

【案例阅读】

比雷埃夫斯港:“一带一路”海运中的一颗明珠

位于雅典西南约 10 公里的比雷埃夫斯港不仅是希腊最大港口，也是中欧陆海快线与丝绸之路经济带的连接枢纽。“一带一路”建设十年来，通过中国企业的参与运营，比港正成为“一带一路”上的一颗明珠。

2023 年 7 月 10 日，“东方比雷埃夫斯”号大型集装箱船首航挂靠比港，受到了港方“水门礼”尊荣礼遇。“东方比雷埃夫斯”号长 399.9 米，宽 61.3 米，可装载 24188 个标准集装箱，是世界上最大的集装箱船之一。如今的比港港阔水深、船来货往，一派繁忙有序的景象。然而，十多年前，比港的经营曾一度陷入困境。2010 年希腊爆发债务危机，各大行业均受到较大冲击，比港也未能幸免，港口亏损 1300 万欧元，客户几乎流失殆尽，生产陷于停顿。2008 年，中国远洋海运集团有限公司（COSCO）和希腊方面签署了为期 35 年的特许经营权协议。

中国远洋海运集团有限公司在港口管理、建设以及市场开拓方面做出一系列“大刀阔斧”的动作，接管码头三个月后即开始连续实现单月盈利，生产经营情况发生根本性转变。如今，比港已经成为一个世界排名靠前的综合型服务贸易港口，可接纳目前世界上最大的集装箱船。

（资料来源：根据人民画报《丝路故事｜比雷埃夫斯港：“一带一路”海运中的一颗明珠》整理）

【思政小课堂】

振华重工（ZPMC）——中国“港机之王”

当今世界可以说是一个“海洋世纪”，港口用的大型龙门吊是一个高度复杂和精密的电气化机械设备，世界上能制造大型龙门的起重机企业少之又少，但中国却有一家公司，几乎垄断了国际大型龙门吊市场的80%，几乎达到了“世界上凡是有集装箱的大港，都应该有振华的港机”的程度，没错，这家让中国人引以为傲的公司，就是振华重工。

美国一直视中国为竞争对手，并多次抵制和制裁中国产品和企业，但振华重工的龙门吊设备却一次次打了美国的脸。2013年，时任美国总统的奥巴马为了对抗中国制造开始积极奔走，并制定了一系列的措施针对中国，力图让美国制造压倒中国，但一次在迈阿密港口的演讲中，一阵“妖风”刮掉了其身后龙门吊上的美国国旗，赫然露出了“振华 ZPMC”的字样，现场一片哗然。

2021年，在中美贸易战大打出手的情况下，美国现任总统拜登前往马里兰州巴尔的摩港口参观，并在结束后大谈美国基建复兴的计划，被美国媒体争相报道，但其身后的振华重工的巨型起重机却被清晰地拍到，这些中国制造的庞然大物赫然与热衷贸易战的拜登同框。与这样讽刺意味的场景相对应的是，中国振华重工的港机产品垄断了美国90%的港机市场，美国港口和造船业对中国振华的港机产品高度依赖。

振华重工把产品卖向全球95个国家，不管是美国、欧盟还是非洲等国都有振华的产品，而欧美市场占有率更是达到了90%以上，连续20多年稳居世界港口机械市场第一把交椅，是名副其实的“港机之王”。

【思政感悟】

振华重工是怎么一步步成长为世界港机市场的“扛把子”的呢？其实振华重工能发展壮大的秘诀就是“自主创新”，这也是中国振华重工不惧美国制裁的根本原因。目前振华申请国内专利223项，发明专利103项，实用型专利113项，有效国际申请专利24项，还有28项国家重点新产品。由此，振华不但保证了设备的交付时间，赢得了客户的信赖，也成为世界上唯一一个可以自己制造，自己运输的港机制造商，靠着强大的自主创新能力，振华重工的产品也越来越有竞争力，也在国际上得到了越来越多的认可，把“中国制造”的这面大旗高高举起。

二、国际贸易的政策

国际贸易的政策（International Trade Policy）主要包括贸易自由化政策和贸易保护政策。这些政策旨在调整和促进国际贸易，以实现经济增长、就业机会和国家利益。

（一）贸易自由化政策

贸易自由化政策鼓励开放和自由的国际贸易环境。它的核心是降低或取消贸易壁垒和限制，包括关税、非关税壁垒（如配额和许可证）和贸易管制。贸易自由化政策可通过双边、多边贸易协定、自由贸易协定和加入贸易组织等方式来推动。

（二）贸易保护政策

贸易保护政策旨在保护国内产业免受外国竞争的影响，通常采用一系列贸易壁垒措施，如关税、配额、反倾销措施、补贴等。这些政策旨在提高本国产业的竞争力，并保护其市场份额和就业机会。

（三）管理贸易政策

管理贸易政策又称协调贸易政策，是指国家对内制定一系列的贸易政策、法规，加强对外贸易的管理，实现一国对外贸易的有秩序、健康的发展；对外通过谈判签订双边、区域及多边贸易条约或协定，协调与其他贸易伙伴在经济贸易方面的权利与义务。管理贸易是介于自由贸易和保护贸易之间的一种对外贸易政策，是一种协调和管理兼顾的国际贸易体制，是各国对外贸易政策发展的方向。

国际贸易政策的选择和实施应该遵循国家的整体发展战略和利益，并需要在国际贸易规则的框架下进行。同时，应该注意避免过度保护主义的倾向，保持开放、公平和可持续的国际贸易环境，以实现共同的经济繁荣和合作。

【案例阅读】

没人封锁也没人侵略，美国关上了国门

在新能源领域，已经没有哪个国家能绕开中国，美国和欧洲已经充分认识到了这一点，但仍然难以避免遭受“贸易保护主义”的影响。

前段时间，中国电动汽车和电池企业等在慕尼黑国际车展上大放异彩，引起了美国和欧洲的强烈反应。欧盟随即对中国发起反补贴调查，事实上，近些年中国对电动汽车产业已经很少补贴，反倒是欧洲、美国不断加大补贴力度。拜登通过的《芯片法案》和《削减通胀法案》，都是加大对美国电动汽车产业补贴，这已引发全球强烈反对。最近中国电池制造商国轩高科宣布在美国伊利诺伊州建厂计划，立即引起美国本土企业的强烈反对，要求调查国轩的所有权，借口还是“国家安全”。另外，中国动力电池巨头宁德时代和福特汽车，在美国密歇根州马歇尔电池项目建设也暂停了。

一直以来，中企在美国都面临着政治风险，这就是一头巨大的“白犀牛”。美国现在的营商环境，处处充满政治风险。“达则自由贸易，穷则贸易壁垒”，现在西方也不高唱“自由贸易”“自由市场经济”“全球化”了。没人封锁也没人侵略，他们自己就关上了国门。真是30年河东30年河西，估计他们也没想到会有一天，轮到中国对他们高喊：“开门！自由贸易！”。

（资料来源：https://zhuanlan.zhihu.com/p/660231367）

三、对外贸易的措施

（一）关税措施

关税措施（Tariff Measures）是国家通过征收关税来调控进出口商品的流动和价格的一种贸易政策工具，通常以货物的价值或数量为基础计算。

关税的目的可以有多种，包括保护国内产业、平衡贸易关系、调节国内市场供需、增加国家财政收入等。关税可以分为进口关税和出口税两类。进口关税是指对进口商品征收的税费，通常以货物的价值为基础计算；而出口关税是指对出口商品征收的税费，其目的可能是限制出口或增加国内供应。

学习二维码 9-14 海关红色档案故事丨新中国第一部关税税则的故事

每个国家和地区都有自己的关税表，规定了各类商品的关税率。国家可以根据经济政策需要和国际贸易环境的变化，调整关税率来达到特定的目标。关税调整可能包括提高或降低关税率，减让或取消关税等。尽管国家在制定关税措施时有相当的自由度，但国际贸易规则、双边和多边的贸易协定（如世界贸易组织的规则）对关税的设置和调整进行了一定程度的约束。

（二）非关税措施

非关税措施（Non-tariff Measures）是指除了关税之外的其他贸易壁垒和限制措施，其目的是为了调节和管理进出口商品的流动。以下是关于非关税措施的一些关键要点：

1. 配额是限制某些特定商品进口或出口数量的一种措施。国家设定配额可以根据需求和供应状况来限制商品的数量，达到保护本国产业、平衡贸易关系或实施国家政策的目的。

2. 许可证是指国家对特定商品的进口或出口发放的准许证书。在许可证制度下，必须获得政府的批准才能进行相关贸易活动。这样国家可以控制商品的数量、品质和来源等。

3. 技术标准和认证要求是指对进口或出口商品的质量、安全、环境等方面设立的规定。通过设立技术标准和认证要求，国家可以影响贸易流动和保护本国消费者利益。

4. 包装和标识。国家可能会要求进口或出口商品符合特定的包装和标识要求，以确保产品的安全性和可溯性。这些要求可能涉及包装材料、标签信息、安全警示等方面。

5. 卫生和植物检疫要求是指对进口或出口食品、动植物产品的健康与安全方面设立的规定。国家会要求符合特定标准的产品，并进行检验和认证，以防止疾病传播和保护农业生产。

6. 其他非关税措施。国家还可以采用其他各种形式的非关税壁垒，如反倾销调查、反补贴措施、贸易管制和限制等，以保护本国产业或限制进口商品的流入。

【课堂讨论】

我国舟山某水产公司出口到欧盟的300吨冻虾仁突然被退货，理由是这些冻虾仁检测到含有十亿分之零点二的氯霉素。经过调查，这些氯霉素不过是一些员工由于双手长期浸泡水中发痒而使用止痒药水所致。但是，欧盟方面坚决不予通融，使该公司遭受了较大的经济损失。

讨论：此案例是对外贸易措施的哪一种？该措施具体有什么要求？

（三）出口促进措施

出口促进措施（Export Promotion Measures）是指国家为了促进出口贸易，推动本国企业开展国际市场活动而采取的政策措施和支持举措。以下是一些常见的国际贸易出口促进措施：

1. 出口补贴。国家可以提供直接的财政补贴或其他形式的支持，如出口奖励、退税等，以减轻企业的出口成本或刺激出口贸易。这种补贴可以用于支付运输费用、推广活动、市场调研、产品开发等。

2. 贸易融资和信贷支持。国家可以设立贸易融资机构，提供贸易融资和信贷支持，协助企业进行出口贸易。这可能包括出口信贷、担保服务、保险政策等，帮助企业解决融资难题和风险。

3. 倾销主要有商品倾销和外汇倾销两种形式。商品倾销是指出口厂商以低于国内市场价格甚至低于成本的价格，在国外市场上大量抛售商品的行为。外汇倾销就是利用本国货币对外贬值的机会扩大出口。

4. 贸易促销和展会支持。国家可以组织和支持贸易促销活动，例如参展国际贸易展览，组织商务考察团，开展市场推广活动等，以提升企业的知名度和产品竞争力。

5. 贸易政策和法规支持。国家可以制定和完善贸易政策和法规，为企业提供稳定和可预测的贸易环境。这包括出口政策、关税优惠、退税机制、知识产权保护等方面，为企业提供更有利的出口条件。

6. 设立经济特区。国家或地区在特定区域内设立的经济发展区域，通常以一定的优惠政策和制度安排，吸引国内外投资和促进经济增长。一些常见的经济特区有自由贸易区、出口加工区、保税区、保税港区、保税物流园区、自由边境区等。

【课堂讨论】

1. 构成倾销的条件是什么？
2. 我国目前有哪些经济特区？

（四）出口管制措施

出口管制措施（Export Control Measures）是国家为了维护国家安全、国际关系稳定或符合国家利益的目标，对特定商品、技术或服务的出口实施的限制措施。这些措施可以包括以下几个方面：

1. 出口许可证。国家可以要求企业取得出口许可证才能将特定商品出口到某些国家或地区。出口许可证的申请将根据特定的法规、政策和程序进行审查，并根据国家利益和出口目的进行批准与否的决定。

2. 出口配额。国家根据特定政策目的和考虑到资源、环境、经济发展等因素，对某些商品或服务的出口数量进行限制设定的制度。出口配额通常以数量或者比例的方式确定，企业必须在规定的配额范围内进行出口，超出配额则需要支付额外费用或被禁止出口。

3. 技术限制。国家可以限制或禁止将特定的技术、专利或知识产权相关信息出口，以保护核心技术、国家安全或防止非法使用。这些涉及敏感技术的限制通常适用于高科技领域和军事用途。

学习二维码 9–15 解读《出口管制法》

4. 制裁措施。国家可以根据国际关系和安全形势，对某些国家或特定实体实施经济制裁措施，限制与其的贸易和商务往来。这些制裁措施通常由联合国、一些地区组织或单个国家根据国际准则决定。

四、世界贸易组织

世界贸易组织（World Trade Organization，WTO）是一个全球性的国际组织，成立于 1995 年。WTO 的使命是促进全球贸易自由化、推动经济发展以及为各成员国之间的贸易争端提供一个解决平台。

WTO 的主要目标包括：降低贸易壁垒，包括关税和非关税壁垒；促进贸易自由化，推动加入谈判和签署自由贸易协定；提供贸易政策的透明度和可预测性；解决贸易争端，并采取必要的措施来确保成员国之间的贸易公平和公正。

WTO 的决策是由成员国通过共识来达成的。成员国之间可以发起贸易纠纷解决程序，而 WTO 的争端解决机构将就这些争端进行调解和裁决。此外，WTO 还致力于协调各成员国之间的贸易政策，加强技术援助和容忍特殊和差别待遇等，以确保发展中国家在全球贸易中能够平等受益。

学习二维码 9–16 身处贸易争端中的 WTO，你真的了解多少？

WTO 现有 164 个成员国，几乎涵盖了全球大部分国家和地区。这使得 WTO 成为一个重要的国际贸易机构，它对全球经济发展和贸易自由化发挥了关键作用。

复习思考题

一、单选题

1. 贸易顺差是指（　　）。

A. 出口总额大于进口总额　　B. 进口总额大于出口总额

C. 国际收支为正　　D. 国际收支为负

2.（　　）是指将本国的商品和劳务向外国输出。

A. 进口贸易　　B. 出口贸易

C. 世界贸易　　D. 过境贸易

3. 决定各国在国际分工中地位的是（　　）。

A. 自然条件　　B. 市场规模

C. 社会制度　　D. 生产力水平

4. 经济一体化中最高级、最紧密的一种形式是（　　）。

A. 关税同盟　　B. 自由贸易区

C. 经济同盟　　D. 完全经济一体化

5.（　　）是指进口国规定某些商品进口必须事先领取许可证，才可进口，否则一律不准进口的一种限制进口的措施。

A. 进口配额制　　B. 进口许可证

C. 自动的出口限制　　D. 绝对配额

6. 对外贸易政策主体一般是（　　）。

A. 企业　　B. 各国政府

C. 个人　　D. 商业机构

7. 进出口商品经过一国的关境时海关向进出口商征收的税叫（　　）。

A. 关税　　B. 增值税

C. 营业税　　D. 税收

8. 甲乙两国同时生产汽车和机床，甲国比乙国生产汽车成本低 1/3，生产机床成本低 2/5，按照李嘉图比较优势理论，在其他条件一样时，（　　）。

A. 甲国机床汽车都生产

B. 甲国生产机床，乙国生产汽车

C. 不会发生国际贸易

D. 乙国处于劣势，退出这两个行业，转而生产别的物品

9. 介于自由贸易和保护贸易之间，属于有组织的自由贸易的是（　　）。

A. 新贸易保护主义　　B. 贸易自由化
C. 管理贸易　　D. 保护幼稚工业论

10. 关税与贸易总协定第6条规定，构成商品倾销的条件之一是出口价格（　　）。

A. 低于国际价值　　B. 低于正常价格
C. 低于进口国国内市场价格　　D. 以上答案都不对

二、多选题

1. 某国在2022年贸易规模为：出口380亿美元，进口312亿美元，这一年该国贸易状况为（　　）。

A. 顺差68亿美元　　B. 净出口68亿美元
C. 逆差68亿美元　　D. 贸易总额692亿美元

2. 下列属于无形贸易的有（　　）。

A. 服装贸易　　B. 技术服务
C. 劳务输出　　D. 金融保险

3. 鼓励出口的措施有（　　）。

A. 出口信贷　　B. 商品倾销
C. 外汇倾销　　D. 外汇管制

4. 在贸易壁垒取消的程度方面，共同市场要求（　　）。

A. 成员国间完全废除关税与数量限制
B. 成员国间完全废除经济政策方面的差异
C. 成员国建立对非成员国的共同关税
D. 成员国之间生产要素实现自由流动

5. 按参加分工各国的经济发展水平来分，国际分工可分为（　　）。

A. 产业内国际分工　　B. 混合型国际分工
C. 垂直型国际分工　　D. 水平型国际分工

三、判断题

1. 新贸易保护主义是指以技术壁垒、知识产权保护、反倾销、绿色壁垒等非关税壁垒为主要手段，以规避多边贸易制度的约束、规避国际市场竞争为主要目的的经济政策。（　　）

2. 超保护贸易理论是在20世纪30年代提出的亚当·斯密主义的国际贸易理论，它试图把对外贸易和就业理论联系起来。（　　）

3. 按贸易参加国的数量，国际贸易可分为以下三种类型：双边贸易、多边贸易、区域贸易。（　　）

4. “一带一路”倡议是中国提出的重大国际合作和经济发展倡议。“一带一路”倡议由两个部分组成：陆上丝绸之路经济带和21世纪海上丝绸之路。（　　）

5. 国际贸易产品生命周期理论是由美国学者雷蒙德·维韦尔在20世纪60年代提出的。该理论认为，一种产品的生命周期经历着不同的阶段，从创新阶段到成熟阶段，然后再到衰退阶段。（　　）

四、综合题

1. 17世纪至18世纪初期盛行一种经济思想流派，它强调国家财富的积累和强大，在国际贸易中以保护主义政策为主导，旨在促进贸易顺差和金银的积累。请问这是何种贸易理论？主要有哪些观点？

2. 主要的出口促进措施有哪些？

3. 假设M国某年的国内生产总值为71692亿美元，货物出口贸易额为6783亿美元，进口贸易额为8772亿美元，请计算该国该年的对外贸易依存度、出口贸易依存度和进口贸易依存度。

实训项目

1. 以小组为单位，分别以出口商和进口商的角色演练国际贸易业务流程。

2. 参观实训基地企业，了解企业经营状况，试用古典自由贸易理论对企业优势进行分析，然后进行同类产品市场调研，并尝试对该实训基地企业产品生产提出相关建议。

项目十

理解国际收支

掌握国际收支的基本定义；熟悉国际收支平衡表的构造及其主要内容；了解国际收支失衡的原因。

能力目标

能熟练运用国际收支调节方法；熟练运用国际收支理论分析各国国际收支状况。

思政目标

通过了解我国国际收支情况进一步理解我国对外政策提升民族自信心与自豪感。

项目引例

国家外汇管理局新闻发言人就 2020 年一季度国际收支状况答记者问

问：2020 年一季度我国国际收支状况如何？

答：2020 年一季度，新冠肺炎疫情冲击全球经济和贸易投资活动，国际金融市场出现剧烈震荡。在此环境下，一季度我国经常账户呈现小幅逆差，与国内生产总值（GDP）之比为 -1.1%，继续处于相对均衡的合理区间；跨境资本流动总体平稳，国际收支保持基本平衡，体现了较强的稳定性。

一是货物贸易保持顺差，服务贸易逆差收窄。一季度，货物贸易顺差 231 亿美元。受新冠肺炎疫情和春节假期影响，1 至 2 月货物贸易呈现小幅逆差，3 月随着企业逐步复工复产以及稳外贸政策效应显现，货物贸易恢复顺差。服务贸易逆差 470 亿美元，同比收窄 26%。其中，旅行账户逆差 415 亿美元，同比收窄 28%；运输账户逆差 117 亿美元，同比收窄 6%，主要是疫情期间出境旅行收缩致旅行支出减少，货物贸易进口下降致货运支出减少。

二是直接投资和其他投资呈现顺差，证券投资在短期波动后迅速企稳。一季度，直接投资净流入 163 亿美元，证券投资净流出 532 亿美元，存贷款等其他投资净流入 277 亿美元。具体看，一是外国来华直接投资净流入 343 亿美元，反映全球吸收直接投资低迷的背景下，国外资本仍有较强意愿在华投资兴业。二是证券投资呈现净流出，主要是 3 月境外疫情蔓延导致国际金融市场短期动荡加剧，以及部分境外资产价格大幅下跌，吸引境内投资者向境外投资。同时，来华证券投资中以配置中长期人民币资产为目标的债券投资净流入 89 亿美元。3 月下旬以来，境外投资者对我国资本市场投资整体恢复净流入，境内投资者对境外资本市场的投资也明显趋稳。

总体看，国内疫情防控形势稳步向好，企业复工复产有序推进，我国经济稳中向好、长期向好的趋势没有改变，对外开放的信心和决心没有改变，这些基本面优势为我国国际收支保持基本平衡提供了坚实基础。

（资料来源：网络整理）

案例分析

从记者问答中，我们可以了解到，国际收支的相关概念与国际收支的账户等相关知识以及国内经济形势对国际收支的影响。

任务一　国际收支概述

一、国际收支概念的产生及发展

国际收支是指一个国家在一定时期内由对外经济往来、对外债权债务清算而引起的所有货币收支。它有狭义与广义两个层次的含义。狭义的国际收支是指一个国家或者地区在一定时期内，由于经济、文化等各种对外经济交往而发生的，必须立即结清的外汇收入与支出。广义的国际收支是指一个国家或者地区内居民与非居民之间发生的所有经济活动的货币价值之和。它是一国对外政治、经济关系的缩影，也是一国在世界经济中所处的地位及其升降的反映。

（一）国际收支概念的产生

国际收支是由一个国家对外经济、政治、文化等各方面往来活动而引起的。生产社会化与国际分工的发展，使得各国之间的贸易日益增多，国际交往日益密切，从而在国际产生了货币债权债务关系，这种关系必须在一定日期内进行清算与结算，进而产生了国际货币收支。

国际货币收支及其他以货币记录的经济交易共同构成了国际收支的主要内容。

（二）国际收支概念的发展

国际收支的概念是随着国际经济交易的发展变化而变化的。资本原始积累时期，主要的国际经济交易是对外贸易，因而早期的国际收支概念是指一国一定时期的对外贸易差额。金本位货币制度崩溃后，演化为狭义的国际收支概念。二战后，国际经济交易的内容和范围进一步增加与扩大，就发展为被各国普遍接受的广义的国际收支。狭义的国际收支指一国一定时期的外汇收支；广义的国际收支指一国一定时期内全部国际经济交易的货币价值总和。

IMF 在《国际收支手册》（第五版）中规定：国际收支（BOP）是指一国在一定时期内（通常为一年）全部对外经济往来的系统的货币记录。它包括：①一个经济体和其他经济体之间的商品、劳务和收益交易；②一个经济体的货币黄金，特别提款权的所有权的变动和其他变动，以及这个经济体和其他经济体的债权债务的变化；③无偿转移以及在会计上需要对上述不能相互抵消的交易和变化加以平衡的对应记录。

二、国际收支概念的内涵

（一）国际收支是一个流量指标

流量和存量是国民经济核算体系中记录经济信息的两种基本形式，流量是按一定时期列算的量，反映一定时期内经济价值的产生、转换、交换、转移或消失，它涉及机构单位的资产和负债的物量，构成或价值的变化。存量是指在一定时点上测算的量——如某一时点的资产和负债的状况或持有的资产和负债。存量具有时点的基本特征，流量具有时期的基本特征。国际收支反映了在一定时期内一国对外经济交易的变动值，当人们提及国际收支时，必须指明它属于哪一个时期，即指明报告期。

（二）国际收支只记载居民与非居民之间的交易

国际收支记载的内容必须是该国居民与非居民之间发生的经济行为，而制定居民的标准并不是交易者的国籍，而是以交易者的经济活动中心地点为依据。

在国际收支统计中，居民是指一个国家经济领域内具有一定经济利益的经济体。经济领土一般包括一个国家的地理领土、领空，领海和邻近水城大陆架（享有或声称享有捕捞和海底开采管辖权的大陆架和专国经济区），以及该国在世界其他地方的飞地（如大使馆、领事馆、军事基地、科学站、信息或移民办事处等）。由此可知，一国驻外使馆人员是母国的居民，而非所在国民民，联合国等国际组织人员不属于任何国家或地区的居民。

如果一个经济体在某国经济领土内从事（或计划从事）大规模经营活动一年或一年以上。那么可以认为该经济体在这个国家具有一定的经济利益。一国的经济体大致可以分为家庭以及组成家庭的个人、公司（包括国外直接投资者的分支机构）、非营利性机构和该经济体中的政府等四类，而这些机构单位必须符合一定的条件才能成为经济体中的居民单位。

（三）国际收支所反映的内容是经济交易

所谓经济交易，是指经济资源在不同的经济主体之间的转移。这和我们日常生活中谈到的交易概念是不同的。在经济学中，只要经济资源的所有权发生了转移，就是发生了经济交易。即使是无偿援助和捐赠，由于财产的所有权发生了变更，也必须统计在内。例如，疫情期间，对相关慈善机构进行了捐款，虽然大家并不会认为这是一种交易行为，但从经济学上来说，这笔慈善款的所有权从你的手中转移到了慈善机构手中，因此的确是发生了一笔交易。

根据所有权转移的内容，我们可以把经济交易划分为五类：金融资产与商品和劳务之间的交换，即商品和劳务的买卖；商品和劳务与商品和劳务之间的交换，即物物交换；金融资产和金融资产之间的交换，如以货币购买股票；无偿的、单向的商品和劳务转移，如捐赠物资；无偿的、单向的金融资产转移，如旅居国外的华侨寄给家人的汇款。

三、国际收支与国际投资头寸

（一）国际投资头寸概念

国际投资头寸指某个时点上一个经济体居民对非居民的金融资产和负债的价值和构成，反映一个经济体的对外金融资产和负债存量，这两者的差额为净国际投资头寸。为正值表明该国为净债权国，负值为净债务国。

编制和公布国际投资头寸表，可以为一个国家或地区衡量自身的涉外经济风险状况提供基础信息，对我国宏观经济分析和政策决策具有重要意义。

（二）国际投资头寸项目

1. 直接投资。以投资者寻求在本国以外运行企业获取有效发言权为目的的投资。分为对外直接投资和外国来华直接投资。其中，对外直接投资中包括我国境内非金融部门对外直接投资存量和境内银行在境外设立分支机构所拨付的资本金和营运资金存量以及从境内外母子公司间的贷款和其他应收及应付款的存量。外国来华直接投资包括我国非金融部门吸收来华直接投资存量和金融部门吸收境外直接投资存量（包括外资金融部门设立分支机构、中资金融部门吸收外资入股和合资金融部门中外方投资存量），以及境内外母子公司间的贷款和其他应收及应付款的存量。

2. 证券投资。包括股票、中长期债券和货币市场工具等形式的投资。证券投资资产是指我国居民持有的非居民发行的股票、债券、货币市场工具、衍生金融工具等有价证券。证券投资负债为非居民持有我国居民发行的股票和债券。

（三）国际收支与国际投资头寸的关系

国际投资头寸表与国际收支平衡表（Balance of Payments，简称 BOP）一起，构成一个国家或地区完整的国际账户体系。国际收支平衡表反映的是在特定时期内一个国家或地区与世界其他国家或地区发生的一切经济交易。国际投资头寸表反映的是特定时点上一个国家或地区对世界其他国家或地区的金融资产和负债存量状况。打个比方，国际收支平衡表相当于企业的财务状况变动表，反映的是交易流量情况，而国际投资头寸表相当于企业的资产负债表，反映的是资产负债存量状况。

但国际收支与国际投资头寸之间也存在一些区别：

1. 国际收支是流量账户，国际投资头寸是存量账户。国际收支是一个动态概念，国际收支平衡表相当于企业的财务状况变动表，反映一国国际经济交易的流量情况。国际投资头寸是一个静态概念，国际投资头寸表相当于企业的资产负债表，反映特定时点上一国对其他国家或地区金融资产和金融负债的存量状况或余额情况。

2. 国际收支平衡表采用复式记账原理，“有借必有贷”，每笔交易做相反的记录，因此，通常国际收支平衡表的差额为零。而国际收支头寸表记录某一时点的头寸，报表两边的差额表示了该经济体是债权国还是债务国，差额通常不为零。

3. 国际收支记录的范围大于国际投资头寸记录的范围。国际收支是所有国际经济交易的货币记录，而国际投资头寸反映的只是一个经济体对外债权与债务的状况。国际经济交易中的对外捐赠、侨民汇款等经常转移都属于国际收支统计范畴，但它们并未反映在国际投资头寸中。

4. 国际收支状况虽然是导致国际投资头寸变化的主要原因，但不是唯一原因。如前所述，国际投资年末头寸 = 年初头寸 + 交易 + 价格变化 + 汇率变化 + 其他调整。其中，交易的变化是指国际收支中涉及一国对外资产和对外负债所有权变更的交易，而价格变化、汇率变化和其他调整也是导致一国国际投资头寸变化的原因之一。

任务二　国际收支平衡表

项目引例

红筹公司不包括在中国境内企业境外上市的统计中

境内企业境外上市的统计对象是指在中国大陆注册的法人机构，而非中国背景的公司。目前，国内企业海外上市有两种途径：一是经证监会批准直接在海外上市，也称H股公司；二是红筹模式，即国内企业股东首先在境外或港澳台地区注册一家特殊目的公司（SPV），通过收购或协议方式控股国内企业，SPV 再从境外证券市场上市，也称红筹公司。

例如，在纽约证券交易所上市的阿里巴巴是 Alibaba Group Holding Ltd，该公司注册地在开曼群岛，实际上是特殊目的公司。统计口径上，该公司是境外企业而非境内企业，因此不属于境内企业海外上市范畴。据有关资料显示，2014 年中国企业以红筹模式在美国纳斯达克和证券交易所挂牌上市筹资金额达 254 亿美元，除阿里巴巴外，还包括京东商城、聚美优品、迅雷、陌陌等 14 家企业。2014 年，真正属于境内企业境外上市且筹资规模排前三的企业是中国银行、工商银行和中国平安，他们的资金额分别为 65 亿美元、56 亿美元和 47 亿美元，这均包含在 342 亿美元的统计规模之内。

无论是哪种形式的海外上市企业，在符合商务部、证监会以及外汇局有关政策规定的情况下，均可将筹集资金留存境外或汇回国内结汇使用。对于红筹模式企业，境外募股资国际收支平衡表是一国根据交易内容和范围设置账户，并按照复式记账法对一定时期内的国际经济交易进行系统的记录，对各笔交易进行分类、汇总而编制出的分析性报表。金汇回境内的主要渠道包括返程投资、收回境外放款及股东贷款。相应地，其境外募集资金的调回，不是直接统计在证券投资项下，而是根据具体交易行为记录在外来直接投资或其他投资项下。

（资料来源：国家外工管理局国际收支分析小组，2014 年中国跨境资金流动监测报告，2015）

案例分析

从案例中了解到国际收支平衡表的账户。

一、国际收支平衡表的账户设置

（一）经常账户

经常账户（Current Account）是记录生产、收入的分配、再分配以及收入使用的账户，具体包括生产账户、收入分配以及使用账户。账户之间是通过平衡项相联系的。经常账户反映生产、收入分配、再分配以及可支配收入在最终消费和储蓄上的使用。按照 SNA 的规范，储蓄来源于国内、国外生产的收入中没有被用于最终消费的部分，构成积累的来源。经常账户概括了一国与其外国贸易伙伴之间由当期生产的商品和服务的购买和销售所带来的交易。

经常账户或称为“现金账户”，是一国国际收支的主要组成部分，主要包括商品贸易收支，即有形货物的进出口，及服务贸易收支，即诸如旅游、银行及保险等各种服务的往来。经常账户不包含长期借贷和投资的资金流，这些均是资本账户上的项目。

1. 货物与服务账户

（1）货物账户记录有形物品或商品的进出口交易，又称有形贸易，货物账户的收支状况反映了一国产品的国际竞争力，对经常账户乃至整个国际收支的状况起着决定性作用。按照国际贸易业务惯例，对于每一笔进出口交易，出口以离岸价格计算，进口以到岸价格计算，但根据IMF的统计口径，在记入国际收支平衡表时，货物的出口和进口应在货物的所有权从一国居民转移到另一国居民时记录下来，即进出口额均按离岸价格计价。

（2）服务账户又称无形贸易账户，记录服务的输入和输出，服务账户主要包括加工服务、维护和维修服务、运输、旅行、建设、保险和养老金服务、金融服务、知识产权使用费、电信、计算机和信息服务和文化娱乐等。其中，知识产权使用费账户记录的是专有权的使用费和特许费，即经批准使用的无形资产、非金融资产和专有权，如商标、版权、专利、制作方法、技术、设计制造权、经销权等。需要注意的是，学生和病人无论在外停留多长时间都被称为旅游者，其开支记入旅游服务账户，但旅游者购买的、记入海关数据并超过海关限额的自用或馈赠的贵重物品（如珠宝）、耐用消费品（如轿车和电子货物）和其他消费品记入一般产品。未记入一般产品的贵重物品和耐用消费品应记入旅行账户（如在当地购买并放置于度假屋的货物）。军事人员和使馆工作人员不属于旅游者，其开支应记入政府服务账户。

按照此前使用的《国际收支手册》（第五版）的标准，加工贸易统计在货物贸易项下。在《国际收支手册》（第六版）中，加工贸易被定义为不涉及所有权转移的贸易，在加工者与所有者之间不记录一般产品交易，而是记入服务贸易项下。

2. 初次收入账户

初次收入账户（primary income account）记录居民与非居民机构单位之间的初次收入流量。初次收入是指机构单位因其对生产过程所做的贡献或向其他机构单位提供金融资产和出租自然资源而获得的回报。因此，初次收入包括雇员报酬、投资收益和其他初次收入3类：

（1）雇员报酬，是向生产过程投入劳务的收入。当雇主与雇员为不同国家的居民时，双方因雇佣关系而产生的工资、薪金和福利收支，包括雇主代表雇员支付的社保基金、私人保险、年金以及退休金等视为雇员报酬。雇员报酬主要记录由边境工人和季节工人获得的劳务收入。

（2）投资收益，是指居民与非居民之间因提供金融资产而获得的回报，包括股本收入（股息和准公司收益提取、再投资收益）和债务收入（利息）。需要注意的是，对金融衍生品和雇员认股权的所有权不记入投资收益，资本损益也不作为投资收益记录，所有由交易引起的资本损益都记录在金融账户中。

（3）其他初次收入，包括将自然资源让渡给另一主体使用而获得的租金收入，以及跨境产品和生产的征税与补贴。其中，租金是指使用土地提炼矿藏和其他地下资产以及捕鱼、林业和放牧权而收到或支付的款项。

3. 二次收入账户

二次收入账户（secondary income account）记录居民与非居民之间的经常转移。转移是一个机构单位向另一个机构单位提供货物、服务、金融资产或其他非生产资产而无相应经济价值物品回报的交易。现金转移包括一个机构单位向另一个机构单位支付货币或可转让存款而无任何回报。实物转移包括非现金类货物或者资产所有权的转移或服务的提供，而未获得具有相应经济价值物品的回报。转移可分为资本转移和经常转移。

资本转移是指资产（非现金或存货）的所有权在居民和非居民之间的转移；或者是一方或双方获得或处置资产（非现金或存货）的转移，或者是债权人为债务人减免债务的转移。资本转移涉及提供在未来很长一段时间内发挥作用的资本资产（capital asset）或者涉及影响金融资产某当事方资产存量（或以影响其资产存量为目的）的转移。

资本转移的特征主要表现为：不影响交易双方的当期国民可支配总收入，影响的是交易双方的经济存量；不直接涉及生产和消费过程。而经常转移的特征主要为：影响交易双方的当期国民可支配总收入和消费水平，影响交易双方的经济流量；减少捐赠方的收入和消费能力、增加接受方的收入和消费能力；其交易对象是立即被消费或者在转移完成后即将被消费的实际资源。

经常转移记入经常账户，表明其在各经济体收入分配过程中的作用。资本转移列于资本账户中。

（二）资本与金融账户

资本与金融账户（Capital Account and Financial Account）是指对资产所有权在国际上流动进行记录的账户，它包括资本账户（Capital Account）和金融账户（Financial Account）两个部分。

1. 资本账户

资本账户记录资本转移，主要包括债务减免和移民的转移支付；非生产、非金融资产的收买与出售，包括不是由生产创造出来的有形资产（如土地和地下资产）和无形资产（如专利、版权、商标、经销权等）的购买或出售。需要指出的是，对于因无形资产使用而引起的费用开支应记录在经常账户下的服务账户中，而无形资产所有权的买卖则记录在资本账户下，目前，我国资本账户的发生额较小。

2. 金融账户

金融账户又分为直接投资（Direct Investment）、证券投资（Portfolio Investment）、金融衍生工具和雇员认股权证（Financial Derivatives and ESOs）以及其他投资（Other Investment）。直接投资的主要特征是投资者对另一个经济体的企业拥有永久利益，这一永久利益意味着投资者和企业之间存在长期关系，并且投资者对企业的经营管理有很大的发言权和影响力。直接投资可以采取在国外直接建立分支企业的形式，也可以采取购买国外企业一定比例以上股票的形式。随着国际并购的风起云涌，采用收购股份的方式进行直接投资的比重越来越大，直接投资是我国目前吸引和利用外资的主要形式。

证券投资是指跨越国界的股本证券、债务证券的投资。20 世纪 90 年代以来，中国对外出售的股本证券和债务证券规模越来越大。第六版国际收支手册将全融衍生工具和雇员认股权证从证券投资中单列出来。

其他投资是指以上三项中未包括的金融交易，包括贷款、预付款、金融租赁项下的货物、存款等。同经常账户以借方总额和货方总额的记账方法不同，资本账户和金融账户是按净额即借贷差额来记录的，对外债权（或资产）的净减少以及负债的净增加，记入贷方科目；对外债权（或资产）的净增加以及负债的净减少，记入借方科目，这是因为金融交易往往非常频繁，规模较大，分析资产和负债的净变化比分析总流量更有意义。

学习二维码 10-1
《中华人民共和国外汇管理条例》经常账户与资本账户概念

（三）误差与遗漏

误差与遗漏（errors and omissions account）是由于统计技术

和其他一些因素使表上借贷双方总额无法平衡而人为设置的，以轧平借贷差额的一个账户，这一账户主要用于反映国际收支平衡表记载过程中出现的误差与遗漏。分析这些误差与遗漏的净额及其趋势，有助于识别数据信息中的问题。

尽管从理论上讲，国际收支平衡表采用的复式记账原则保证了借方不能等同于相关的总额与货方总额的平衡，但在实际记录过程中，由于记录时间的不同、账户资料来源的不一、原始数据不理想和编制过程中的问题，以及一些人为原因和技术原因（如企业虚报数据材料，不能完全准确记录居民与非居民之间的一切交易活动），可能导致借方总额与货方总额的不同而出现误差。误差与遗漏就是为了从技术角度消除误差而设立的，在公布的数据中单独列出。如果经常账户、资本账户、金融账户的贷方出现余额，就在误差与遗漏的借方记入与贷方余额相等的数额；如果这几个账户的借方出现余额，则在误差与遗漏的贷方记入与借方余额相等的数额。

虽然误差与遗漏净额可以达到使账面平衡的目的，但它是人为的平衡，对于数额大，持续时间长的差额，会妨碍对国际收支统计值的分析或解释，使国际收支平衡表的可信度降低，因此一定要重视这一环节。

二、国际收支平衡表的记账方式

国际收支平衡表是按照“有借必有贷，借贷必相等”的复式记账原则来系统记录每笔国际经济交易。这一记账原则要求，对每一笔交易要同时进行借方记录和贷方记录，贷方记录资产的减少、负债的增加；借方记录资产的增加、负债的减少。

国际收支平衡表是按照复式簿记原则记录和编制的，也就是以借、贷为符号，遵循“有借必有贷，借贷必相等”的记账原则，对每笔国际经济交易都用相等的金额，在两个或两个以上的有关账户中做相互联系的登记，同时记入借方和贷方。

凡是引起本国从外国获得外汇收入的交易均记入贷方这些项目又称正号项目（符号可省略），包括实际资源的出口、金融资产的减少或者金融负债的增加，比如本国产品和服务的出口、对外资产的减少和对外负债的增加都记入贷方。

凡是引起本国对外国支出货币（或引起外汇需求）的交易均记入借方这些项目又称负号项目，包括实际资源的进口、金融资产的增加或者金融负债的减少。比如本国产品和服务的进口、对外资产的增加和对外负债的减少都记入借方。

总之，在国际收支账户的记录和编制中，不论是对于实际资源还是金融资源，借方均表示该国资产（资源）的增加，贷方均表示该国资产（资源）持有量的减少。但是，在金融账户下储备资产账户的经济含义与记账含义相反，即贷方余额表示储备资产减少，借方余额表示储备资产增加。因为从外汇储备资产的存在形式看，一国外汇储备增加，表明该国政府持有的外汇存款和外汇有价证券增加，即对外金融资产增加，所以，记入借方，即负号项目；反之，储备资产减少，表明该国对外金融资产减少，记入贷方，即正号项目。所以说，储备资产的记账符号和其经济含义是相反的。

误差与遗漏账户差额是作为残差项推算出来的，即如果经常账户和资本与金融账户净差额之和为贷方余额（正号），说明贷方有漏记项目，则将该差额记入误差与遗漏项目的借方；反之，如果经常账户和资本与金融账户净差额之和为借方余额（负号），说明贷方有漏记项目，则将该差额记入误差与遗漏项目的贷方。

国际收支平衡表的记账原则如下表 10.1 所示。

表 10.1　　国际收支平衡表的记账原则

借方	贷方
进口货物	出口货物
本国居民接受非居民提供的服务	本国居民对非居民提供的服务
非居民从居民获得的初次收入	居民从非居民获得的初次收入
非居民从居民获得的二次收入	居民从非居民获得的二次收入
居民从非居民获得外国资产所有权	非居民从居民获得本国资产所有权
本国对外金融资产增加	本国对外金融资产减少
本国对外金融负债减少	本国对外金融负债增加
储备资产增加	储备资产减少
借记误差与遗漏：经常账户和资本与金融账户净差额之和为贷方余额	贷记误差与遗漏：经常账户和资本与金融账户净差额之和为借方余额

三、国际收支平衡表的分析方法

由于国际收支平衡表汇集了编表国家或地区在一定时期内全部的对外经济交易，因此不论是编表国家本身还是其他国家，都可以借助这张表获得一些重要的经济信息。

对于编表国家而言，通过编表对国际收支进行深入分析，可以了解本国在国际交往中的地位以及存在的主要问题，从而有助于本国政府制定正确的对内及对外政策。例如，如果一国在上一年度内进口急剧增加，出口增长缓慢，贸易顺差缩小，那么，该国就可采取必要的措施促进出口，抑制进口，从而扭转这种局面。

对于非编表国家而言，国际收支平衡表是本国了解他国政治经济实力和对外政策走向的重要依据。通过对不同国家的国际收支平衡表的对比分析，可以对世界经济形势做出较为客观的判断，及时调整本国的经济政策和对外政策。特别值得指出的是，国际收支平衡表是分析不同国家货币汇率走向的重要工具。

国际收支平衡表的分析方法概括起来主要有三种：静态分析法、动态分析法和比较分析法。

（一）静态分析法

静态分析法是针对某个国家或地区一定时期内的国际收支平衡表所进行的分析，其主要内容包括：计算和分析平衡表中的各项目及其差额，分析各差额形成的原因及对国际收支总差额的影响，从而找出国际收支总差额形成的主要原因及政治经济影响。静态分析又称为差额分析。

在静态分析中要注意一国的国际收支无论在哪个项目上出现了逆差或顺差，都是由多方面因素综合造成的。在分析中可以引入因素分析法，尽量找出引起问题的主要因素，以便做出正确的判断。例如，在对贸易项目进行分析时就应该明确。影响贸易收支的因素是很多的，如经济周期的阶段更替、财政政策和货币政策的变化、国际商品市场上的供求关系以及主要商品的价格变化、技术创新等。

（二）动态分析法

动态分析法是指对某国若干连续时期的国际收支平衡表进行比较分析。运用这种方法有助于掌握这个国家在一段时期内国际收支状况的变化情况，探讨引起这些变化的原因所在，从而有助于把握一国国际收支的过去、现在与未来。

（三）比较分析法

比较分析法是针对不同国家在相同时期内的国际收支平衡表进行的比较分析。随着国际上政治经济乃至军事关系的变化，相关国家之间的国际收支也会发生变化，因此，必须对相关国家的国际收支平衡表进行横向比较分析。需要指出的是，由于各国的国际收支平衡表在项目的分类与局部差额的统计上都不尽相同，因此在进行比较分析时要注意统计口径的一致性，即要有可比性。利用 IMF 的资料有助于解决这个问题，因为它公布的若干主要指标都是经过重新整理后编制的，统计口径一致，具有可比性，但是这些数据往往较粗略，可能满足不了特定的分析需要。

【课堂讨论】

中国某出口商向美国进口商出口价值 500 万美元的生活用品，美国进口商以其本国银行存款向我国出口商支付货款。实际资源的出口属于引起本国从外国获得外汇收入的交易，记入贷方；该笔交易对应的账户是金融账户的借方。

讨论：怎么编写其国际收支平衡表（写出借贷方）。

【提示】 借：资本与金融账户——金融账户——其他投资——货币和存款 500 万美元

贷：商品出口 500 万美元

任务三　国际收支失衡

项目引例

泰国金融危机中的国际收支调节

从 1976 年至 1996 年，泰国经济年平均增长率保持了 8% 的高速度，一时泰国经济成为亚洲乃至世界各国关注的焦点。其中政府积极运用财政预算收支调控经济的做法，受到多方赞誉。同时，财政盈余也保持了较低的通货膨胀率，并引导了国内的高储蓄和高投资。然而，这其中也隐藏着问题。由于国内储蓄不足和总需求膨胀，进口过多；而随着国内工资成本的上升，传统的出口产业的竞争力下降，出口增长乏力，从而使经常账户不平衡的矛盾加剧。

为了弥补经常项目的赤字，自 1993 年起，泰国政府采取一系列放宽资本账户管制的政策，以吸引外资。但是在过去几年里，流入泰国的资本却是以短期资本为主。泰国为了吸引外资，在开放资本账户的政策上，采取了两个重要的政策，一是开放了离岸金融业务，推出了曼谷国际金融计划。泰国中央银行对商业银行和外资银行实际上已没有任何外债规模管理的政策限制。二是泰国允许非居民在泰国商业银行开立泰铢账户，进行存款或借款，并可以自由兑换，通过以上措施，泰国资本项下已基本实现了可兑换。1993 年以来，通过 BIBF 和非居民的泰铢存款大幅度上升，而直接投资并未相应上升，上述两种渠道流入资本大幅度上升，使得外汇储备上升，国内信贷扩张，经常账户赤字进一步扩大。1995 年以来，实际经济状况开始恶化，股市和房地产难以保持上升的趋势。终于使短期外资外流，这就迫使中央银行继续维持着较高的利率；较高的利率使投资和消费进一步下降。银行不良资产上升，国外银行减少了对泰国企业和银行的贷款，外汇需求发生逆转，贬值压力加大，最终诱使国外投资者发动了对泰铢的攻击。因此，从宏观政策上看，泰国政府没有正确处理国内经济平衡目标与国际收支平衡目标的统一；在经常账户出现赤字时，过分依靠短期外债，只是在外汇市场上采取了一系列政府干预的手段，如固定汇率和频繁的外汇市场干预。这种宏观经济政策的失调是导致金融危机的最主要原因。

学习二维码 10-2《国际收支平衡表》相关内容

泰国自 1984 年 6 月 30 日起，就实行了钉住以美元为主的一篮子货币的汇率制度，并以此保证汇率的稳定和货币的可兑换性。泰国中央银行采取钉住汇率时的主要考虑是：首先，如果汇率是稳定的，将有助于国外投资者信心，特别是国外投资者在泰的直接投资；二是稳定的汇率，有助于防止由于进口品的价格上升而导致的通货膨胀；三是稳定的汇率有助于出口商的成本核算，从而有利于出口的稳定。泰国进出口业务的百分之八十是以美元结算的，因此，钉住美元有助于进出口的稳定。但是，在政策实践中，钉住汇率制能否成功，要取决于其他政策的配合。同时，为了维持固定汇率，还必须付出其他相应的代价。为了维持固定汇率制，所必须付出的最重要代价之一是，无法有效地实施本国货币政策。在泰国，这突出地表现在以下几个方面：

1. 中央银行无法有效地实施对于货币供给量的调节。

2. 由于钉住汇率，泰国中央银行必须保证泰铢利率与美元利率差别稳定，这也就使其丧失了调节利率的能力。由于钉住汇率制，使得中央银行在利率水平上基本失去了控制，而只能以稳定汇率为目的，保持美元与泰铢的利差，从而使货币政策在调节经济的能力上受到很大的限制。如 1993 年至 1994 年，泰国出现了经济过热，但中央银行无法提高利率，因为提高利率，将导致短期资本的进一步流入，国内流动性加大，利率降低到原有水平，而货币供给量增加。反之，到了 1995 和 1996 年，当美元利率开始上升，而泰国经济不景气，需要降低泰铢利率时，泰国银行又无法实现这一目标。因此，可以说金融监管不力，也是此次金融危机的重要原因。

金融危机之后，泰国的政府债务已经成为严重问题，1996 年底政府债务为 176 亿泰铢，占 GDP 的 4%，到 1999 年第三季度发展到 9580 亿泰铢，占 GDP 的 18%，2000 年度的财政赤字已超过 GDP 的 25%。

泰国的经济复苏计划主要着眼于两点：一是通过货币政策、财政政策和外汇政策稳定宏观经济；二是维持金融市场稳定。

自 1997 年 8 月，与 IMF 共同制定的宏观政策经历了相对来说不同的三个阶段：

第一阶段是标准的 IMF 财政和金融紧缩政策，利用财政和货币杠杆防止泰铢继续贬值，以稳定经济并重拾信心。另外还实行了紧缩的货币政策，利率维持在相当高的水平。

在第二阶段，金融政策由保持汇率稳定转而促进货币量的增长。利率因此降低，金融系统的压力得到缓和，并在一定程度上推动了国内需求。同时，政府采取了新的更为积极的财政政策，通过公共工程和社区发展工程提供社会保障，增加就业。

政府于 1999 年 3 月开始了宏观政策的第三个阶段，1999 年 3 月 30 日政府出台了旨在促进私人消费的措施，1999 年 8 月政府又出台了促进私人投资措施，这些措施的出台大大改善中小企业融资状况措施，使处于困境中的中小企业更加容易得到融资。

（资料来源：网络整理）

案例分析

从案例中可以看出金融危机对国际收支的影响，从而寻找出影响国际收支失衡的原因以及思考如何合理的运用国际收支调节手段。

一、国际收支失衡概念

国际收支失衡是指一国经常账户、金融与资本账户的余额出现问题，即对外经济出现了需要调整的情况。一国国际收支失衡的经济影响。不是指会计账面上借贷双方出现不平衡，因为借贷双方始终是平衡的。对外，国际收支失衡造成汇率、资源配置、福利提高的困难；对内，国际收支失衡造成经济增长与经济发展的困难，即对外的失衡影响到国内经济的均衡发展，因此需要进行调整。在传统的 1977 年的国际收支表中，只要基本差额即经常账户与长期资本账户的差额出现不平衡，人们便认为国际收支需要调整了。自主性交易是否平衡，是衡量国际收支长期性平衡的一个重要标志。

自主性交易亦称事前性交易，是指个人或经济实体为了经济上的某种目的而自主进行的交易。一国在一个长时期里自主性交易平衡，无须再依靠调节性交易来调节与维持，就可以说该国国际收支达到了实质性平衡。补偿性交易的观念也称事后交易，是指在自主性交易出现缺口或差额时进行的弥补性交易。

国际收支失衡是与“国际收支平衡”相对而言。国际收支失衡（不平衡）是一国经常发生的，不可避免的。这种国际收支失衡表现为顺差或逆差。如果，一国的国际收支出现过大的顺差或逆差都会对经济发展产生重大影响。国际收支失衡的原因是多种多样的，因国家、时期不同而异，主要有以下原因：第一，受经济周期性变化的影响。资本主义国家经济发展存在着周期性，周期性的不同阶段对国际收支有不同的影响。一般说来，繁荣时期，由于生产的高涨，进出口大幅度增加，经常账户可能有盈余，外汇储备也会相应增加。在萧条时期，随着产量的下降，出口将下降，导致国际收支的恶化。其次，它受到经济结构的影响。经济结构是指一个国家各生产部门之间客观形成的一定比例的关系。这种经济结构状态是由国家地理环境、经济条件和技术水平等因素造成的。

二、国际收支失衡判断标准

国际收支平衡表是按照会计上“有借必有贷，借贷必相等”的记账原理编制的，因此就国际收支平衡表本身面言，它的借方发生额永远都等于贷方发生额，国际收支平衡表本身是平衡的。但国际收支平衡表的平衡并不等于国际收支的平衡。可以通过以下指标判断国际收支是否失衡：

（一）自主性交易与调节性交易

我们可以把国际收支平衡表中的各种经济交易划分为以下两种类型：

一种是自主性交易，或称事前性交易，是经济实体或个人出于某种经济动机和目的、独立自主进行的经济交易。例如，一个进口企业出于自身谋利和经营的需要而决定进口某种商品；一位居民为了度假休闲而选择去国外旅行等。由于是成千上万的经济个体独立自主进行的交易，因此，自主性交易的结果不可能刚好是借贷双方的总额相等，必然要出现借方或贷方差额。

另一种是调节性交易，或称弥补性交易。由于自主性交易会不可避免地出现借方差额或贷方差额，这就要运用另一种交易来弥补自主性交易所造成的外汇供求缺口，这个交易就是调节性交易。例如，一国货币当局在本国外汇市场外汇供应紧张的情况下，从国外融通短期资金等。

从理论上来说，判断一个国家或地区在一定时期内国际收支是否平衡，就是看它的自主性交易是否平衡。如果自主性交易平衡或基本平衡，则认为该国或地区的国际收支是平衡的。由于自主性交易的借贷双方数额不可能恰好相等，所以，判断自主性交易是否平衡的标准就会因国、因时而异。例如，同样是1000万美元的逆差，有人可能会认为是基本平衡，而有的人则可能无法忍受。另外，同样是1000万美元的逆差，对经济规模不同的国家和地区来说，所造成的后果可能完全不同。

国际收支平衡表中的项目究竟哪些属于自主性交易，哪些属于调节性交易？一般认为，经常项目、直接投资等属于自主性交易，官方储备项目则属于调节性交易。而金融项目中的证券投资以及其他投资的判定则比较困难。按照交易动机来识别国际收支是否平衡，从理论上看虽然很有道理，但是在统计上和概念上很难精确地区别自主性交易与调节性交易。

（二）不同口径的收支差额分析

在实务中，人们往往根据分析问题的需要，采用不同口径的国际收支差额来分析一个国家的国际收支状况。

1. 经常项目差额

经常项目差额是贸易差额、服务差额、初次收入和二次收入差额的合计。

经常项目差额是判断一个国家国际收支地位的重要指标。由于经常项目的主要构成项目的收支状况在短期内难以很快改变，因此，经常项目差额就成了我们判断一个国家或地区在一段时期内对外经济实力及货币汇率稳定的重要依据。对于发展中国家来说，更是如此。其中，贸易差额由于其重要性及数据获得的及时性与方便性，在分析中更被人们所看重。

2. 资本和金融项目差额

资本和金融项目差额是资本项目差额和金融项目差额的合计。由于资本项目的发生额相对较小，因此，构成这个差额的最重要因素是金融项目差额。

在金融项目当中，最具稳定性的是直接投资。对发展中国家来说，直接投资的流入量在全部流入资金中所占的比重是判断该国金融市场能否维持稳定的一个重要指标。

影响资本流动的因素十分复杂，在国际经济一体化、金融市场创新不断涌现的格局下，国际、国内政治经济形势的任何风吹草动都可能引起资本的大规模流动，特别是短期资本的流动。大规模的资本流进或流出会对该国的国际收支状况造成重大影响，进而对该国的金融市场和货币汇率的稳定构成直接威胁，如在1997年爆发的东南亚金融危机中就伴随着国际资本的大量流出。

3. 总差额

总差额（Overall Balance）是经常项目差额、资本和金融项目（不含储备资产）差额和净误差与遗漏三项的合计，有时又称为线上项目总差额，实际上就是国际收支账户中剔除储备资产之后的余额，它代表着编表国家在这段时期内的国际收支总体状况。如果总差额为正数，则表示该国在这段时期内国际收支是顺差，相应地，官方储备就会增加。反之，如果总差额是负数，则表示该国国际收支为逆差，官方储备就会减少。可见，总差额的意义在于它可以衡量国际收支对一国储备资产的压力，其余额必然导致储备资产的相反方向变动。

之所以把总差额称为线上项目总差额，是因为经常项目、资本和金融项目以及净误差与遗漏这三个项目在性质上与官方储备资产项目的性质有所不同，官方储备资产项目称为线下项目。线上项目的借方表示有外汇资金流出，贷方表示有外汇资金流入。

学习二维码 10-3
《美国双赤字》

而线下项目的借方表示储备资产增加，贷方表示储备资产减少。线上项目的总差额与线下项目总差额的绝对值相等，符号相反。国际收支平衡表最终的差额等于零，体现了国际收支平衡表的记账规则——“有借必有贷，借贷必相等”。

三、国际收支失衡原因

（一）结构性失衡

一国的国际收支状况往往取决于贸易收支状况。如果世界市场的需求发生变化，本国输出商品的结构也能随之调整，该国的贸易收支将不会受到影响；相反，如果该国不能适应世界市场的需求而调整商品的输入结构，将使贸易收支和国际收支发生不平衡。由这类因为一国国内生产结构及相应要素配置未能及时调整或更新换代，导致不能适应国际市场的变化，而引起本国国际收支不平衡，称为结构性不平衡。

（二）周期性失衡

西方国家经济受再生产周期规律的制约。在再生产周期的各个阶段，由于人均收入和社会需求的消长，会使一国的国际收支产生不平衡。由于生产和资本国际化的发展，主要西方国家经济周期阶段的更替会影响其他国家经济，致使各国发生国际收支不平衡。这类跟经济周期有关，一种因经济发展的变化而使一国的总需求、进出口贸易和收入受到影响而引发的国际收支失衡情况，称为周期性不平衡。

（三）收入性失衡

一国国民收入发生变化而引起的国际收支不平衡，可能是由于经济周期阶段的更替，也可能是由于经济增长率的变化所引起的。一国国民收入的增减，会对其国际收支产生影响：国民收入增加，贸易支出和非贸易支出都会增加；国民收入减少，则贸易支出和非贸易支出也会减少。这种由于国民收入的变化所引起的国际收支不平衡，称为收入性不平衡。

（四）货币性失衡

在一定的汇率水平下，一国货币如果高估，则该国商品的货币成本与物价水平高于其他国家，必然不利于出口而有利于进口，从而使出口减少和进口增加；相反，则出口增加和进口减少。这种由于货币对内价值的高低所引起的国际收支不平衡，称为货币性不平衡。

（五）政策性失衡

由于一国推出重要的扩张或紧缩的财政或货币政策，或者实施重大改革而引发的国际收支不平衡。

（六）贸易竞争性失衡

由于一国商品缺乏国际竞争力所引起的失衡。

（七）过度债务性失衡

一些发展中国家在发展民族经济的过程中，违背了量力而行的原则，借入大量外债，超过了自身的承受能力，同时一些发达国家实施高利率政策和保护主义措施，结果使发展中国家贸易条件进一步恶化，国际收支逆差不断扩大。

（八）偶发性原因

除以上各种经济因素之外，政局动荡和自然灾害等偶发性因素，也会引起贸易收支的不平衡和巨额资本的国际移动，因而使一国国际收支不平衡。

就上述各个原因来说，经济结构性因素和经济增长率变化所引起的国际收支不平衡，具有长期、持久的性质，而被称为持久性不平衡；其他因素所引起的国际收支不平衡，仅具有临时性，因而被称为非持久性不平衡。

四、国际收支失衡的影响

（一）国际收支持续逆差对国内经济的影响

1. 导致外汇储备大量流失。储备的流失意味着该国金融实力甚至整个国力的下降，损害该国在国际上的声誉。

2. 导致该国外汇短缺，从而造成外汇汇率上升，本币汇率下跌。一旦本币汇率过度下跌，将削弱本币在国际上的地位，这会导致该国货币信用的下降，国际资本大量外逃，引发货币危机。

3. 减弱该国获取外汇的能力，影响该国对生产所需资料的进口，抑制国民经济的增长，进而影响一国的国内财政以及人民的充分就业。

4. 持续的逆差可能使该国陷入债务危机。

（二）国际收支持续顺差对国内经济发展的影响

1. 持续顺差会破坏国内总需求与总供给的均衡，使总需求迅速大于总供给，冲击经济的正常增长。

2. 持续顺差在外汇市场上表现为有大量的外汇供应，这就增加了外汇对本国货币的需求，导致外汇汇率下跌，本币汇率上升，提高了以外币表示的出口产品的价格，降低了以本币表示的进口产品的价格。导致在竞争激烈的国际市场上，其国内商品和劳务市场将会被占领。

3. 持续顺差会使该国丧失获取国际金融组织优惠贷款的权力。

4. 影响其他国家的经济发展，从而引发国际贸易摩擦。

5. 一些资源型国家如果发生过度顺差，意味着国内资源的持续性开发，会给这些国家今后的经济发展带来隐患。

五、国际收支失衡的调节

（一）自动调节

所谓国际收支自动调节机制，是指由国际收支失衡所引起的国内经济变量的变动对国际收支的反作用机制。这种机制的存在，使得国际收支失衡在不借助外力的情况下，也能够得到自动恢复，或者至少使失衡在一定程度上得到缓和。当然，国际收支的自动调节机制有其自身严格的作用背景，即只有在纯粹的自由经济中才能产生自动调节的效果，才能使国际收支自发地由失衡走向平衡。

1. 价格机制

当一国的国际收支出现顺差时，该国国内货币市场货币供给增多，容易引起国内信用膨胀、利率下降、投资与消费相应上升、国内需求量增加，使本国物价与由商品价格随之上升，从而削弱了本国出口商品的国际竞争能力，出口减少、进口增加，国际收支顺差逐步减少直至平衡。反之，当一国出现国际收支逆差时，国内市场货币供给量下降，从而会引起社会总需求萎缩，带来物价水平的回落，使本国出口产品具有相对价格优势，促使出口增加和进口减少，有利于国际收支逆差的消除。这种通过国内商品价格的涨跌进一步改变国际收支的机制被称为价格机制。

2. 利率机制

当一国国际收支出现逆差时，该国货币存量减少，银根趋紧，利率上升。利率的上升表明该国金融资产收益率上升，从而提升了对该国金融资产的需求，导致国内资本停止外流，同时外国资本流入该国以谋求较高的利润。因此，国际收支逆差可由资本和金融项目的日趋好转走向平衡。当一国国际收支出现顺差时，该国货币存量增加，银根松动，利率水平逐渐下降。利率水平的下降导致资本外流增加，从而使得顺差逐渐减少，国际收支趋于平衡。这种通过利率变化导致资本流动改变，进而影响国际收支的机制被称为利率机制。

3. 汇率机制

当一国国际收支出现顺差时，本国外汇市场上外汇供给大于外需求，导致外币贬值，本币升值，本国出口商品以外币表示的国际市场价格上涨，进口商品价格下降，因此出口减少、进口增加，贸易顺差得到改善，国际收支趋于平衡。反之，当一国国际收支出现逆差时，本国外汇市场上外汇供给小于外汇需求，外币升值，本币贬值，出口商品以外币表示的国际市场价格下降，进口商品价格上升，出口增加，进口减少，贸易逆差得到改善，国际收支趋于平衡。这种通过汇率涨跌影响进出口商品相对价格，进而影响国际收支的机制被称为汇率机制。

4. 收入机制

当一国国际收支出现逆差时，国民收入水平会下降，这会引起社会总需求的下降，其中包括对进口产品的需求减少，从而外汇支出下降，贸易收支逆差得到改善。同时，国民收入下降也会使对外劳务和金融资产的需求都有不同程度的下降，改善经常账户收支和资本与金融账户收支，可以使国际收支逆差得到改善。这种通过国民收入变化影响需求，进而影响国际收支的机制被称为收入机制。

（二）人为调节

在纸币流通制度下，国际收支自动调节机制因为要受到许多因素的影响和制约，其正常运作具有很大的局限性，其效应往往难以正常体现，尽管人为调节也具有一定的副作用，但各国都在不同程度上予以运用。

政策调整指通过改变社会总需求或经济中支出的总水平，进而改变对外国商品、劳务和金融资产的需求，以此来调节国际收支失衡的一种政策。它主要包括财政政策和货币政策。

1. 财政政策

从宏观上来说，财政政策包括两个方面：一个是财政收入政策，主要是税收与补贴；另一个是财政支出政策。这两个方面都可以用来调节国际收支。

（1）税收与补贴

税收与补贴政策主要包括出口退税、出口免税、对出口企业或者进口替代企业实行税收优惠或者税收减免以及进口加税等。这些政策的主要目的是改善本国产品的出口条件，刺激出口，减少进口。当然，在运用这些政策的时候要视当时的具体条件而定。例如，在一国出口增长强劲的时期，就可以降低出口退税率，延长出口退税的时间，或者适时降低进口环节的税率等。

（2）财政支出政策

财政支出政策是通过影响社会总需求来影响国际收支的。当一国国际收支出现逆差时，政府可以实行紧缩性的财政政策，压缩公共开支与私人开支，抑制社会总需求，从而达到减少进口的目的；反之，当一国国际收支出现顺差时，政府可以实行扩张性的财政政策，扩大公共开支与私人开支，增加社会总需求，扩大进口。

2. 货币政策

货币政策的中心是利率与汇率。调节国际收支的货币政策主要有改变准备金比率、贴现政策、公开市场业务以及调整汇率等措施。

（1）改变准备金比率

商业银行吸收存款后一般应该按照一定的比率向中央银行缴纳存款准备金。这个比率的高低决定了商业银行等金融机构的最高贷款规模，从而决定了全社会的信用规模与货币供应量，并最终影响社会总需求和国际收支。

中央银行在使用这个政策时，往往都是根据国际收支状况对不同类型的存款采取不同的准备金比率。例如，在 20 世纪 70 年代，大量外资涌入德国，对其通货膨胀造成了很大压力，于是德国中央银行对商业银行吸收的非居民存款制定了较一般存款更高的准备金比率，从而起到抑制游资流入的作用。又如，2021 年我国央行为维护人民币汇率稳定，年内两次上调外汇存款准备金比率。

（2）贴现政策

贴现政策是中央银行通过改变其再贴现率来达到预期目标。通过调整再贴现率可以影响整个金融市场的利率水平，进而影响国内的社会总需求和资本的流出、流入规模，以达到改善国际收支状况的目标。

在国际收支出现逆差的情况下，当央行提高再贴现利率时，必然抬高了商业银行的融资成本，由此带动整个社会利率水平的上涨。利率水平上升，一方面有利于吸引外资的流入，另一方面将导致投资和消费的萎缩（利率上升则投资成本上升，投资风险加大，投资萎缩。利率上升后，老百姓更愿意存钱或者进行其他有价证券的投资，必然要压缩当期消费），消费和投资的萎缩致使进口减少。这两个方面都有利于国际收支的改善。

（3）公开市场业务

央行通过在公开市场上进行外汇的买卖来影响本国货币的汇率，从而达到引导国际收支的目的。例如，在本国货币出现贬值预期、资本外逃速度加快时，中央银行可以通过在市场上大量买进本国货币，支持本国货币汇率的办法，抑制外资抽逃的趋势。当本国出现了大规模国际收支顺差，外汇市场上外汇供给增加，本币面临升值压力时，政府也可以入市买进外币、抛售本币。

运用公开市场业务来调节国际收支要求政府手上有足够的外汇储备，如果外汇储备不充分，市场上本币贬值的预期又较大，就有可能造成外汇储备资源的枯竭，更进一步引起本币的贬值。因此，对于巨额的、长期的国际收支赤字不能采用这个方法。这种方法只能作为辅助手段，为进一步调整争取时间和创造条件，减轻国内经济由于国际收支调整所带来的震荡。

同时，需要指出的是，由于公开市场业务可以随时随地进行，简便易行，再加上央行的行为具有强大的政策示范效应，是其他经济主体跟随的对象，因而公开市场业务是政府稳定市场汇率的最常用方法。

3. 汇率政策

一个国家通过调整汇率改变外汇的供求关系，由此影响进出口商品的价格和资本流出入的实际收益，进而达到调节国际收支失衡的一种政策。汇率政策的运用受到一些条件的约束，比如：进出口商品供给和需求的弹性。

4. 资金融通政策

一国通过动用官方储备和使用国际信贷便利而调节国际收支失衡的一种政策。主要用于解决临时性的国际收支失衡。

5. 直接管制政策

一国对国际经济交易直接采用严格的行政管制，主要包括外汇管制和贸易管制。直接管制的弊端：阻碍了市场机制，容易受到国际社会的指责，是暂时的政策管制，使庇护者有依赖性，会阻挠将来政策的改变。

总之，调节国际收支失衡的政策是多样化的，每一种政策都有其各自的特色与调节功效，一国可根据具体情况予以取舍。取舍的基本原则是：第一，应根据国际收支失衡的具体原因选择调节政策；第二，应多通过政策搭配方式来调节国际收支；第三，选择调节国际收支失衡的政策，应尽量不与国内经济发生冲突或尽量减少来自他国的压力，以免影响国际正常的经济关系。

【课堂讨论】 采取财政和货币政策有助于扭转国际收支的失衡是否有局限性？

【提示】 可能会同国内经济目标发生冲突。例如，为消除国际收支逆差，而实行紧缩性的财政政策，会导致经济增长放慢甚至出现负增长，使失业率上升；当为消除国际收支顺差，而实行扩张性财政政策时，又会加快物价上涨，导致通货膨胀。因此，多种调节政策必须合理配合，才能达到预期效果。

复习思考题

一、单选题

1. 目前普遍采用的国际收支概念是指（　　）。

A. 广义国际收支

B. 狭义国际收支

C. 贸易收支

D. 外汇收支

2. 判定一项交易是否属于国际收支范围的依据是（　　）。

A. 国籍

B. 地理位置

C. 民族

D. 经济利益中心

3. 为使国际收支的借贷数额相等而人为设立的抵销账户是（　　）。

A. 经常账户

B. 误差与遗漏净额

C. 资本账户

D. 金融账户

二、简答题

1. 怎样判断国际收支的失衡？

2. 国际收支失衡是如何自动进行调节的？

实训项目

以小组为单位，分析 2023 年我国国际收支平衡表。

参考文献

［1］高鸿业．微观经济学原理（第三版）［M］．中国人民大学出版社，2019

［2］高鸿业．宏观经济学原理（第三版）［M］．中国人民大学出版社，2019

［3］陈学忠，黄慧化．经济学基础（第 2 版）［M］．北京：电子工业出版社，2020

［4］李育冬，张荣佳．商务经济学［M］．上海：复旦大学出版社，2021

［5］赵全海，丁蕾．国际贸易理论与实务（第 3 版）［M］．北京：中国人民大学出版社，2019

［6］邓先娥，袁芬．经济学基础（附微课 第 4 版）［M］．北京：人民邮电出版社，2022，5

［7］唐树伶．经济学基础（第四版）［M］．北京：高等教育出版社，2023，2

［8］缪代文．经济学基础（第八版）［M］．北京：高等教育出版社，2023，2

［9］郭庆旺，赵志耘，何乘才．积极财政政策及其与货币政策配合研究［M］．中国人民大学出版社，2004

［10］徐高．宏观经济学二十五讲：中国视角（21 世纪经济学系列教材）［J］．经济理论与经济管理，2019（10）：1

［11］王梅．高职财经商贸类专业经济学基础课程思政教改探索［J］．现代商贸工业，2023，44（23）：209-211

［12］张青，程孝虎．关于高职经济学基础课程思政的教学探索与思考［J］．安徽教育科研，2024（06）：85-88

［13］（美）曼昆（Mankiw,N.G.）．经济学基础：第 5 版［M］，梁小民，梁砾译，北京：北京大学出版社，2010

［14］（英）罗布．德兰斯菲尔德（Rob Dransfiled）．商务经济学［M］上海：复旦大学出版社，2018

［15］克里斯．马尔赫恩，霍华德・R. 文．商务经济学（第二版）（经济科学丛书）［M］，中国人民大学出版社，2019